Wem? Robert, Simona, Richard, Julia – auf dass sie einmal oder auch zweimal den richtigen Berufsweg einschlagen, der nicht derjenige sein muss, den andere für sie vorgesehen haben.

Ursula Kals

Mut zum Wechsel

Ursula Kals

Mut zum Wechsel

So gelingt Ihnen der Aufbruch in die zweite Karriere

Frankfurter Allgemeine Buch

Bibliografische Information Der Deutschen Bibliothek –
Die Deutsche Bibliothek verzeichnet diese Publikation in der Deutschen Nationalbiografie; detailliertere bibliografische Daten sind im Internet über http://dnb.ddb.de abrufbar.

Ursula Kals

Mut zum Wechsel

So gelingt Ihnen der Aufbruch in die zweite Karriere

Die in Teil II versammelten Porträts basieren auf der Serie „Die zweite Karriere", die in der Frankfurter Allgemeinen Zeitung im Ressort „Beruf und Chance" erschienen ist.

F.A.Z.-Institut für Management-,
Markt- und Medieninformationen GmbH,
Frankfurt am Main 2007

ISBN 978-3-89981-121-6

Frankfurter Allgemeine Buch

Bildauswahl/Satz
Umschlag F.A.Z.-Marketing/Grafik
Titelbild Corbis
Buchgestaltung Ernst Bernsmann
Druck CPI Moravia Books, Pohorelice

Printed in EU

Inhalt

Vertrauensvorschuss und Zuversicht: Es geht doch

Den Lesern wünsche ich, dass sie sich gut und unterhaltsam informiert fühlen. Denn eines ist klar: Wer sich ein Ratgeberbuch über das Berufsleben kauft, der gehört nicht zu den durchschnittlichen Dümplern, die sich irgendwie durch den Acht-Stunden-Tag wurschteln, weil das wahre Leben ja nach 17.05 Uhr stattfindet. Wer mehr vom Berufsleben erwartet, der arbeitet auch mehr, als ihm vorgeschrieben wird, und findet es suspekt, Dienst nach Vorschrift zu machen. Dann abends, im Urlaub oder zwischendurch noch zu einem Karrierebuch zu greifen, das verdient Respekt. Und es verdient eine leichtgängige, unterhaltsame Lektüre mit Tiefgang. Darum habe ich mich bemüht.

Und mir haben viele dabei geholfen: Zunächst einmal die elf Frauen und Männer, die ich im zweiten Teil porträtiert habe. Sie sind sehr unterschiedlich, nicht nur, was ihre Lebensjahre betrifft, von mitteljung bis zu dem Alter, das die Werbung als „Best Ager" besingt. Einige sind eher zurückhaltend, andere eher extrovertiert. Zum Interview gedrängt hat sich keiner. Das ist ein gutes Zeichen: Denn diejenigen, die wirklich etwas zu sagen haben, die überlegen sich in der Regel sehr genau, wann und wie sie das tun. Sich einer Journalistin gegenüber zu öffnen – dazu gehört Vertrauen und vor allem ein Vertrauensvorschuss.

Zumal die Porträtierten mit beeindruckender Offenheit auch über schwere, erfolglose Phasen in ihrem Berufsleben berichtet haben und keine windschnittigen Steilkarrieren präsentieren. Nebenbei: Das sind ohnehin Lebensläufe, die grundsätzlich misstrauisch machen sollten. Vielmehr haben sie offen von Zweifeln, Rückschlägen und auch von Fehlversuchen bis hin zum finanziellen Fiasko gesprochen. Für alle hat es ein Happy End gegeben, vorläufig, denn das Leben ist im Fluss. Ihnen gemein ist die Zuversicht, die sie sich auch durch gelegentliches Scheitern und dann wieder beherztes Aufstehen errungen haben. Das imponiert und macht hoffentlich Mut, den Wechsel zu wagen und sich aus der Komfortzone eines nicht glücklich machenden Berufs zu lösen. Zehn Beispiele zeigen: Es geht doch.

Den elf Porträtierten möchte ich danken für ihre unkomplizierte Offenheit. Ebenso danken möchte ich den Karriereberatern, die im ersten Teil zu Wort kommen und mir in ausführlichen Hintergrundgesprächen praxiserprobte Tipps gegeben haben – von ihrem Wissen und ihren langjährigen Erfahrungen im Wirtschaftsleben werden die Leser ebenso profitieren.

Besonderer Dank gilt Brigitte Scheidt, Berliner Psychologin und Karrierecoach. Es bereichert das Buch, dass sie in einem ausführlichen Interview die Phasen des Berufswechsels schildert. Gespräche mit ihr sind spannend, manchmal kontrovers, immer anregend.

Danken möchte ich meiner Lektorin Danja Hetjens für ihre professionelle und menschlich angenehme Unterstützung sowie für ihre guten Hinweise. Einmal ganz abgesehen davon, dass sie das Thema angeregt hat.

Noch eine technische Anmerkung: Dass fast ausschließlich die männliche Form gewählt worden ist, dient ausschließlich der besseren Lesbarkeit. Denn das Thema betrifft Männer und Frauen gleichermaßen.

Frankfurt am Main, 2007 — Ursula Kals

I

Warum und wie sich erfolgreich wechseln lässt

1 Ein Berufswechsel kostet Mut

Und Gedanken an Planung und Strategie

„Es gibt drei Dinge, die man anfängt,
ohne zu wissen, wie sie enden:
eine Revolution, eine Karriere und eine Liebe.“
Max Ophüls, Regisseur

Sind Sie rundum zufrieden mit dem, was Sie Tag für Tag tun? Glücklich, wer hier mit einem spontanen Ja antwortet. Immerhin freuen sich 27 Prozent aller Deutschen, die die Internetjobbörse StepStone befragt hat, jeden Tag auf die Arbeit. Für diese Zielgruppe ist das vorliegende Buch ein glatter Fehlkauf. Diese Glücklichen können den Band gleich weiterreichen oder locker querblättern und sich darüber wohlig wundern, wie anders es den meisten Zeitgenossen geht: Die gehen nämlich mit begrenzter Freude zur Arbeit. Ein Viertel der Deutschen arbeitet nur des Geldes wegen, hat StepStone herausgefunden. Und das ergibt auch eine Blitzumfrage im Bekanntenkreis.

Die Zahl derer, die ihr Gehalt als eine Art Schmerzensgeld hinnehmen, dürfte ebenfalls nicht gering sein. Sie hetzen sich durch den Tag, und der hat nie genug Stunden. Denn nach den seit dem Jahr 2000 aufbrandenden Restrukturierungswellen – wie Entlassungen schönfärberisch genannt werden – müssen sie die Arbeit für zweieinhalb gekündigte Kollegen übernehmen. Das tun sie klaglos, denn sie bangen um ihre Stelle und wühlen sich täglich tapfer durch den eigentlich nicht mehr zu bewältigenden Berg. Im Hinter- oder Vordergrund den nörgelnden Chef, dem nichts schnell genug geht und der Lob für überflüssige Zeitverschwendung hält. Aber sie haben latente Existenzängste und ertragen deshalb diese Tyrannei und den in viel zu vielen Chefetagen vortrefflich gedeihenden Unfehlbarkeitswahn.

Durch die Fusionen ist die innere Stabilität vieler Unternehmen gefährdet. Früher waren die Spielregeln transparent: Für Leistung gab es Geld, Sicherheit, Respekt. Aufstieg war möglich. Wenn es einmal eng war, dann wurde eben die Sonderschicht gefahren. Der Arbeitnehmer und Angestellte machte das im Großen und Ganzen willig mit. Im Rahmen der Globalisierung und Ökonomisierung wird dieser implizierte Vertrag nun aber einseitig gekündigt. Im Ausland sind die Produktionskosten um ein Vielfaches niedriger, also wird ausgelagert und umstrukturiert. Unternehmen holen sich Kommunikationsberater ins Haus, um diese schlechten Nachrichten ihren Mitarbeitern und der Öffentlichkeit zu verkaufen. Wie aber lässt sich erklären, dass Zehntausende entlassen werden, sich der Vorstand aber seine Bezüge, im Klartext: die hohen bis sehr hohen Gehälter, um 30 Prozent erhöht? Wenn solche Meldungen kurz hintereinander von den Nachrichtenagenturen verbreitet und von den Redaktionen aufgegriffen werden, dann ist selbst der raffinierteste Kommunikationsberater mit der Schadensbegrenzung überfordert. Verbraucher stimmen an der Kasse ab, sie kaufen ihre Handys lieber bei einem anderen Anbieter. Lebensleistungen der Arbeitnehmer werden so entwertet. Bindungslosigkeit wird mit Bindungslosigkeit beantwortet. Die Besten, die schauen sich um und gehen. Und Recht haben sie mit dieser entschiedenen Haltung.

Eine weitere typische Situation. Jemand stellt fest, dass er in der Sackgasse gelandet und auf einem Langweilerposten ohne Aussicht auf Aufstieg gestrandet ist. Denn das verschweigen die meisten Karriereratgeber natürlich tunlichst: Die Zahl der Führungsposten ist äußerst begrenzt, und es ist unrealistisch, dass auch nur ein Bruchteil der Aufstiegswilligen wirklich jemals aufsteigen wird. Frauen haben hier ein besonders großes Problem. In fast allen Branchen bei fast allen Vorgesetzten stoßen sie später, meist aber früher an die berüchtigte gläserne Decke. Obgleich der Kollege weniger gut qualifiziert ist, bekommt er den nächsthöheren Posten. Seine Qualifikation, die ihn in den Augen des Vorstands auszeichnet: Er ist ein Mann. Tolles Argument, das natürlich offiziell keinem Personalchef je über die versiegelten Lippen kommen wird. Fakt ist: Die Frau ist ausgebremst. Mehr Verantwortung zu übernehmen, das wünscht sich immerhin fast jede dritte Frau, hat eine repräsentative Emnid-Umfrage im Auftrag der Frauenzeitschrift Brigitte bei Berufstätigen zwischen 14 und 65 Jahren ergeben.

Was beide Situationen eint: Der Arbeitnehmer funktioniert nur noch. Jedenfalls ist die Ausgangsposition vieler Berufstätiger alles andere als angenehm. Und die Frustration bordet über, wenn im Laufe langer Berufsjahre langsam noch die Erkenntnis ins Bewusstsein sickert, eigentlich den falschen Beruf erwischt zu haben und mit einer anderen Tätigkeit zufriedener den Tag auszufüllen. Das ist eine ungute Lebenssituation.

Sie haben innerlich die Kündigung eingereicht, ohne ein Kündigungsschreiben loszuschicken. Der Verlauf ist schleichend und vollzieht sich im

Verborgenen. Sie verhalten sich passiv, resigniert und machen nur noch Dienst nach Vorschrift. Das frustriert den Menschen und kostet die Unternehmen Millionen. Eine Gallup-Studie schätzt die jährlichen Kosten durch „aktiv unengagierte“ Mitarbeiter auf insgesamt 72,1 Milliarden Euro. „Das ist eine Summe, die deutlich macht, dass mit innerlich Gekündigten immense Produktivitätsreserven brachliegen“, sagt der Heidelberger Fachhochschulprofessor Ralf Brinkmann. Der Studiendekan Wirtschaftspsychologie und Unternehmensberater spricht „von der zentralen Rolle mangelnder Situationskontrolle. Aktiv vollzieht sich die innere Kündigung, wenn Arbeitnehmer das Gefühl haben, ungerecht behandelt worden zu sein. Sie kündigen den psychologischen Arbeitsvertrag, der das Gegenstück zum rechtlich bindenden Arbeitsvertrag darstellt. Dieser psychologische Vertrag beinhaltet die unausgesprochenen Erwartungen, Hoffnungen und Wünsche des Arbeitnehmers gegenüber dem Arbeitgeber. Durch die innere Kündigung versucht der Mitarbeiter eine gerechte Situation für sich herbeizuführen und die unbefriedigende Arbeitssituation wieder in den Griff zu bekommen.“

Die Unzufriedenheit mit dem Bestehenden und die Suche nach Herausforderungen sind zwei große Motive

Zwei Motivationen gibt es, seinen Job zu wechseln: Die Unzufriedenheit mit dem Bestehenden und die Suche nach Herausforderungen. Wir verbringen mit Arbeit deutlich mehr Zeit als mit dem, was uns lieb und heilig ist. Mit dem Partner, den Kindern, der Familie, den Freunden, also jenen, die wir gerne und freiwillig in unser Leben lassen, und mit all den schönen, anregenden, sportlichen Dingen, denen wir uns freudig widmen. Die meisten Menschen streben – zumindest in der Theorie – eine solide Work-Life-Balance an. Besser wäre es, Wert auf eine gute Life-Work-Balance zu legen. Aber einen Großteil der Kraft lassen viele eben nicht in ihrem privaten Leben, sondern im Beruf.

Und diese Zeit wird immer länger. Die Rentendiskussion bleibt ein quälendes Dauerthema. Dass das Rentenalter ansteigen wird, das dementiert bei den gegenwärtigen demografischen Horrorszenarien niemand mehr. Nur durchhalten und Augen zu bis zur Frühverrentung, das war und ist kein empfehlenswertes Modell. Vorzeitiger Ausstieg ist in Jahrzehnten leerer Kassen fahrlässig: Da sind die blanken Pensionskassen vor. Und das verhindert der eiserne Wille, nicht nach anstrengenden Berufsjahren womöglich die komplette Aldisierung des bisher gutbürgerlichen Lebensstandards erleben zu müssen, also grauhaarig beim Billigdiscounter die mageren Cents hin und her zu wenden.

Das Leben mit seinen rasanten Veränderungen ist in den vergangenen Jahren in jeder Beziehung unruhig geworden – von der Auflösung und Instabilität persönlicher Bindungen bis hin zur Globalisierung, von der niemand so recht weiß und wissen kann, wo sie uns und andere eigentlich hinführen wird. Das gilt auch für das Berufsleben, das Schlüsselwort Patchwork hat auch hier längst Einzug gehalten. Dreißig solide Ingenieursjahre bei Siemens, zwanzig Jahre abbezahlte Arztpraxis und berechenbarer Wohlfühlstandard, diese stabilen Berufsbiografien sind Auslaufmodelle. Ein sicherer Lebenszeitarbeitsplatz, der aller Fusionierungshektik trotzt – das war einmal: Diese Perspektiven gehören endgültig der Vergangenheit an, das geben inzwischen auch hartnäckige Berufsoptimisten zu. Restnischen, wie das Beamtentum, wurden früher gerne als spießig bespöttelt. Das hat sich grundlegend gewandelt: Heute sehnt sich diese Absicherung nicht nur die desillusionierte Generation Praktikum herbei, die theoretisch alles richtig gemacht hat und praktisch vor unsicheren Teilzeitjobs und der Perspektivlosigkeit steht.

Ob wir wollen oder nicht: Berufswelten sind massiv im Umbruch. Künftig werden die meisten von uns mehrere Berufe erlernen und ausüben müssen. Mit der fortschreitenden Technisierung von Produktionsabläufen sind einerseits ganze Berufe weggefallen, andererseits haben sich Berufsbilder fundamental geändert. Architekten ohne Computerprogramm? Undenkbar, die können ihre Pläne gleich einpacken. Auch die Medienbranche führt die Rasanz anschaulich vor. Vom Bleisatz haben Jungjournalisten allenfalls noch dunkel etwas gehört, das ist für sie so fern wie Johannes Gensfleisch zur Laden zum Gutenberg. Klebe-Umbruch war vorvorgestern. Heute bauen Journalisten ihre Zeitungsseiten im Ganzseitenlayout und laden Fotos mühelos aus Datenbanken direkt auf die von ihnen gebauten Seiten – das Handwerk beherrscht heute jeder pfiffige Schülerzeitungsredakteur. Das Tempo, mit der technische Neuerungen Einzug halten, ist Schwindel erregend. Vor fünf Jahren wurden Online-Redaktionen noch als Zweite-Klasse-Journalismus belächelt, die Kollegen saßen in Verlagsräumen oft im Kellergeschoss: eine abgeschobene Randgruppe, die nicht so richtig mitspielen darf. Inzwischen trumpfen viele kleine Lokalzeitungen mit lebendigen Online-Ausgaben auf. Große Verlage investieren in Internetredaktionen. Für die gedruckte Zeitung vorbereitete Artikel für das Internet aufzubereiten, das gehört längst zum Handwerkszeug der Journalisten und war vor drei Jahren noch die absolute Ausnahme. Das ohnehin aktualitätsgetriebene Arbeiten wird dadurch noch kurzlebiger.

Ressortchefs möchten ständig neuen „Traffic“, Leser neue Texte im Internet lesen, also bitte Tempotempo, sonst wird zur Konkurrenz weitergeklickt. Nicht jeder Redakteur, der viele Jahre im Beruf ist, kommt mit diesen Herausforderungen zurecht. Kein Wunder, dass so mancher dann in die Öffentlichkeitsarbeit wechselt.

Kein Lebensbereich, in dem Technik nicht für grundlegende Änderungen sorgt. Wird im Nachtprogramm eine „Derrick“-Folge wiederholt, dann wirkt der Oberinspektor wie ein betulicher Zeuge einer längst versunkenen Krimiwelt. Vom Polizeiwagen aus umständlich zu telefonieren, das mutet vorgestrig an, wo sich heutzutage Grundschüler per SMS zum Sudokuspiel verabreden.

Ausbildungen haben Halbwertzeiten, und der Druck, der daraus entsteht, ist in einigen Branchen unglaublich hoch. Ein Berliner Psychologe sagt dazu: „Viele meiner Klienten laufen herum mit der Idee: Ich möchte endlich wieder etwas ordentlich machen, etwas in gewohnter Qualität. Mit dieser Unzulänglichkeit leben, dass das bei den heutigen Abläufen nicht mehr geht, das macht ganz viele Leute todunglücklich.“

Das Berufsleben wird länger, unplanbarer und wichtiger – denn es soll bitteschön sinnstiftend sein

Fakt ist: Das Berufsleben wird länger, durch technischen Fortschritt und sich öffnende Märkte unplanbarer und wichtiger, denn es soll selbstverständlich auch sinnstiftend sein. Selbstverwirklichung steht bei der Berufswahl an erster Stelle. Für jeden zweiten Jugendlichen ist das relevant, gefolgt von der Chance auf eine Anstellung mit 17 Prozent und Verdienstmöglichkeiten mit 16 Prozent. Das hat das Ausbildungsportal Einstieg Abi in einer Online-Umfrage herausgefunden. So weit die ehrbaren und verständlichen Motive der Berufseinsteiger. Dumm nur: Diese angestrebte Selbstverwirklichung ist offenkundig vielen Berufstätigen gründlich misslungen. Nicht wenige stecken im falschen Beruf und dümpeln in lähmender Routine durch den öden Arbeitstag.

Andere zeigen keine Bereitschaft, sich auf den Nix-geht-mehr-Blues einzustimmen. Sie beweisen mehr Mut, und das geschieht oft in der viel zitierten Midlife-Krise. Dann nämlich, wenn das erste Mal auch biologisch Bilanz gezogen wird und selbst den Sorglosesten dämmert, dass das Leben – oh Wunder, auch das eigene! – endlich ist. Sie wagen einen beruflichen Neuanfang.

Wer etwas von diesem unternehmerischen Geist in eigener Sache besitzt, der bäumt sich gegen unschöne Berufskonstellationen auf und strebt das beste Leben an, was ihm oder ihr möglich ist. Und das bedeutet, aus vertrauten, aber faden Bahnen auszubrechen. Anstatt noch ein Vierteljahrhundert freudlos-frustriert zu verharren, wechseln diese Menschen den Beruf und werden glücklich mit einer zweiten Karriere. Dazu gehört Entschlossenheit, aber auch Strategie, Taktik und Durchhaltevermögen. Denn ein Berufswechsel ist ein anspruchsvoller Entwicklungsprozess, sagt die Berliner Psychologin Brigitte Scheidt und erklärt, durch welche Phasen ein glücklicher Wechsler geht und wie er sich darauf einstellen kann – innerlich und äußerlich (Kapitel 5).

Im ersten Teil dieses Buches wird beschrieben, wie ein Wechsel gelingen kann, gleich, ob er nun freiwillig oder unfreiwillig durch Kündigung ausgelöst ist. Methoden werden vorgestellt, mit denen sich herausfinden lässt, welche Tätigkeit denn wirklich in der aktuellen Phase gut zum eigenen Leben passt. Ist dieses Feld eingekreist und der Wunsch endlich klar und konkret, dann müssen Netzwerke her. Denn wer die zweite Karriere startet, der hat zwar Erfahrungswissen angehäuft, aber auch Lebensjahre und landet im üblichen Bewerbermarkt viel zu schnell unbesehen auf dem „Zu-alt"-Stapel der Personalchefs. Wie man das verhindert, das verraten Karriereberater.

Ein Wechsel in ein anderes Unternehmen scheint leichter zu sein als der Aufstieg in der alten Firma

Zu spät ist es für einen Wechsel nicht. Und damit ist nicht nur der ehrbare Senior Experten Service in Bonn gemeint, der Pensionäre in Helferrollen vermittelt und für zeitlich begrenzte Aufträge in Entwicklungs- und Schwellenländer entsendet. Fünfzigjährige, die lange Zeit mit der Arbeitslosigkeit hadern und wegrationalisiert wurden, die werden zum Beispiel mit Kusshand von vielen Nichtregierungsorganisationen genommen: Hier wird gezielt Erfahrungswissen gesucht und eine souveräne Abgeklärtheit, nicht aber gefragt sind übereifrige Heißsporne mit ausgeprägter Selbstüberschätzungstendenz. Das kleine Unternehmen Contipress in der Schweiz betreut im Internet eine Stellenbörse (siehe Kapitel 9) mit reizvollen Ausschreibungen rund um den Globus. Es bietet ein illustratives Beispiel dafür, dass ein Wechsel möglich ist, vorausgesetzt, jemand ist bereit, sich auf dieses Abenteuer einzulassen.

Denn leider geben viele vor 1962 Geborene, die bei der Bundesanstalt für Arbeit in der Risikokategorie „ältere Arbeitnehmer“ geführt werden, schon im Vorfeld auf und bewerben sich erst gar nicht auf Stellenangebote. Dabei haben auch sie Chancen, sagt Lutz Bellmann, Leiter des Forschungsbereichs Betriebe und Beschäftigung beim Nürnberger Institut für Arbeitsmarkt und Berufsforschung (IAB) in einem Interview der Journalistin Herta Paulus für FAZ.NET: „Viele Firmen setzen zwar eine Altersgrenze, aber sagen gleichzeitig, wir sehen uns den Einzelfall an. Besonders gute Chancen haben ältere Bewerber dabei vor allem in kleineren und mittleren Betrieben.“ Leider aber trauen sich viele einen Wechsel nicht zu, das ergab zumindest eine IAB-Studie: Auf knapp drei Viertel aller Stellenausschreibungen gehen gar keine Bewerbungen von über Fünfzigjährigen mehr ein. Dabei kamen sie, wo sie tatsächlich aktiv wurden, auch in der Hälfte der Fälle zum Zug.

Ein Wechsel in ein anderes Unternehmen scheint dabei ab einem gewissen Alter realistischer zu sein, als Entwicklungsmöglichkeiten im alten Unternehmen wahrnehmen zu können. Die wenigsten Firmen bieten Perspektiven-Workshops. Erika Regnet, Professorin für Personalmanagement an der Fachhochschule Würzburg-Schweinfurt, skizziert das folgendermaßen: „Das Top-Management ausgenommen, ist für die Gruppe der Vierzig- bis Fünfzigjährigen in vielen Bereichen eine Veränderung ihrer Position kaum mehr realisierbar. Unsere Studien zeigen, dass in Führungs- und Spezialistenpositionen für Mitarbeiter mit über vierzig Jahren, spätestens mit fünfundvierzig Jahren ein Wechsel von einem Unternehmen zu einem anderen, aber auch innerhalb der Unternehmen, sehr schwierig wird.“ Diese Bilanz ernüchtert, bedeutet aber keineswegs, dass ein Wechsel nicht möglich ist. Hierbei spielen der entschiedene Wille zur Veränderung und die Motivation eine erhebliche Rolle, verbunden mit geschicktem Netzwerken und Durchhaltevermögen in der bis zu einem Jahr langen Bewerbungsphase.

Jüngere Bewerber bringen sich schneller ins Gespräch, aber auch unter ihnen stellen viele fest, dass sie im falschen Berufsleben unterwegs sind. Daher widmet sich ein Kapitel den Gründen für eine falsche Berufswahl und gibt jungen Leuten Tipps, nicht die Fehler der Erwachsenen zu imitieren und erst auf Umwegen den Traumberuf zu erobern. Mancher Älterer wird sich darin wieder finden und sollte die Seiten den Jüngeren weiterreichen. Nicht alles, was immer schon so war, war auch immer schon gut. Gründliche Recherche und viele Schnupper-Hospitanzen können vor beruflichen Fehlwegen bewahren und helfen, von Anfang an die richtigen Weichen zu stellen (Kapitel 10).

Im zweiten Teil des Buches werden Menschen vorgestellt, die den Wechsel geschafft und sich noch einmal neu erfunden haben. Auslöser und auch Motive für die grundlegende neue Weichenstellung in ihrem Leben sind unterschiedlich. Vorgestellt wird ein Banker, der nach zwanzig Jahren als Führungskraft nun Karrieretrainer ist und sich selbst als Entwicklungshelfer bezeichnet. Porträtiert wird eine Buchhändlerin, die sich nach einigen Höhen, aber noch mehr Tiefen mit einer ungewöhnlichen Geschäftsidee als erfolgreiche Unternehmerin etabliert hat und durch die Talkshows gereicht wird. Sie lernen eine Ingenieurin kennen, die Planungsbüro und Baustellen weit hinter sich gelassen hat und heute gut und glücklich vom Drehbuchschreiben lebt. Vom vermeintlich sicheren Existenzmuster hat sich auch ein Arzt verabschiedet, der als Dr. med. noch einmal in die Studentenbude gezogen ist und heute als Pfarrer seiner Berufung folgt.

Was ernüchtert, nicht aber von so einer 180-Grad-Wende abhalten sollte: Viele Berufswechsler verabschieden sich von ihrem Angestelltendasein und riskieren die Freiberuflichkeit – ihre hohe Motivation und Begeisterung für die neue Aufgabe scheint sie vor Fehlschlägen und finanziellen Katastrophen weitgehend zu schützen. Nur wer seiner wirklichen Begabung folgt, der ist auch richtig gut in dem, was er tut. Leidenschaft befähigt zu sehr guten Leistungen und ist der Feind der Mittelmäßigkeit. Wer immer nur in die Fußstapfen anderer tritt und nicht eigene Wege – auch Umwege – beschreitet, der hinterlässt keine Spuren.

Entschlossen haben sich die schon in ihrem ersten Beruf erfolgreichen Wechsler aus sehr unterschiedlichen Gründen zum Schritt in eine neue Existenz: Die Motive reichen von Langeweile über Sinnsuche und Kündigung bis hin zur Krankheit. Einen gemeinsamen Nenner haben sie alle: Ihr Leben ist insgesamt glücklicher geworden. Und zwar nicht nur das Berufsleben. Diese frohe Botschaft nach all der Anstrengung und existenzieller Unsicherheit zieht sich wie ein roter Faden durch sämtliche Interviews. Bereuen, dieses Wort fehlt im Vokabular der Porträtierten.

Was die Berufswechsler zu Vorbildern macht: Sie haben sich im Denken nicht beschränkt und sich in entscheidenden Punkten ihres Lebens etwas getraut und zugetraut – obschon ihnen wohlmeinende Menschen ihres Umfeldes mehr oder weniger energisch davon abgeraten haben. Diese Trotz-alledem-Haltung verdient Respekt bis hin zur Bewunderung. Ihre Patchwork-Biografien machen Mut und Lust, einen Wechsel zu wagen oder ernsthaft für sich zu prüfen.

Vielleicht bewirken sie aber auch etwas völlig anderes: Sie führen vor, dass der eigene Berufsalltag im Spiegel anderer Erfahrungen gar nicht so schlecht ist – mit einigem Abstand betrachtet. Menschen tendieren dazu, all das, was sie nicht haben, ganz besonders stark wahrzunehmen. An Privilegien gewöhnt man sich sehr schnell, sie sind selbstverständlich. Das bedeutet: Hüten Sie sich vor Schnellschüssen – die können auch nach hinten losgehen – und hinterfragen Sie den Wunsch nach Veränderung sehr genau. Was ist die Ursache für die Unzufriedenheit und ist ein Wechsel des Arbeitsplatzes wirklich die Lösung? Denn auch in einem vertrauen Beruf kann man andere Schwerpunkte setzen und so zu neuem Schwung gelangen. Wie das gehen kann, auch dafür gibt es Beispiele, unter anderem das bewegte Berufsleben von Thomas Schwarz, der der Kommunikationsbranche treu geblieben ist, im Übrigen aber die Seiten gewechselt hat (Seite 183ff.). Dieser Weg des kleinen Wechsels hat durchaus Charme. Er nutzt das solide erarbeitete Wissen langer Berufsjahre, wendet es aber völlig anders an. Madeleine Leitner, die jahrelang als Klinikpsychotherapeutin gearbeitet hat, setzt ihr psychologisches Fachwissen heute als Karriereberaterin ein. Von ihr stammen gute Tipps zur Stellensuche (Seite 87ff.). In ihren Coachings finden sich viele Wechselwillige. Und das sind häufig die Ambitionierten, die sich ihrem Glück stellen statt in Duldungsstarre zu verharren.

Kurz und bündig

☞ Glück im Beruf findet nur etwa ein Viertel aller Menschen. Die anderen verbringen zwar einen Großteil der Zeit mit Arbeiten, tun das aber unzufrieden.

☞ Die Zahl der innerlich Gekündigten steigt stetig. Die Ursachen reichen von geänderten Unternehmenskulturen, immenser Arbeitsverdichtung, aussichtslosen Langweilerposten bis hin zu einer aus den Fugen geratenen Life-Work-Balance.

☞ Berufswelten verändern sich rasant, dafür muss man sich wappnen. Gut gerüstet ist, wer sich flexibel darauf einstellt. Patchwork-Biografien und Zickzack-Lebensläufe werden weiter zunehmen.

☞ Wer den Wechsel wagt und nicht in den Nix-geht-mehr-Blues einstimmen will, der muss sehr genau wissen, was er will, braucht einen klaren Plan und Durchhaltevermögen. Ein Berufswechsel ist ein Entwicklungsprozess.

☞ Diejenigen, die sich der Herausforderung stellen, statt sich in der Mittelmäßigkeit einzurichten, profitieren auch in ihrem Privatleben von dem mutigen Entschluss.

2 Seien Sie sich selbst gegenüber ehrlich

Denn die richtigen Fragen nach dem persönlichen Karrierebegriff und der erwünschten Führungskultur liefern die halben Antworten

„Alle Menschen werden als Originale geboren, die meisten sterben jedoch als Kopie."
Ernst Elias Niebergall, Mundartdichter

Erfolgreiche Menschen sind meist reflektiert, durchorganisiert und auch über lange Strecken diszipliniert. So weit, so schön. Sie agieren vernünftig und haben möglicherweise einen Beruf ergriffen, der sie einige Jahre fasziniert hat. Die Lernkurve war steil, die äußere Anerkennung groß. Dann aber passiert nichts mehr. Der Berufsalltag ist im Laufe der Zeit ereignisarm geworden, dieser Prozess ist schleichend, und das macht ihn anfangs so unauffällig. Solche Menschen arbeiten mit angezogener Handbremse. Unglücklich in dieser Starre verharren, das aber ist auch nicht ihr Ding.

Entwickelt mich mein Unternehmen nicht, dann sollte ich mich selber entwickeln, sagt der Karriereexperte Dorian Hartmuth (siehe Seite 75ff.). Darüber nachzudenken, lohnt sich, vor allem auch, weil dieser Schlüsselsatz aus der Opferrolle erlöst – über mich wird nicht entschieden, ich warte nicht passiv ab, was andere über mich verfügen, und bin nicht vom Wohlgefallen und von bilanzorientierten Plänen eines Arbeitgebers abhängig: Ich ergreife selbst die Initiative.

Hinzu kommt ein anderer Aspekt, der banal ist, den sich die meisten Menschen nicht oder nur zögerlich bewusst machen: Das Leben unterliegt Phasen, Wünsche verändern sich mit der Zeit. Vordergründig ist das klar und spiegelt sich in dem Klischee: Haus gebaut, Kinder gezeugt, Baum gepflanzt. Und irgendwie muss das Ganze ja auch finanziert werden. Aber die Überlegung: glücklich machenden Beruf gewählt, die kommt in diesen Standardsätzen nicht vor, nicht einmal als Punkt vier.

Bevor ich mich für einen neuen Weg entscheide, muss ich mir Klarheit darüber verschaffen, was ich wirklich will. Seinen eigenen Wünschen auf die Spur zu kommen, das fällt den meisten Menschen schwer. Noch schwerer fällt es einigen, sich selbst gegenüber ehrlich zu verfahren und eine aufrichtige „Selbstauskunft“ zu geben.

Höchste Zeit also für eine kritische Selbstbefragung. Karriere soll sein – aber was versteht man für sich ganz persönlich darunter? Berater drängen auf eine saubere Begriffsklärung und haben den Karrierebegriff längst erweitert. Karriere, das heißt zunächst eine individuelle berufliche Entwicklung, die bei persönlichen Bedürfnissen ansetzt. Und hier hat jeder unterschiedliche Kriterien. Für den einen ist Sinn zentral, für den anderen hingegen Unabhängigkeit. Für wieder andere steht die Vereinbarkeit von Familie und Beruf im Mittelpunkt und wird als wichtigste Lebensleistung gesehen.

Karriere zu machen, das können drei wohlgeratene Kinder sein, die nicht vom Tag ihrer Geburt an wegorganisiert werden. Das kann die Teilnahme am New-York-Marathon bedeuten und täglich eine Joggingrunde durch den Lieblingswald. Das kann die Schaffensfreude sein, einen Bauerngarten am Chiemsee anzulegen. Karrieremachen, das kann sich auf ein erfülltes privates Leben beziehen und die von wenigen beherrschte Kunst sein, aus dem Augenblick heraus zu leben und sich dem harten, von außen diktierten Leistungsdruck zu entziehen. Weder das Glücksempfinden, geschweige denn das Selbstbewusstsein hängen am dicken Dienstwagen oder einer toll klingenden Visitenkarte. Dieser Lebensentwurf wird im Zeitalter des Cocoonings – also des gepflegten Rückzugs in eine private Welt – immer weniger belächelt.

Quasi nebenbei wird Geld verdient, um sich dieser selbst gestalteten Welt ausgiebig widmen zu können. Ein Chef regiert hier nicht hinein, schwierige Abteilungsleiter haben hier nichts zu melden, Verteilungskämpfe in Zeiten knapper Stellen kümmern nicht sonderlich. Das bedeutet Freiheit von äußeren Zwängen und das Lebensglück, wohlmöglich nicht von Kleingeistern abhängig zu sein. Das Leben ist in weiten Teilen selbst bestimmt, nicht fremdbestimmt. Wer diese Prioritäten bewusst setzt, der ist auch mit einem durchschnittlich vor sich hin plätschernden Arbeitsablauf zufrieden und auch dort mit sich im Reinen. Ganz bewusst nimmt man eben auch lästige Arbeitsbedingungen in Kauf. Das schöne Leben findet außerhalb der Berufswelt statt und damit basta. Massentauglich ist der Ansatz sicher nicht und die Anhänger einer klassischen Kaminkarriere dürften das als Zeichen totaler Resignation betrachten. Für einige wenige aber ist der gepflegte und bewusst gewählte Rückzug ins Private die Erfüllung ihrer lang gehegten Wünsche – sie haben sich dazu entschieden. Und das ist dann für ihren speziellen Fall gut so.

Das heißt in keiner Weise, dass diese Menschen auf intellektuelle Anregungen verzichten oder ein ereignisarmes Leben führen. Oft ist das Gegenteil der Fall. Viele von ihnen nehmen sich Zeit zum Lesen, nicht nur zum Querlesen. Manager haben diese Zeitfenster – wie das steif in der Fachliteratur heißt – meist nicht. Sie greifen freitagabends im Flugzeug erschöpft nach den bunten Bilderstrecken der Yellow-Press und flunkern, was das Zeug hält, wenn sie in Fragebögen nach ihrer Freizeitlektüre gefragt werden: Glauben wir wirklich, dass sich eine erschöpfte Führungskraft um 23 Uhr mit einer womöglich dröge geschriebenen Bismarck-Biografie von seinem bis auf die zehn Minuten verplanten Tag entschädigt? Nicht wirklich.

Anders die privat Orientierten. Sie werden nicht verlegen, wenn sie gefragt werden, wann sie das letzte Mal ein Theaterstück oder eine Oper erlebt haben, sondern schildern voller Begeisterung den anregenden Abend, den sie als eine Art Kurzurlaub für den Geist wahrnehmen. Sie sind nicht nur in gescheit daherkommenden, aber rein theoretischen Diskursen auf Sinnsuche, sondern engagieren sich ehrenamtlich für Dinge, die ihnen wirklich wichtig sind, bespötteln die Weltretter nicht, sondern packen etwas an. Wer gibt, dem wird gegeben – nämlich soziale Anerkennung und das wohlige Gefühl eines reinweißen Gewissens, solche Art der Entlohnung findet im Berufsleben so gut wie nicht statt. Diese Emotion, die ein ehrenamtliches Engagement auslösen kann, ist für viele eine unbekannte Größe, in deren Genuss sie frühestens als Pensionäre geraten werden. Wenn überhaupt.

Man kann es nicht oft genug sagen, lesen und beherzigen: Das Leben findet jetzt statt und nicht später

Diese Lebensgestaltung ist ein Luxus, auf den die anderen mehr oder weniger freiwillig verzichten, meist mit dem kleinen Selbstbetrug, sich dies für die späten Jahre aufzuheben. Die tragischen Geschichten von Managern, die sich all die guten Bücher, schönen Reisen, großartigen Kamingespräche für die Zeit nach ihrer Pensionierung aufgehoben haben – dann aber im jungen Alter von Ende vierzig mit einem Herzinfarkt aus dem Leben gerissen zu werden –, sollten allen chronischen Aufschiebern ein Warnschuss sein. Man kann es nicht oft genug schreiben, sagen, denken und beherzigen: Das Leben findet jetzt statt, nicht später. Punktum.

Andere Typen können sich mit solch einem Lebensentwurf in keiner Weise anfreunden. Vielleicht einmal im Rentnerleben. Aber auch nur vielleicht. Wenn sie diesen Lebensentwurf betrachten, dann ist er ihnen völlig fremd.

Und wenn sie ganz ehrlich sind, stecken sie diejenigen, die auf eine nach außen orientierte berufliche Karriere verzichten, verächtlich in die Looser-Schublade. Denn für sie bedeutet Karrieremachen einen gewissen äußeren Status zu erlangen, die Möglichkeit, auch über andere Entscheidungen treffen zu können, also auf gut Deutsch gesagt, Macht auszuüben. Das ist per se nichts Schlechtes. Wirklich Verantwortung im Beruf zu übernehmen, auch zu unbequemen Entscheidungen zu stehen, das verdient Respekt. Die Trierer Psychotherapeutin Stefanie Stahl sagt das sehr entschieden: „Es ist grundsätzlich etwas Positives, dass Menschen wirklich Verantwortung übernehmen. Es ist nicht immer der böse, böse Manager. Menschen, die keine Verantwortung übernehmen, die geraten natürlich nie in eine Situation, in der sie hundert Leute entlassen müssen, um dreihundert zu retten. Die sind natürlich moralisch immer einwandfrei und können sich rundherum rechtschaffen fühlen."

Das Spannungsfeld, in dem sich Führungskräfte bewegen, ist nicht gerade eine Wohlfühloase. Sie agieren vielfach zwischen Effizienz und Menschlichkeit. Einerseits müssen sie die so genannten weichen Themen beherrschen, sich um Teamfähigkeit mühen, ein Gespür für die Motive und die Sorgen ihrer Mitarbeiter haben. Andererseits wird von ihnen erwartet, dass sie in Zeiten aggressiver Fusionierungswellen souveräne Führungsfähigkeiten beweisen und unbequeme Entscheidungen treffen, die für die nächsten Jahre über die Kollegen und deren wirtschaftliche Situation bestimmen. Dieses Spannungsfeld ist schwer aufzulösen. Sich in dieses verminte Gebiet zu begeben und dort ohne nennenswerte seelische Blessuren bewegen zu können, dazu muss man geschaffen sein. Bin ich das? Möchte ich das sein?

Was ebenso vielen Menschen elementar wichtig ist, obgleich sie das einfach so mitnehmen: Viele Berufe liefern anregende Außenkontakte mit Gleichgesinnten, wohlgemerkt automatisch. Die berühmten Kaffeeküchengespräche sind ja keineswegs immer seicht, sondern oft putzmuntere Ideenschmieden. Neue Anregungen zu erhalten, das ist im Berufsleben sogar ritualisiert: Ab und zu ist eine Konferenz in einer anderen Stadt erforderlich. Reisen bildet, das gilt auch für Dienstreisen. Selbst wenn man nur ein Kongresszentrum zu Gesicht bekommt und das mit Sightseeing so wenig zu tun hat wie eine Planungskonferenz mit einem launigen Kneipenabend, so trifft man doch auf jeder Dienstreise den ein oder anderen Branchenkollegen, mit dem sich ein anregendes Gespräch führen lässt. Der Radius wird im wortwörtlichsten und im übertragenen Sinne erweitert. Hausfrauen und auch die wenigen Hausmänner vermissen gerade diesen Aspekt sozialer Kontakte, wenn sie sich auf die Sisyphusarbeit daheim konzentrieren.

Zusammengefasst heißt das also: Ich sollte mir kritisch die Frage stellen, was ich jetzt und heute für mich persönlich unter Karriere verstehe und worauf ich zu verzichten bereit bin. Variante A das Privatissimo oder Variante B die klassische Berufswelt. Das ist das Holzschnittmodell, das jeder für sich überprüfen kann. Interessant wird es aber durch die Phasen, durch die jemand im Laufe seines Lebens geht: Denn auch ein entschiedener Anhänger der B-Variante kann nach fünfzehn Jahren im Hamsterrad erkennen, dass dieser Einsatz jahrelang gut war. Jetzt aber ist es Zeit, dem privaten Leben mehr Raum zu gewähren. Der Beruf gibt die erwartete Erfüllung nicht mehr. Abgesehen davon, dass sich die sozialen Kontakte auf ein ungesundes Minimum reduziert haben. Zudem tickt die biologische Uhr so laut, dass inzwischen selbst der sportbegeisterte Hausarzt vom Marathon-Training abrät.

Frauen werden mit der Frage nach der biologischen Uhr ohnehin früher und schärfer konfrontiert: Mit zunehmendem Alter sinkt die Fruchtbarkeit drastisch, überfüllte Kinderwunschsprechstunden zeugen davon. Bindungsscheue Männer plagen diese Probleme nicht, für sie besteht weitaus länger die Möglichkeit, sich zu vermehren, ob dann allerdings mit der Frau, mit der sie auch alt werden möchten, das ist noch die Frage. Diese Wünsche lassen sich später nicht mehr realisieren. Das ist der große Unterschied zu Karriereabsichten, die auf die Berufswelt fokussiert sind: Auch wenn die Möglichkeiten eines Durchstartens auf einen Abteilungsleiterposten mit zunehmendem Alter ebenso dramatisch sinken – theoretisch gibt es diese Möglichkeit immer noch. In Ausnahmefällen werden Professuren auch noch mit über fünfzig Jahren vergeben, werden pensionierte Manager ins Unternehmen zurückgeholt, weil es mit den jungen Ehrgeizlingen doch nicht funktioniert hat. Und es gibt sie, die Sechzigjährigen, die eine Doktorarbeit beginnen und sich trauen, wieder in den akademischen Wettbewerb einzutreten. Natürlich sind das Einzelfälle, aber diese Türen zurück in eine konventionelle Berufskarriere fallen nicht endgültig zu. Hintertüren gibt es immer. Sie lassen sich öffnen und durchschreiten.

Aus einem phasenweise begeisterten A-Typ kann nach einigen Jahren wieder ein zufriedener B-Typ werden

Umgekehrt funktioniert der Gedanke an einer Werteverschiebung über die eigene Karrierediskussion selbstverständlich auch. Aus einem phasenweise begeisterten A-Typ kann wieder ein B-Typ werden. Frauen, die sich einige Jahre den Kindern gewidmet haben, überlegen nach dieser Respekt verdienenden Familienphase, wie sie wieder in ihrem erlernten Beruf Fuß fassen können. Leider bleiben ihnen oft nur die Hilfe zur Selbsthilfe und der Sprung in die Selbständigkeit.

Noch immer verkennen viel zu viele Arbeitgeber, dass sie sich mit der Rückkehr der Mütter zu einem hohen Prozentsatz Arbeitskräfte einkaufen, die sich durch die Kindererziehung eine robuste Stressresistenz angeeignet und einen Crashkurs in Organisationsfähigkeit absolviert haben: Ist die Windel voll, schmerzt der neue Zahn, grummelt der Bauch, dann wird gebrüllt, und zwar hier und jetzt und meistens lautstark. Ganz gleich, ob die Waschmaschine muckt, der Paketbote läutet, der Badputz überfällig ist und der fehlende Nachtschlaf den Kopfschmerz pochen lässt. Wer muntere Kleinkinder durch den unplanbaren Tag dirigiert hat, dem erscheint ein Vormittag mit eiligen Kundenaufträgen und konzentrierten Besprechungen geradezu entspannt. Dass Arbeitgeber auf diese zuvor gut ausgebildeten Mütterbrigaden verzichten, ist unternehmerische Dummheit und volkswirtschaftlicher Unfug. Den Zugewinn der ganz privaten Weiterbildung in der Elternphase sollten Frauen ihren Arbeitgebern so überzeugend wie möglich klar machen. Ein Versuch lohnt sich auf alle Fälle. Sonst droht das Abstellgleis auf den „mommy track“, wie in Amerika die Lebensphase genannt wird, in der die Kinder an erster Stelle stehen.

Um überhaupt eine Chance zu haben, nach Erziehungszeiten in sein altes Unternehmen zurückkehren zu können und nicht sanft hinausgemobbt zu werden, indem man auf öde Parkposten abgeschoben wird, hat sich eine Strategie bewährt: Präsenz zeigen. Sich regelmäßig im Gespräch halten, den Kontakt auch während der Auszeit nicht abbrechen lassen, sich möglichst nebenher noch weiterqualifizieren und das dem Chef auch mitteilen. Klappt das alles nicht, dann bleibt immer noch die Möglichkeit, sich eine zweite Karriere in einem anderen Feld aufzubauen.

Die Frage der für Sie passenden Führungskultur und die seelische Kostenkalkulation

Mit in diese Rechnung gehört noch ein anderer Posten: die seelischen Kosten. Wer höher und höher steigt, der sieht sich – wenn er das nicht sehr bewusst unterbindet – zunehmend von angepassten Menschen umgeben. Krass formuliert: Mit der Höhe der Hierarchiestufe wächst die Zahl der Speichellecker, der Schleimer, derjenigen, die meine Entscheidungen bejubeln, obgleich sie sie im Kern für falsch halten. Im schlimmsten Fall bin ich fortan von Lüge umgeben, nämlich dann, wenn die Unternehmenskultur autoritär strukturiert ist und man flache Hierarchien für die Vorstufe vom Chaos hält.

In strengen Strukturen gedeihen die Angepassten, die blindlings denjenigen folgen, die Amtsautorität besitzen. Mehr aber nicht. Um das zu erkennen, hilft ein Seminartest: Ein Kollegenkreis soll eine Krisensituation durchspielen: Alle sind auf einer Insel gestrandet, das Boot ist unter-, der Proviant ausgegangen. An wen wendet sich die Gruppe in dieser Robinsonade? Wem folgt sie? Automatisch wenden sich die meisten Gruppenmitglieder dann demjenigen aus ihrer Mitte zu, der die eigentliche Autorität und natürliche Führungskraft besitzt – und das ist in vielen Fällen eben nicht die offizielle Führungskraft. Die nämlich verfügt lediglich über Amtsautorität und regiert nach dem Motto: Ich habe nicht wegen besserer Argumente recht, sondern weil ich der Chef bin. Basta. Bleibt die Frage, ob ich mich einer solchen Unternehmenskultur anvertrauen möchte. Möchte ich hier wirklich Karriere machen und riskieren, mich nach und nach charakterlich zu verändern?

Was theoretisch selbstverständlich möglich ist: ein besserer Chef zu werden und ein positives Gegenbeispiel vorzuleben. Realistisch ist das kaum, sich in so einem Umfeld mit innerem und äußerem Anstand durchsetzen zu können. Was noch dagegen spricht: Wer es in Unternehmen und Institutionen auf einen Vorgesetztenposten schafft, dem gelingt das in Regel nicht aufgrund seiner Führungsqualitäten und sozialen Fähigkeiten, sondern weil er über gute Fachkenntnisse verfügt und einen Sinn für Macht hat. Mitunter auch für Seilschaften. Und leider regiert in viel zu vielen unserer neuen Arbeitswelten das verheerende Motto: Große Löwen fördern große Löwen, kleine Löwen fördern kleine Löwen. Ist ein Chef nicht souverän und von erlesener Mittelmäßigkeit, dann werden ihn brillante Köpfe immer bedrohen. Da er unfähig ist, sie zu integrieren und sich mit ihnen zu schmücken, stellen sie in seinen Augen eine Gefahr da und werden bekämpft, zumindest werden sie nicht gefördert. Denn der Chef ohne Chefqualifikationen ist noch viel zu sehr mit seiner eigenen Karriere beschäftigt, auch deshalb ist die Zahl der schwierigen jungen Chefs höher als die Zahl der schwierigen älteren Führungskräfte.

Die loyalen Unternehmerpersönlichkeiten scheinen zu einer aussterbenden Spezies zu gehören. Viele von ihnen haben das Wohl der Firma über die Üppigkeit des eigenen Bankkontos und sich schützend vor ihre Mannschaft gestellt – in guten wie in schlechten Firmentagen. Diese archaische

Tugend ist den jungen Toughen fremd. Stattdessen regiert auf Führungsebenen das Motto: Jugend experimentiert. Dass die jungen Hungrigen dabei Karrieren begabter Kollegen zerstören, nehmen diese mit Macht ausgestatteten Grünschnäbel, Typ moralisch nicht gefestigtes Bürschlein, in Kauf.

Diese Mechanismen gilt es zu durchschauen, um entscheiden zu können, ob ein Wechsel sinnvoll ist. Und hier taucht wieder die Frage auf: Möchte ich mich in einem solchen Umfeld bewegen? Möchte ich mich künstlich kleinmachen, nur um Konflikten mit meinem Chef aus dem Weg zu gehen? Möchte ich meine Selbstverwirklichung einem Kleingeist opfern, vor dem ich keinen Respekt empfinde? Auf den ich zunehmend allergisch reagiere? Kurzum: Möchte ich mich verbiegen, um vielleicht doch nach aufsteigen zu können? Reicht da die Elastizität meines Gewissens? Denn das ist die eine Lösung für dieses Problem. Die zweite ist auch nicht gerade attraktiv und zeigt eine unbequeme Wahrheit auf: Dann bleibt nur noch die Möglichkeit zu gehen. Es ist eben Zeit für einen Wechsel.

Denn sonst droht eine „Deformation Professionell", einer durch den Beruf deformierten Persönlichkeit. Je älter und hoffentlich reifer ein Mensch ist, umso weniger dürfte er bereit sein, diesen Preis zu akzeptieren. Was man in jungen Jahren noch eher willig war zu schlucken und zu verdrängen, das lässt sich jetzt nicht mehr so leicht ignorieren. Die Lebenszeit ist endlich und ebenso die eigene Bereitschaft, diese mit miesen Menschen in ungesunden Abhängigkeiten zu verbringen. Neurotische Naturen sind zwar aus einigem Abstand heraus interessant zu beobachten, sobald man aber von diesen unberechenbaren Entscheidungsträgern abhängig wird, sieht die Sache anders aus. Täglich mit rhetorischen Heiß-Kalt-Duschen konfrontiert zu werden, schlaucht gewaltig und zermürbt.

Hinzu kommt ein anderes belastendes Motiv des Karrieremachens, das sich schwer ausblenden lässt: der Neid. Selbst wenn ich höchst integer bin und mich redlich mühe, mich fair zu verhalten, löst meine Position bei einigen Menschen automatisch Missgunst aus. Das muss man aushalten können und wollen. Und dieses Gefühl ist nicht mit dem kessen Spruch vom Kaliber „Besser beneidet als bemitleidet" aus der Welt gefegt. Daran zerbricht Kollegialität.

Ein weiterer seelischer Kostenfaktor ist die Einsamkeit. Chefpositionen isolieren. Hinter gepolsterten Türen sitzt es sich schallisoliert. Ist jemand im eigenen Unternehmen aufgestiegen, dann verstummen plötzlich

Gespräche auf dem Flur, fremdeln bis dahin Vertraute und würden am liebsten das distanzierte „Sie" wieder einführen. Den Mitarbeiter möchte ich sehen, der beharrlich ignoriert, dass der Kollege X – mit dem es sich immer so herrlich ablästern ließ – plötzlich über sein Gehalt und seinen Karrierepfad entscheidet. Allein die Vorstellung, dass er auch private, zu private Dinge weiß, ist über Nacht unangenehm geworden. Da hilft nur Abstand halten. Gelangt ein frisch Aufgestiegener in ein gänzliches neues Arbeitsumfeld, dann ist der Kreis der Vertrauten sowieso von vorneherein sehr eingeschränkt: Man gehört nicht dazu. Auch das ist ein Effekt des Seitenwechsels. Dafür gibt es im Gegenzug natürlich mehr Entscheidungsfreiheit. Ob dieses Gefühl die Isolation aufwiegt, muss jeder für sich prüfen. Und zwar vor einem möglichen Wechsel.

Um zu wissen, ob ein Wechsel sinnvoll ist, sollte man sich distanziert die bisher erlebten Führungskulturen anschauen und selbstkritisch prüfen, mit welchem Führungsstil man zurechtkommen wird und will.

Immer weniger müssen immer mehr Aufgaben stemmen und stecken in für sie nicht stimmigen Organisationskulturen

Und auch, wenn der Führungsstil gut zum eigenen Profil passt und der Chef eben ein ganz Netter ist, gibt es eine andere große Baustelle, die berufliches Glück verhindert: die verdichtete Arbeitswelt. Immer weniger Menschen müssen immer mehr Aufgaben stemmen. Es ist so, als ob wir mit einem VW-Motor einen Mercedes steuern sollen, hat der Abteilungsleiter einer Großbank einmal seinem unmittelbar Vorgesetzten gesagt – dieser ist rot vor Wut geworden. Denn das Motorenbild trifft ins Dunkelschwarze.

Im gleichen Haus gaben die Abteilungsleiter ihrem Team übrigens zur Akquise die Parole aus: Denken Sie mal nicht an den Kunden und seine Bedürfnisse. Denken Sie mal nur an das Unternehmen. Schöne, neue, amoralische Arbeitswelt, in der diejenigen, die bestehen möchten, ihr Gewissen im Empfangsbereich abgeben müssen.

Überspitzt gesagt, sitzen in den Beratungsstunden der Coaches zwei Typen von Ratsuchenden: Die einen sind verzweifelt, weil sie entlassen worden sind, freigesetzt, wie das so absurd-beschönigend heißt. Sie haben ihre Stelle verloren, vielleicht weil sie zu wenige Sozialpunkte haben, und leiden an der Leere. Obgleich inzwischen der Verlust der Arbeitsstelle so gut wie jeden treffen kann, geht damit immer noch ein latentes Versagensgefühl einher. Die Kündigung nagt auch am Selbstbewusstsein der starken Persönlichkeiten. Das Fatale: Ausgerechnet in dieser schwierigen Ausgangslage sollen die Entlassenen Kraft sammeln, um sich überzeugend einem neuen Arbeitgeber zu präsentieren. Hier kann der aufbauende Zuspruch eines Coaches Wunder wirken. Ein Außenstehender rückt die Dinge wieder zurecht. Unternehmen, die verantwortungsbewusst geleitet sind, bieten deshalb den Gekündigten Outplacement-Beratung an, nennen das allerdings lieber Newplacement.

Die anderen wiederum sind auch Verlierer dieser Situation, wenn auch auf eine andere Art und Weise. Sie haben die Entlasswelle zwar überlebt, aber das Vertrauen in ihren Arbeitgeber hat schwer gelitten. Diesmal hat es sie nicht hinweggefegt. Was aber, wenn sich die Auftragslage nicht dauerhaft erholt? In dieser angeschlagenen Stimmung müssen sie nun aber die Arbeit der Entlassenen mit erledigen. Kein Wunder, dass die eigentlich Engagierten, die eben nicht bereit sind, nur mittelmäßige Leistungen abzuliefern, nun in einen scharfen Konflikt geraten. Auf dem gleichen Niveau wie zuvor lässt sich das Pensum nicht mehr erledigen. Also werden Überstunden gemacht. Daran wiederum gewöhnt sich die Führungsebene und registriert, es läuft ja irgendwie. Was die Chefs nicht sehen oder nicht sehen möchten: Die Guten, die richtig Guten, haben eine geringe Leidensbereitschaft, diese Situation hinzunehmen. Sie gehen. Sie trauen sich auf den Markt und verlassen das sinkende Schiff.

Laurenz Andrzejewski, langjährig in Führungspositionen und von der Wirtschaftspresse als „Trennungspapst“ gefeiert, setzt sich seit langem für eine anständige Trennungskultur im Arbeitsleben ein. Und dafür gibt es nicht nur menschliche, sondern handfeste finanzielle Gründe, sagt der Karriereberater: „Es ist nach wie vor so, dass häufig die Besten von sich aus gehen, wenn andere entlassen werden. Stabile Kundenbetreuung ist so nicht gewährleistet, wichtige Gebiete bleiben vakant. Die Neubesetzung kostet Zeit und Geld.“

Die Veränderung der Arbeitswelt ist also ein klassischer Anlass für einen Wechsel.

Die Organisationskulturen

Um einen guten Arbeitsplatz für sich zu orten, lohnt außerdem ein Blick auf Organisationskulturen, die Terrence E. Deal und Allan A. Kennedy für die Arbeitswelt definiert haben. Ihre Struktur gilt nicht umsonst zum Basiswissen eines Wirtschaftsstudiums. Wer sich beruflich verändern möchte, der sollte überlegen, in welcher der vier Kulturen er sich auf Dauer zufrieden erleben kann. Auch hier gilt: Was in den ersten Berufsjahren anregend sein konnte, wirkt in späteren Jahren nur noch zu temporeich und ist ein Milieu, in dem das baldige Burn-out programmiert scheint.

1. Da gibt es zunächst die „Alles-oder-Nichts-Kulturen". Verbreitet sind sie in der Medien-, Mode- und Kunstbranche. Hier regiert ein hohes Tempo, immer muss etwas Neues geschaffen und entworfen werden, die Kundschaft erwartet Anregungen, wieder und wieder. Jugendliches und extravagantes Aussehen und Auftreten gehören in diesem Umfeld zum guten Ton. Es geht extrovertiert und emotional zu, und natürlich auch sehr abwechslungsreich. Geld, Macht und Prestige spielen eine zentrale Rolle. In solch einem Milieu entwickeln sich Stars. Zweifellos interessant, aber auch anstrengend, da auf Dauer mitzuhalten. Als Kulisse für Daily Soaps mag so ein hektisches Umfeld für temporeiche Handlungsstränge herhalten. Aber das Wort vom Jugendwahn kommt ja nicht von ungefähr.

2. Zweitens gibt es die Brot-und-Spiele-Kulturen. Sie drehen sich um den Bereich Verkauf und sind ganz auf Außenorientierung konzentriert. Es geht um ein angenehmes Äußeres, um einen unkomplizierten Umgangston, um lockere Aktivität, um Feste und Auszeichnungen für diejenigen, die wen und was am besten promotet haben. Das muss man mögen. Wer ernsthafter veranlagt ist, dem mag diese Welt irgendwann zu oberflächlich vorkommen.

3. Im Kontrast dazu stehen die analytischen Projektkulturen, die in technischen Unternehmen rund um Maschinen, Autos und Flugzeuge existieren. In dieser Welt dominiert wissenschaftlich-technische Rationalität. Fehlentscheidungen können hier Existenz gefährdend sein. Es geht um maximale Planung, gedacht wird in großen zeitlichen Sequenzen, korrekte Umgangsformen sind Standard. Emotion gilt in dieser Welt als Schwäche. Lösungsorientierte Technikfans blühen in so einem nüchternen Umfeld auf. Geborene Geisteswissenschaftler sind hier hingegen schnell auf verlorenem Posten und ecken schon an, auch wenn sie nur in der Unternehmenskommunikation beschäftigt sind.

4. Und schließlich gibt es die so genannten Prozesskulturen, die in Banken und Versicherungen üblich sind. Die Kennzeichen: Hier wird alles regis-

triert, dokumentiert, kontrolliert. Abschlüsse, Profil … Und das durchaus aus gutem Grund: Kleine Fehler haben folgenschwere Auswirkungen. Deshalb herrschen Absicherung und Misstrauen vor. Die Hierarchien sind steil, und die offiziellen Wege müssen eingehalten werden. Was zählt, sind Statussymbole und Gehalt. Umgangsformen und Kleidung sind gediegen. Ein guter Landeplatz für Paradiesvögel ist das nicht, aber ein ordentlicher Ort für präzise denkende Menschen, den Vorausschaubarkeit und Berechenbarkeit wichtig ist.

Diese vier Skizzen geben eine Richtung vor – nicht mehr, aber auch nicht weniger. Und wie gesagt: Die Wahrnehmungen darüber, welches Umfeld zu einem Individuum passt, verändern sich im Laufe des Lebens. Was einem jungen Berufseinsteiger hipp und aufregend vorkommen kann, das kann einen Mittvierziger einfach zu viel Kraft kosten. Das gibt eine Orientierung für einen Richtungswechsel.

Möglicherweise sehe ich jetzt klarer, was ich nicht mehr im Beruf haben und aushalten möchte. Kritik zu üben, das fällt den meisten Menschen leichter, als etwas positiv zu formulieren und Lob auszusprechen. Jetzt geht es also darum, was ich beruflich gerne umsetzen möchte. Wie man zu dieser Erkenntnis gelangt, darüber informiert das nun folgende Coaching-Kapitel. Das Leben findet jetzt statt und nicht später. Hätte, würde, könnte – im Konjunktiv lässt sich kein glückliches Berufsleben führen. In bewegten Zeiten gehören Patchwork-Identitäten ohnehin zum Standard und stellen keinen Bruch dar. Ein Berufswechsel kann in einer Lebensgeschichte wie ein Fortschritt wirken. Es war eine schöne Zeit im ersten Beruf und jetzt wird es eben eine noch schönere in einem zweiten.

Kurz und bündig

☞ Lebensphasen ändern sich und damit ändern sich auch die Ansprüche an einen Beruf. Machen Sie sich das bewusst.

☞ Um zu wissen, wohin man gehört, sollte man seinen persönlichen Karrierebegriff klären: Welche Karriere strebe ich an – eine privat orientierte oder eine offizielle? Die Wertigkeit kann sich im Lauf der Jahre wandeln.

☞ Karrieren gibt es nicht umsonst, sie erfordern einen hohen Preis, der da lautet Zeitmangel, Verlust von sozialen Kontakten, Einsamkeit, bis hin zu charakterlichen Veränderungen. Kalkulieren Sie diese seelischen Kosten und fragen Sie sich – immer wieder: Bin ich bereit, diesen Preis zu zahlen?

☞ In welchem Berufsmilieu fühle ich mich wohl, was entspricht meinem Begabungsprofil? Ein Blick auf die Typologie der Organisationskulturen hilft hier weiter. Möglicherweise habe ich in der falschen Kultur gesteckt oder inzwischen passt ein anderes Milieu besser zu mir.

☞ Patchwork-Identitäten heißt nicht zwangsläufig, dass Sie sich zu Beginn falsch entschieden haben. Sie können eine sinnvolle Fortentwicklung sein.

3 Wie Coaches potenzielle Berufswechsler beraten

Die erste Stunde ist Chemiestunde und dann folgt die ganz persönliche Wertedebatte

„Gibt es keine Vision von etwas Großem, Schönem, Wichtigem, dann reduziert sich die Vitalität,und der Mensch wird lebensschwächer."
Erich Fromm

Eine neue Arbeitsstelle zu suchen, das ist eine große Aufgabe. Einen Beruf zu wechseln, das ist eine riesige Herausforderung. Wer klug ist, der heuert hierfür Hilfe an und leistet sich ein gutes Coaching. Er holt sich also einen externen Berater, um sein Ziel und seinen Weg dahin zu finden. Ein Einzel-Coaching kostet zwischen 80 und 120 Euro die Stunde, allerdings sind die Sätze nach oben hin offen und zwar astronomisch offen. Ein seriöser Coach bietet eine Probestunde an, einfach nachfragen, ist das nicht möglich, sollte das schon ein Ausschlusskriterium sein. Einen guten Berater zu finden, das funktioniert wie bei der Arztsuche: Hören Sie sich im Bekanntenkreis um und gehen Sie nach Empfehlungen. Coaching ist kein Ausbildungsberuf, folglich schwingen sich auch schwarze Schafe zu Beratern auf. Effektheischende Visitenkarten lassen sich im Handumdrehen drucken. Neben dieser eher zufälligen Suche empfiehlt sich eine systematische Recherche im Internet. Um einen guten Berater zu finden, kann man sich zum Beispiel an den Deutschen Verband für Coaching und Training wenden, der seinen Sitz in Hamburg hat und unter info@dvct.de informiert, unter anderem auch darüber, welche Aufnahmekriterien gelten, damit man sich ihm als Coach überhaupt anschließen kann. Diese Transparenz tut der Branche gut, ebenso wie die Merkmale eines guten Coaching, die der Verband auflistet:

- Coaching ist freiwillig und zeitlich begrenzt.
- Coaching löst Selbstreflexion aus und will die Entscheidungsfähigkeit des Klienten erhöhen.
- Coaching macht dem Klienten die in seinem Kontext beeinflussenden Wechselwirkungen transparent.
- Coaching orientiert sich am Veränderungsziel des Klienten und den damit verbundenen überprüfbaren Zielkriterien.

Mit diesem Kriterienkatalog im Hintergrund fällt die Suche nach einem kompetenten Coach leichter. Empfehlenswert ist ebenso der Coaching-Report von Christopher Rauen – unter www.coaching-report.de im Internet präsent –, der sich auch mit dem modelltheoretischen Hintergrund des Coachings auseinander setzt.

Eine gute Beratung ist sinnvoll investiertes Geld. Denn eine Neupositionierung zwischen knappem Wochenende und gedrängter Arbeitswoche zwischen tausend Terminen in die Wege zu leiten, ist ein Kunststück, das den wenigsten gelingt. Auf den Gipfel des Kilimandscharo kämpft man sich ja auch nicht ohne erfahrenen Bergführer, der weiß, wie dünn die Luft dort oben ist. Coaching löst Blockaden und öffnet den Blick für neue Möglichkeiten.

Veränderungen, manchmal allein schon der Gedanke daran, lösen in den meisten Menschen Ängste aus. Sie wissen, dass sie etwas ändern möchten. Sie spüren aber auch, dass sie dann mit Situationen konfrontiert werden, die sie bisher nicht kennen gelernt haben. Ihre alten Ängste sind ihnen vertraut, die neuen nicht. Das Unbekannte schüchtert ein und löst Unbehagen oder auch Angst aus, unabhängig vom Alter. Ethan Hawke ist Schauspieler und Autor, dafür, dass ihn Szenezeitschriften als „Kultstar" feiern, dafür kann er nichts. In seinem Roman „Hin und weg" sagt Sarah, die Unentschlossene: „Ich wünschte, ich wäre alt. Dann müsste ich mir nicht mehr so viel Sorgen um die Zukunft machen." Ihr Liebesabschnittsgefährte erwidert: „Wenn du alt bist, wird deine Zukunft noch unsicherer sein als jetzt." Schöne Aussichten: Wer mag schon ernsthaft in eine unsichere Zukunft aufbrechen. Höchste Zeit also, sich hierfür Weggefährten zu holen, die unterstützen.

Anderen unterstützend zur Seite stehend und sie ermutigend begleiten, das macht zum Beispiel Claudia M. Christen. „Die erste Stunde ist die Chemiestunde", sagt die Karriereexpertin. Und diese findet je nach Klientenwunsch im Café statt. In ungezwungener Atmosphäre beim ersten und zweiten Espresso zeigt sich schnell, ob die Chemie zwischen dem Ratsuchenden und dem Coach stimmt. „Ich gefalle nicht jedem", sagt die Fachfrau, die auch als Outplacement-Beraterin für von Rundstedt & Partner arbeitet, uneitel. Andererseits möchte sie herausfinden: Will sich die Person wirklich verändern? Denn wenn jede Anregung mit einem abwehrenden „Ja, aber" gekontert wird, dann sei der Kunde offenbar noch nicht wirklich zum Wechsel bereit. „Und dann kassiert der Coach Geld für nichts." Und Skeptiker mühselig zu missionieren, das ist nicht das

Geschäftsmodell der freundlichen Frankfurterin mit dem Schweizer Pass. So funktioniert weder eine Beratung, geschweige denn eine Therapie – aber das ist ein völlig anderes Feld.

Christen ist auch deshalb glaubwürdig, weil sie selbst das beste Beispiel dafür ist, dass es belebend sein kann, aus vertrauten Bahnen auszuscheren. Sie hat mit 36 Jahren entschieden, die vermeintlich sichere Bankenwelt zu verlassen, und sich vor einigen Jahren als Coach selbständig gemacht. „Elf Jahre Banking", wie sich die vielsprachige Frau ausdrückt, hat sie in renommierten Positionen und interessanten Städten hinter sich, eingeschlossen eine kurze Unterbrechung in der New Economy. Zu ihr kommen meist die 33- bis 50-Jährigen. Besonders hohen Leidensdruck und Veränderungswillen verspüren diejenigen um die vierzig mit ihrem typischen Das-soll-schon-alles-gewesen-sein-Frust. Das größte Problem der Ratsuchenden? „Angst! Die Sorge um die finanzielle Sicherheit. Bei Männern hängt oft eine Familie dran. Aber auch das Gefühl: Ich bin, was ich verdiene. Alle Kunden haben eines gemeinsam: Sie legen sich noch zusätzlich Druck auf, als hätten sie noch nicht genug von außen."

Am liebsten hätten „die Kunden", wie sie sagt, von ihr eine Patentlösung, was sie tun sollen. „Aber das ist das Wesen des Coachings: Der Kunde muss selbst eine Lösung entwickeln. Zu sagen: ‚Schreib mal dahin', das ist gut gemeint, es bringt aber nichts. Ich rege ihn aber zur Selbstreflexion an und arbeite gerne mit Werten, mit Grundhaltungen, die jemand besitzt. Da hilft es zu klären: Gehören alles Werte aus meinem Leben wirklich zu mir? Und ohne was kann ich nicht leben?"

Das lehrerhafte Ich sagt: Du kannst doch nicht ... Dabei lohnt es sich, unbewusste Ängste wohlwollend anzuschauen

Als Außenstehender wird ihr ein hohes Maß an Akzeptanz entgegengebracht. Anders als Familie oder Freunde hat Claudia Christen Distanz und bringt durch geschicktes Fragen die Kunden auf eine neue Spur. „Ein Coach ver- und beurteilt nicht, er hinterfragt." Sie hilft, Prioritäten erkennen zu lernen. „Es geht um zwei Ichs, die sich anzugucken lohnen. Das lehrerhafte Ich, das sagt: Du kannst doch nicht ... Dann das unterbewusste Ich, das sagt: Ich kann, ich will. Das aber oft übertönt wird. Beide Ichs sind wichtig. Wir müssen lernen, die Angst wohlwollend anzuschauen. Wir treffen im Leben so viele Annahmen, sollten aber überlegen. Weißt Du es oder denkst Du es nur?"

Vielen Kunden tut es sichtlich gut, offen über ihre Enttäuschungen, Ängste, Wünsche und Pläne reden zu können und zwar in strukturierten Gesprächen. Oft stellt sich dann heraus, dass die Lage keineswegs so verzweifelt ist und schon ein relativ kleiner Kurswechsel das Leben auffrischen kann. „In vielen Fällen helfen auch verwandte Geschichten, also zum Beispiel in eine andere Abteilung zu wechseln, etwa vom Sales-Bereich in die Personalabteilung zu gehen", erklärt Christen.

Neu zu ihr gestoßen ist ein Politikredakteur aus Süddeutschland. Ein 45 Jahre alter Mann, über den andere oft und anerkennend sagen, er sei „so tüchtig". Das ist er in der Tat: So tüchtig und so bereit, die beziehungs-, familien- und freundeskreisfeindlichen Produktionszeiten der Tageszeitung zu akzeptieren, so dass er vom Chefredakteur hoch geschätzt wird, bei den Kollegen beliebt ist, aber in seinem privaten Leben kaum noch gesehen wird. Die ersten zehn Berufsjahre lang hat sich der Journalist, der schon morgens früh den Videotext aufmerksam studiert, in seinem Beruf ausgesprochen wohl gefühlt. Da stimmte die Passung nahezu perfekt: Tagtäglich das ferne Weltgeschehen über Agenturen auf den Schirm gespült zu bekommen, begeistert ihn. Und zu sehen gab es einiges: Ob Mauerfall, 11. September oder auch der Tod von Lady Di, der den Tod von Mutter Teresa in der gleichen Zeit ins publizistische Abseits drängte – „das hat mich alles fasziniert. Die Jahre sind wie im Flug vergangen", sagt der Schwabe. Schleichend hat sich das aber geändert. Aus der Verlockung, stets als einer der Allerersten Zugriff auf aktuelle Ereignisse zu haben, ist die Unzufriedenheit über dauernde Präsenz geworden, um die das karge Privatleben mühsam organisiert werden muss. Nach fünf schwierigen Jahren entscheidet sich der Mann, aus dieser Routine auszubrechen.

Drei Motive treiben ihn an, die er im Lauf der Beratung auch deutlich zu formulieren lernt: das Ersticken in ewig gleichen Abläufen, die extremen Arbeitszeiten, das fehlende private Leben. Der tragische Herztod eines Kollegen und der zynische Begleitkommentar eines Ressortleiters, der nach zwanzigminütiger (!) Trauer die Parole ausgibt: „Wir machen Business as usual, alles wie immer", schocken den feinfühligen Mann: Es reicht. Das ist der Wendepunkt, der berühmte Tropfen, der das Fass der Frustration überlaufen lässt. Eine neue berufliche Orientierung ist überfällig.

Eine Idee, was er beruflich anpeilen könnte, hat er allerdings nicht. Er weiß, was er nicht mehr möchte, nicht aber, was er wirklich will. Im ersten Kennenlern-Café-Gespräch fordert Claudia M. Christen auf, etwas aus seinem Leben zu berichten. Irgendetwas. Der Journalist reist gerne und weit, kennt alle Kontinente und viele ungewöhnliche Hotels, Südamerika hat er bis zur Osterinsel erkundet. „Da haben seine Augen das erste Mal geleuchtet“, bemerkt die Beraterin später. Diese Beobachtung wird zum Auslöser für den Redakteur, sein Leben aus einem gesunden Abstand heraus zu betrachten und darauf zu horchen, wofür er wirklich brennt. Langsam reiht sich ein Mosaikstein an den anderen, wohin die Reise gehen soll.

Warum eigentlich nicht das Schreiben und Recherchieren mit Auslandsplänen verbinden? Den flüchtigen Gedanken an Reisejournalismus verwirft er sofort, die Branche ist klein, instabil, hier journalistische Unabhängigkeit zu wahren ist schwer. Außerdem ist der Redakteur nicht aufs Schreiben fixiert. Er hat noch andere Begabungen, zum Beispiel ein ausgezeichnetes Organisationstalent. Zum individuellen Berufsglück führen vielleicht nicht viele, zumindest aber mehrere Wege: Vielleicht gibt es auch für einen Quereinsteiger eine Möglichkeit, Fuß zu fassen im Hotelmanagement. Wirtschaftliches Verständnis hatte der Romanist schon immer, durch ein berufsbegleitendes MBA-Studium könnte er seine Chancen auf dem Bewerbermarkt deutlich erhöhen. Diese MBA-Qualifizierung bieten Privatschulen in Block- und Ferienseminaren an reizvollen ausländischen Standorten an. Auch kein schlechter Gedanke. Und das Abseilen ginge klammheimlich vonstatten, keiner in der Redaktion müsste von den Weiterbildungsplänen erfahren, feste Urlaubsblöcke sind in seinem Verlag verhandelbar. Solche Überlegungen waren für den Mann vorher undenkbar, plötzlich haben diese Vorstellungen Raum. Verwerfen kann man Ideen immer noch. Aber erst einmal sollte man ihnen eine Chance geben. Durch eiserne Selbstbeschränkung entstehen keine kreativen Lösungen.

Eine Wertedebatte ist ein guter Wegweiser für einen möglichen Richtungswechsel

Beim Coaching geht es aber bei weitem nicht um freies Assoziieren, sondern um strukturiertes Vorgehen. Ein guter Coach stößt eine Wertedebatte an. Neben der Wertschöpfung in Form von Geld hat jeder Beruf, jede Tätigkeit eine Werteverwirklichung. Kommt diese zu kurz, stellt sich leicht ein Gefühl von Unzufriedenheit, schlimmer noch, von Sinnlosigkeit ein – im schlimmsten Fall endet das im Burn-out. Diese Sinnlosigkeit kann sich vermitteln durch die Arbeitsbedingungen. So kann es sein, dass man durch restriktive Vorgaben seine Kreativität nicht entfalten kann oder sich in seinem Entscheidungsfreiraum zu stark gegängelt fühlt. Ebenso kann ein Gefühl von Sinnlosigkeit entstehen, wenn von den Kollegen und Vorgesetzten der eigene Beitrag nicht gewürdigt wird. Die Abwesenheit von Kritik ist Lob genug – diese aberwitzige Haltung betrachten viele überforderte Führungskräfte als Motivationsmethode. Sie irren und vernichten durch diese Gleichgültigkeit Engagement im ganz großen Stil. Das Empfinden von Sinnlosigkeit kann aber auch vermittelt werden durch die Tätigkeit an sich, wenn einem die Arbeiten zu stumpfsinnig erscheinen.

Hier ist der individuelle Spielraum jedoch sehr groß. Die Trierer Psychologin Stefanie Stahl verdeutlicht das: „So kann zum Beispiel eine Reinigungskraft ihre Tätigkeit als wertvollen Beitrag zur Sauberkeit eines Unternehmens oder eines Haushaltes würdigen. Oder aber sie kann als ‚Putze' fühlen und unter ihrer ‚niederen' Tätigkeit" leiden. Das hängt von der eigenen inneren Einstellung, vom grundlegenden Selbstbewusstsein und den eigenen Ansprüchen ab." Und da hakt die Psychologin sofort nach: „Hier ergibt sich die erste Frage für einen Wechsel. Bevor ich den Job oder sogar den Beruf wechsle, könnte ich meiner jetzigen Tätigkeit nicht mehr Wert, mehr Sinn verleihen?" Kleine Einstellungsänderungen können schon zu großen Veränderungen führen.

Übrigens gibt es einen schönen Effekt bei dieser angeblich so niederen Tätigkeit: Man sieht einen unmittelbaren Erfolg, hat ein anschauliches Resultat, über das sich andere freuen – ein Büro ist von überquellenden Papierkörben befreit, eine Wohnung von Staubflocken. Warum vorschnell den Kopf schütteln über die englische Putzfrau, die im Jahr 2002 in einer Lotterie eine Million Pfund gewonnen hat und gar nicht daran dachte, ihren Job aufzugeben? Glückliche Frau, imponierende Haltung. Es ist akademische Arroganz, anstrengende körperliche Tätigkeiten vorschnell abzuwerten. Stefanie Stahl nennt noch ein Beispiel: „Ein Monteur von Schrauben kann sich bewusst machen, dass sein Beitrag wirklich wichtig ist: Wenn die Schraube locker ist, kann dies zu schlimmen Unfällen führen."

Wenn ich mich aber nicht imstande sehe, meiner Arbeit mehr Sinn zu verleihen, dann sollte ich in mich gehen und der Frage nachspüren, was meine Werte im Leben sind. Um einen guten neuen Platz für sich zu finden, muss man wissen, welche Werte man verinnerlicht hat. Denn das persönliche Wertesystem beeinflusst ganz erheblich die eigenen Wahrnehmungsprozesse, Bedürfnisse, das Verhalten sowie emotionale Reaktionen. Der Systemische Coach Hanspeter Lanz, den Sie in Teil II näher kennen lernen werden, ergründet mit seinen Klienten deren Wertehierarchie und sagt: „Werte sind das für die Person Wünschbare und Wichtige, sind positiv besetzt, abstrakt, situationsübergreifend und emotional eingefärbt. Wenn ein persönlicher Wert wie zum Beispiel Fairness angegriffen wird, reagiert man in der Regel besonders emotional. Wenn Sie Ihre inneren Steuerungsgrößen kennen, können Sie bewusster damit umgehen."

Im zweiten Schritt sollte man sich dann sehr kritisch fragen, ob die verinnerlichten Werte eigene Werte sind oder möglicherweise Vorstellungen, die andere einem aufgezwungen haben – aus familiären, gesellschaftlichen, religiösen oder was für Motiven auch immer. Und der dritte Schritt führt zur Frage aller Fragen: Welche dieser Werte möchte ich in Zukunft leben?

Das hört sich komplizierter an, als es ist. So können schon Erlebnisse aus Kindertagen Aufschluss über die eigenen Werte geben. „Wenn jemand gerne Mannschaftssport wie Fußball betrieben hat, kann das ein Indiz dafür sein, dass er sich in einem Job mit Teamarbeit wohlfühlt", erklärt Christian Richter. Der Unternehmens- und Personalberater gibt seit Jahren Berufsfindungsseminare und sagt den Teilnehmern: „Es geht darum zu begreifen, was einem im Leben wirklich wichtig ist und was den persönlichen Wesenskern ausmacht. Erst wenn man sich selbst erkennt, kann man anschließend ein passendes Berufsbild konstruieren."

Das tun allerdings viele Menschen nicht, bedauert der promovierte Jurist und ist überzeugt: „Vielen Studenten und auch Managern ist überhaupt nicht klar, welche Werte sie eigentlich leben wollen." Um das für sich herauszufinden, lohnt sich ein kurzer Rückzug. Im Coaching sind das beliebte Hausaufgaben für eine ruhige Stunde. Nebenher, wie im flüchtigen Illustriertentest mit begrenzter Aussagekraft, den eigenen Wertekanon ankreuzen, so funktioniert das Ganze nicht. Der Begriff meditieren kommt nicht umsonst vom lateinischen „meditari" und bedeutet „sich zur Mitte hin bewegen". Meditieren braucht man über seine Werte nicht, aber in Ruhe darüber nachdenken sollte man schon.

Natürlich sind uns alle diese Werte irgendwie wichtig. Natürlich auch der Wert Macht, das ist kein schlechter Wert an sich, obgleich ihn viele sofort mit Missbrauch assoziieren. Ganz im Gegenteil: Macht ist etwas Fantastisches, Macht bedeutet das Gegenteil von Ohnmacht, bedeutet Einfluss, der sich für viele gute Dinge nutzen lässt. Bei näherer Betrachtung sind alle Werte reizvoll, aber auch abstrakt. Das ist wie bei Kontaktanzeigen. Wer behauptet denn bitteschön nicht von sich, „attraktiv, erfolgreich und unternehmungslustig" zu sein, bei solchen Texten ist der Erkenntniswert gleich Null.

Der Katalog möglicher Werte ist unerschöpflich. Hier sind die Klassiker zum Selbsttest:

- Sicherheit
- Unabhängigkeit
- Ruhm
- Spaß
- Freiheit
- Gerechtigkeit
- Status
- Teamgeist
- Anerkennung
- Geld
- Dinge bewegen
- Macht
- Sinn
- Zuverlässigkeit
- Respekt
- Selbstverwirklichung

Deshalb kommt es darauf an, die Stichwörter inhaltlich zu füllen. Freiheit, das heißt, ich muss nicht jedes Projekt von drei Abteilungsleitern absegnen lassen, sondern kann in einem größeren Rahmen eigenständig entscheiden. Respekt bedeutet, dass Kritik sachlich und ruhig vorgetragen wird und keiner losgebrüllt, sobald etwas schief läuft. Anderen mag das ins eine Ohr rein-, aus dem anderen wieder herausrauschen. Manche verwechseln das mit einem reinigenden Gewitter. Viele jedoch stört dieser Umgang miteinander.

Der Inhalt ist geklärt, nun wird die Reihenfolge des Wertekanons bestimmt: Wir müssen eine Prioritätenliste aufstellen. Der Wert, der uns am wichtigsten ist, weist uns die die richtige Richtung, in die wir unser Berufsleben treiben sollten. Die Aufgabe lautet konkret, nun die fünf der wichtigsten Werte herauszufiltern nach der Devise: „Das Leben ist für mich wertlos, ohne …“

Bitte ehrlich verfahren und nicht das aufschreiben, was sozial erwünscht ist: Wenn für mich Geld ganz wichtig ist, dann sollte ich das niederschreiben. Geld ist ja nicht nur Statussymbol, sondern ermöglicht freie Entscheidungen. Zum Beispiel jene, aus Routinen auszubrechen und zu kündigen, ohne ein Alternativangebot zu haben. Wenn eines meiner zentralen Lebensziele eine Segelyacht in der Ägäis darstellt, auf der ich als Frühpensionär über die Meere schippern möchte, dann sollte ich das aufschreiben. Und ich sollte mir eingestehen, dass eine ganze Reihe von Berufen für mich bei einem Wechsel nicht in Frage kommen wird, weil deren Gehaltsstrukturen den Schiffskauf und die Finanzierung eines Liegeplatzes nicht zulassen. Also ehrliche Kreuze machen.

Noch eine Bemerkung hierzu: Neid ist eine der sieben Todsünden und in unserer Gesellschaft irgendwie igitt. Das ist in den Vereinigten Staaten anders, Tellerwäscherkarrieren werden ehrlicher bewundert als hierzulande. Aber Neid ist auch ein wunderbarer Indikator für eigene Wünsche. Wenn ich den Yachtbesitzern neidisch hinterher blicke, dann kann mir das Gefühl den Weg weisen, volle Kraft voraus darauf hin zu arbeiten.

Hat man seine fünf Favoriten bestimmt, dann lohnt eine Tabelle mit drei Spalten.

Die Werte	Leben des Wertes im Beruf	Leben des Wertes im Privaten
Respekt		
Macht		
Freiheit		
Spaß		
...		

Noten von 0 (wird nicht gelebt) bis 10 (wird stets gelebt) werden vergeben. Nun wird die Tabelle interpretiert. Hanspeter Lanz erklärt wie: „Besonders bedeutsam sind relativ geringe Skalenwerte, da diese auf einen wenig erfüllten Aspekt schließen lassen. Der Coachee wird dabei ermutigt, sich Ziele zu setzen, welche Werte er um wie viele Skalenwerte bewusst steigern möchte." Diese Erkenntnis ist die erste entscheidende Etappe, um für sich ein persönliches Berufsziel zu definieren. Denn wenn ich nicht weiß, was ich eigentlich will, dann kann ich das auch nicht ansteuern.

Ein konkreter Fall: Für Jan Hansen – der Mann heißt nicht so – ist Freiheit der oberste Wert, danach kommt Anerkennung. Das hat er im Coaching für sich herausgefunden. Dumm nur, dass der Norddeutsche als Abteilungsleiter in einer Großbank arbeitet. Um Platz zwei, die Anerkennung, ist es gut bestellt: Die Stelle ist renommiert, intern in der Bankenhierarchie gut angesehen, auch in der Außenwahrnehmung macht Hansens Posten etwas her. Was aber ist mit seinem obersten Wert, wie sieht es mit Hansens Freiheitsgrad aus? – Nicht gut.

Nach der Fusionierung mit einer amerikanischen Bank haben sich die internen Abläufe deutlich verschärft. Für eine mittelgroße Kreditbewilligung braucht Hansen inzwischen mehrere Unterschriften von vorgesetzten Abteilungen, die sich manchmal auch autoritär aufspielen und mit unnötigen, inhaltlich überflüssigen Rückfragen ihre Macht demonstrieren. Früher konnte er das alleine entscheiden. Seine geliebten Dienstreisen nach Chicago sind gestrichen, da gibt es ja jetzt Kollegen vor Ort. Realistisch betrachtet, wird seine äußere Freiheit weiter eingeschränkt werden, von der inneren gar nicht zu reden. Die neuen Konzernchefs sprechen nicht mehr von Mitarbeitern, sie reden von AKs und von MaKs, von Arbeitskräften und Mitarbeiterkapazitäten, und halten Gedanken an den Freiheitswillen ihrer Angestellten für Folklore.

Höchste Zeit für eine Wertediskussion, die Jan Hansen mit einem Wirtschaftscoach führt. Jetzt prüft der Abteilungsdirektor ernsthaft, ob er sich auf einen Leitungsposten in einer Vorstadt-Filiale bewerben soll. Reisen nach Illinois sind dann zwar nicht mehr drin, aber er wird mehr eigene Entscheidungen treffen können, mehr Handlungsspielraum in der Mitarbeiterführung haben und zum Beispiel darin, welche Schwerpunkte er im Privatkundengeschäft setzen möchte. Der Mann überlegt noch, ob dieser Rückschritt für ihn ein Fortschritt ist. Einen grundlegenden Berufswechsel scheut der dreifache Familienvater, aber durch eine neue Stelle setzt er für sich neue Schwerpunkte und lebt die von ihm favorisierten Werte. Manchmal reicht das aus.

Im Fall des schwäbischen Journalisten geriet die Sache noch grundsätzlicher. Für ihn ist es ein hoher Wert, Freundschaften zu pflegen – mit Schichtdiensten lässt sich das aber nur schwer vereinbaren. Ein Job im Ausland bringt ihn zwar äußerlich weiter weg, lässt aber größere verlässliche Zeitplanung zu. Das hat er sich deutlich gemacht und entschieden, eine neue Arbeitsstelle, vielleicht sogar einen neuen Beruf anzustreben, der überschaubarere Arbeitszeiten bietet. Zugleich ist er kein Kandidat für Freiberuflichkeit, dazu ist sein Sicherheitsbewusstsein zu ausgeprägt. Das wird sich so schnell nicht ändern, die dazu nötige Grundentspanntheit ist ihm wesensfremd, auch durch seine Sozialisation in einem kleinen Dorf. Zwei wichtige Kriterien, die die Stellensuche deutlich eingrenzen. Seine Entscheidung steht felsenfest. Und seitdem ist sein Optimismus wieder zurückgekehrt, dass das Leben es grundsätzlich gut mit ihm meint.

Geld allein ist auf Dauer kein Glücksgarant

Die Wertediskussion lässt sich noch grundsätzlicher führen. Hierfür ist es hilfreich, erklärt die Psychologin Stefanie Stahl, „sich jener Situationen im Leben zu erinnern, in denen man sich sehr lebendig und in Übereinstimmung mit sich selbst erlebt hat."

Sie zählt auf:

1. Wo habe ich mich selbstvergessen einer Aufgabe gewidmet, sei es beruflich oder in der Freizeit?

2. Welches sind meine besonderen Fähigkeiten, die in mir zur Entfaltung drängen?

Diese innere Einkehr benötigt Zeit und sollte, so warnt Stefanie Stahl, „jenseits von strategischen Überlegungen erfolgen, die wiederum dazu verleiten könnten, Prestige und Geld den Vorrang zu geben". Das Gefühl, gebraucht zu werden und Sinnvolles in Einklang mit den eigenen Werten zu tun, dieses Gefühl macht auf Dauer glücklich. „Das zeigen alle wissenschaftlichen Studien zu diesem Thema", betont die Psychologin. Prestige kann angenehm sein – ich weine auch lieber im Taxi als in der Straßenbahn – es ist aber nicht die Quelle eines zufriedenen Lebens. Geld ist nur bis zu einer gewissen Grenze motivierend, danach bringt mehr Geld nicht mehr Zufriedenheit.

Diese wissenschaftlich fundierte Wahrheit hat Heinrich Böll originell auf den Punkt gebracht in seiner „Anekdote zur Senkung der Arbeitsmoral". Die Geschichte ist zeitlos schlicht und schön: Ein wohlhabender Tourist reist in den Süden und gibt einem ärmlichen Fischer unaufgefordert Ratschläge, wie dieser sein Leben durch harte Arbeit verbessern könnte. Statt nach einem guten Fang mit einer Zigarette in der Sonne zu dösen, könnte sich der Einheimische zum Fischereiunternehmer hocharbeiten. Begeistert skizziert der Urlauber arbeitsreiche Geschäftsentwicklungspläne. „Was dann?" fragt der Fischer. Ruhig, aber enthusiastisch sagt der Fremde: „Dann, dann könnten Sie beruhigt hier im Hafen sitzen und dösen – und auf das herrliche Meer blicken." „Aber das tu ich ja schon jetzt", sagt der Fischer lapidar. Wahrscheinlich guckt der Tourist ganz schön blöd.

Ganze Schülergenerationen sind damit beauftragt worden, die industriegesellschaftliche Arbeitsmoral mit derjenigen der Südländer zu kontrastieren. Dabei schneidet das Streben der Leistungsgesellschaft, die sich Entspannung erst nach mühevoller Plackerei gestattet, schlecht ab. Ergebnisorientiert ist der einfache Fischer auch. Selbstoptimierung, ein Schlüsselwort aus den Handbüchern der Wirtschaftswissenschaften, lebt er entspannt vor. Auf seine Art.

Um zu erkennen, was einem wirklich wichtig ist, hat sich in der Seminarbranche ein neues Angebot durchgesetzt: Man lädt ein zu so genannten

„Dream Days“, die häufig in Klostern stattfinden. Worum es geht: Innezuhalten, fern der Berufshektik und Alltagsroutine darüber nachzudenken, wohin Ihr Weg Sie weiter führen soll. Was Sie mit Ihrem Leben noch vorhaben und nicht, was das Leben noch mit Ihnen so vorhat. Auf Knopfdruck werden Sie Ihre Vision nicht abrufen können. Dafür brauchen Sie äußere Ruhe, die zur inneren Gelassenheit führen kann.

Das Verfahren: eins, zwei, drei, wir sind jetzt alle mal ganz kreativ, das scheitert ja schon im täglichen Geschäft. Ständiges Konferieren dient häufig der Daseinsberechtigung chronischer Faulpelze und zerpflückt den Tag. Die, die wirklich etwas zu schaffen haben, schätzen das ganz und gar nicht. Eine Ideenbörse ist das selten, die findet informell vor dem Kaffeeautomaten statt. Es ist ja kein Zufall, dass einige Unternehmen mittlerweile Stehkonferenzen eingeführt haben, ohne Kaffee und Kekse und ohne die Gefahr, in die Laberrunde abzudriften.

Also eine kurze Auszeit muss her, um auf andere Gedanken zu kommen. Was die Hirnforschung bestätigt, zeigt auch der Alltagstest: Gute Einfälle und spannende Ideen kommen vielen Menschen unter der Dusche, beim Joggen, auf langen Fahrten. Schriftsteller, die ihren Beruf ernsthaft betreiben, haben immer Stift und Papier dabei. Sie wissen, dass sich die große Inspiration, der fulminante Einstieg nicht zwischen 9.00 und 12.30 Uhr am Schreibtisch einstellen wird. Wie hat ein Kollege einer Wochenzeitung immer gescherzt: „Ich suche noch den Chefredakteur, der mir auch dafür mein Gehalt zahlt, dass ich mich zwei Stunden ins Café setze und Löcher in die Luft starre.“ Der Redakteur hat sich den Caféhausabstecher einfach selbst gegönnt. Das wurde misstrauisch beäugt, aber immerhin stillschweigend geduldet, weil er stets mit drei, vier neuen Themenvorschlägen zurückkehrte.

Das teure Seminargeld lässt sich also sparen, wenn man sich die Zeit möglichst regelmäßig freischaufelt für einen Auszeittag. Ob das ein Tag auf der Berghütte oder ein stiller Tag im Kloster ist, das ist zweitrangig. Hauptsache, Sie haben sich ausgeklinkt, Handy und BlackBerry sind ausgeschaltet, keiner stört und unterbricht und lenkt ab. Führungskräfte, die täglich 260 E-Mails – schon vorsortiert von einer Sekretärin – sichten müssen, wie sollen die zwischendurch die große Unternehmensvision entwickeln?

Jetzt aber ist Zeit für Ihre Zukunftsbilder. Danach sehnen sich viele Getriebene. Das Kölner Rheingold-Institut für Kultur-, Markt- und Medienforschung hat in einer Studie die Lebenskonzepte von tausenden Menschen untersucht. Das Ergebnis wundert nicht: Die meisten Deutschen fühlen sich wie in einem Hamsterrad, arbeiten viel, wissen aber nicht, wozu das Ganze dient. „Unermüdlich plagen sie sich ab, versuchen in Arbeit, Familie oder Ausbildung das Beste zu geben. Wenn sie dann am Abend aus dieser hochtourigen Betriebsamkeit aussteigen, fragen sie sich häufig entgeistert: Was habe ich eigentlich den ganzen Tag gemacht? Und wofür habe ich das gemacht?“ Das schreibt der Geschäftsführer des Instituts, Stephan Grünewald, und erklärt: „Fasst man die 20.000 Tiefeninterviews zusammen, die wir im Rheingold-Institut analysiert haben, scheint die Gesellschaft in den Zustand einer überdrehten Erstarrung geraten zu sein.“ Seinen inneren Wünschen und dem wirklichen Leben wird man durch die Runden im Hamsterrad nicht näher kommen. Ein überzeugender Grund, sich einen Auszeittag zu genehmigen.

Mit Schockfragen gelangen Ratsuchende auf die Bauchebene und dahin, was wirklich für sie zählt

Eine entspannte Grundhaltung haben die meisten Menschen verlernt oder auch nie besessen. Seinen innersten, heimlichsten und verdrängten Wünschen kommt man mit einer klassischen Frage des Coachings auf die Spur. Karrieretrainer stellen sie ihren Klienten, um mit ihnen ins Gespräch zu kommen und auf verschüttet liegende Sehnsüchte zu stoßen.

Erste Frage: Sie sind auf Ihrem achtzigsten Geburtstag. Wer soll dort zu Gast sein und was soll über Sie gesagt werden?

Dort sollen sich wohl kaum der ehemalige Chef, die früheren Kollegen versammeln und vergangene Projekte referieren und sich in Lobhudeleien ergehen. Die Lebensuhr scheint immer schneller zu laufen. Was wirklich gezählt hat im Leben, jetzt ist es Zeit, darüber zu sprechen. Das ist die sanfte Fragenvariante.

Die härteren Frager spitzen die Sache zu: Stellen Sie sich Ihre Beerdigung vor. Wer soll dort erscheinen, was soll in den Reden vorkommen?

Und schließlich die dritte Variante: Sie leiden an einer nicht mehr therapierbaren Krankheit, Ihnen bleiben noch drei Monate auf Erden. Was fangen Sie mit dieser Zeit an?

Poetischer gefragt: War genug Wind in meinem Haar? Genug Wiese unter meinen Füßen? Genug Himmel in meinen Augen? Das mag sich entsetzlich kitschig anhören, die rosarote Pilcher-Welt lässt grüßen. Gerade in Ohren jener Hartgesottenen, die sich fast ausschließlich in einer Welt der Fakten und Zahlen bewegen – aber begeistert surfen, segeln, klettern und gerne hinschauen, wenn die Zigarettenindustrie mit Wild-West-Grand-Canyon-Romantik wirbt.

Diese unbequemen Schockfragen – mit denen sich verständlicherweise die wenigsten Menschen aus freien Stücken auseinander setzen – zielen direkt auf die Bauchebene. Wenn das Damoklesschwert des nahenden Todes bedrohlich aufblitzt, dann bleibt keine Zeit mehr für Etikette und aufgedrückte Lebensmuster, die andere diktieren, einen selbst aber unzufrieden machen. Habe ich etwa jahrelang die Träume von anderen gelebt? Darauf mag keiner mit Ja beantworten. Nicht wirklich.

Und was hat jemand, der sich seinen richtigen Wünschen stellt, denn schon zu verlieren? Topmanager, die nach ihren besten Entscheidungen befragt worden sind, bekannten einstimmig: Das waren die Bauch- und nicht die Kopfentscheidungen, die wir gefällt haben.

Was wichtig bei diesen Fragetechniken ist: Gefordert ist zunächst eine rasche Antwort. Durch Spontaneität soll die Verstandesebene ausgetrickst werden. Die Ergebnisse gleichen einander. Die wenigsten Menschen wünschen sich in einer Grenzsituation eine Auflistung ihrer Karrieresprünge, Gehaltserhöhungen oder goldenen Anstecknadeln. Und die wenigsten blieben wohl in ihrem bisherigen Alltagsrhythmus stecken. Läuft die Sanduhr, dann nämlich besinnen sich auch die nüchternen Diplomkaufleute, dass sie immer schon gerne ein Künstlercafé betrieben hätten. Oder der Anwalt erinnert sich, mit Hingabe seinen Segelschein gemacht zu haben. Wohl gemerkt: Bei dieser Übung geht es nicht um verklärte Träumerei von einem kindischen, nicht finanzierbaren Leben, sondern darum, sich zurückzuerinnern, was einst Flow-Erlebnisse verschaffte. Noch einmal: Natürlich ist das keine Aufforderung an einen Betriebswirt – der genau vor Augen hat, wie viele Latte Macchiato er verkauft haben muss, um die Miete in der Innenstadtlage zu berappen –, sich jetzt als Cafébetreiber zu versuchen. Aber es ist ein Impuls, ernsthaft darüber nachzudenken, ob er so eine Geschäftsidee mit Partnern im Franchisesystem betreiben möchte und er die organisatorische Seite eines solchen Unternehmens übernimmt.

In Luftschlössern lässt sich nicht wohnen, aber es spricht nichts dagegen, sie in Gedanken probehalber zu beziehen. „Kein Unternehmen wäre jemals entstanden, wenn bei der Gründung schon der Finanzplan gestanden hätte“, erklärt der Personalberater Christian Richter den Teilnehmern seiner Berufszielfindungsseminare. Eine zugespitzte These, die jeder Leiter eines Existenzgründerseminars bestreiten würde. Aber die Grundannahme stimmt. Hätte Michael Schumacher sich einmal träumen lassen, dass er mit seinem Hobby Millionen einfährt, als er seine Runden auf der Kerpener Kart-Bahn drehte? Wohl kaum. Aber er war mit Leidenschaft dabei. Und das ist am Anfang der Pluspunkt, auf den es ankommt. Dieser Leidenschaft kommt man mit Fragebögen auf die Spur.

Kurz und bündig

☞ Überlegen Sie, ob Sie sich die professionelle Unterstützung eines Coaches holen sollten. Ein guter Coach ver- und beurteilt nicht, er hinterfragt.

☞ Angst vor Veränderung kann sich durch das strukturierte Gespräch mit einem Außenstehenden deutlich relativieren.

☞ Eröffnen Sie eine ganz persönliche Wertedebatte. Welche Werte haben Sie verinnerlicht, welche möchten Sie davon wirklich leben? Schreiben Sie das ehrlich auf.

☞ Prüfen Sie für sich kritisch, wie Ihre wichtigsten Werte im Berufsleben zur Zeit vorkommen und wie sie vorkommen sollten.

☞ Man denkt auch mit dem Herzen gut. Bauchentscheidungen sind oft die besseren, um zu klären: Was möchte ich mit dem Rest meines Lebens anfangen?

☞ Ist es Zeit für einen Kurswechsel? In Luftschlössern lässt sich nicht wohnen, man kann sie aber in Gedanken beziehen.

☞ Verlassen Sie das Hamsterrad und entkommen Sie der überdrehten Erstarrung. Bauen Sie regelmäßig Auszeittage in den Arbeitsalltag ein, so können Sie überzeugende Zukunftsbilder entwickeln.

4 Auf Talentsuche

Die eigenen, oft verschütteten Begabungen sind gute Wegweiser

„Niemand weiß, was in einem drinsteckt,
solange er nicht versucht hat, es herauszuholen."
Ernest Hemingway

Was waren denn die Erlebnisse, bei denen die Zeit keine Rolle mehr spielte, für die man Müdigkeit ignorierte oder gar nicht erst spürte, weil sie einen so gefangen nahmen, dass sie Raum und Zeit vergessen machten? Was sind die Dinge, für die ein Morgenmuffel freudig um fünf Uhr in der Früh aus dem Bett springen würde? Da wollen wir wieder hin. Aber da sind besorgte Verwandte und Freunde vor und Thomas Edison. Der begnadete Erfinder desillusioniert: „Genie ist ein Prozent Inspiration und 99 Prozent Transpiration." Harte Sprüche gibt es zuhauf. „Qualität kommt von quälen", sagt Felix Magath, Trainer vom FC Bayern München. Der Mann hat ja Recht. Bedingt. Wer Spitzenleistungen abliefern möchte, der muss Fleiß aufbringen. Ohne Fleiß kein' Preis, das Wort hat seine Berechtigung. Aber am Anfang, da stand das Talent, da standen elf Jungen, die glänzende Augen bekamen, wenn es auf dem Fußballplatz zur Sache ging. Und deren Eltern sich wahrscheinlich mächtig gesorgt haben, als die Jungs verkündeten, dass aus dieser geliebten Kickerei ein Beruf werden sollte. Dass ihre Söhne, die Profifußballer, in einer Woche mehr verdienen, als die Eltern in einem halben Jahr, das hätten sie in der Zeit der Berufsfindung nicht gedacht.

Es ist ein Irrtum anzunehmen, dass eine berufliche Herausforderung immer schwierig sein muss, erklärt der Unternehmensberater Christian Richter: „Oft sind wir mit dem Hintergrund aufgewachsen, dass alles, was einfach geht und Spaß macht, wenig zählt, und alles, was schwer ist und nur mit viel Einsatz bewältigt werden kann, viel zählt." Dabei ist es oft umgekehrt: Gerade das, was uns leicht von der Hand geht, ist ein starkes Indiz für ein besonderes Talent. Vielleicht hat man aber ausgerechnet das, was einem so einfach zufällt, nicht mehr ernsthaft für sich verfolgt. Das fällt einem halt zu, das macht man eben mit links, und es wundert uns höchstens, dass sich andere so damit plagen.

Ernst nehmen wir unsere Begabung aber nicht. Erfolgreiche Unternehmer und Menschen, die sich mit einer – oft ungewöhnlichen – Geschäftsidee selbständig gemacht haben, haben aber genau das getan.

Wann hätten Sie sich am liebsten selbst auf die Schulter geklopft? Wann waren Sie so richtig stolz auf sich? Sie zögern mit Antworten, dann organisieren Sie sich unkonventionelle Hilfe zur Selbsterkenntnis. Um die eigenen Talente zu erkennen, hilft der Blick von außen: Bitten Sie Familie, Freunde, Bekannte und auch nur flüchtige Bekannte, ihnen positive Eigenschaften zuzuschreiben: Was schätzen die anderen besonders an Ihnen? Für Sie ein peinliches Prozedere? Lob muss man auch aushalten können.

Nette Dinge sagen sich viele Menschen viel zu wenig. Schade, die anderen, die sehen uns eben auch mit anderen Augen und oft weit weniger kritisch, als wir uns selbst wahrnehmen. Welches Talent zeichnet mich also in den Augen anderer aus? Sie werden überrascht sein, was den anderen dazu einfällt. Testrunde im Bekanntenkreis: Der Betriebswirt wird gelobt für seine Computerkenntnisse und dafür, dass er mit jeder noch so abstrusen technischen Gebrauchsanleitung zurechtkommt. Ihm selber ist das nie aufgefallen. Er hat sich nur darüber gewundert, wie kompliziert es für die meisten seiner Mitmenschen schon zu sein scheint, einen DVD-Rekorder zu programmieren. Für ihn ist das ein Klacks, nicht mal die Anleitung liest er. Der Architektin klingeln wiederum die vor Stolz geröteten Ohren, weil ihr die anderen beeindruckende Fremdsprachenkenntnisse bescheinigen. Für sie war es vergleichsweise ein Kinderspiel, Ungarisch zu lernen. Der Finanzbuchhalter ist erstaunt, dass die anderen sein Organisationstalent betonen und seine Fähigkeit, sich im größten Chaos rasch den Überblick zu verschaffen, ihn kostet das keine Mühe. Im Gegenteil: Je größer das Durcheinander, desto mehr Freude macht ihm das Sortieren.

Solche lobenden Stimmen einzuholen dienen nicht der eitlen Selbstbeweihräucherung, sondern der Talentsuche in eigener Sache. Diese Rückmeldungen sind ein Indiz dafür, was man beruflich noch weiterverfolgen könnte. Und nebenbei: Sie sind kostenlos und angenehmer, als sich durch einen zehnseitigen Begabungstest zu arbeiten. So haben viele Menschen sich selber nicht gesehen oder sie haben im Laufe des Lebens mit seinen unschönen Deckelungen verlernt, sich so sehen zu können. Gründe dafür gibt es viele. Die Ursachenforschung ist kompliziert, und kein Leser muss dafür auf die Couch des Psychoanalytikers, um sich zu fragen, was bei ihm in Phase 5 B seiner Kindheit vermurkst worden ist. Ein Blick in die Familiengeschichte kann schon erhellen. Vielleicht ist es Familientradition, dass im Medizinerclan ein Dolmetscherberuf nicht gerne gesehen und das Sprachtalent des Ältesten nicht weiter verfolgt oder schlichtweg beharrlich ignoriert wurde.

Das ist schade, weil Begabungen so verschenkt werden und nutzlos verpuffen. Dabei ist es die Kunst der Motivation, Lernfähigkeit und Lernbereitschaft zu fördern. Erinnern Sie sich an die ersten Wochen als Grundschüler: Die meisten von uns konnten den großen Einschulungstag gar nicht mehr erwarten, alles redete davon, endlich, endlich geht es los. Lesen und rechnen lernen bedeutet Autarkie, was für ein berauschendes Gefühl, Buchstabe für Buchstabe Schilder entziffern zu können und nicht immer nachfragen und auf die Hilfe der Großen angewiesen zu sein. Noch bis zum zweiten Schuljahr werden sehr begabte Mitschüler, denen etwas besonders leicht zufällt, nicht als Streber gemobbt, sondern von den anderen Grundschülern bewundert, manchmal sogar angehimmelt. Umso schlimmer, wenn in diesen Entwicklungsphasen, in denen Kinder Wissen aufsaugen wie ein Schwamm und man fast dabei zuschauen kann, wie ihr Denkvermögen wächst, unfähige Pädagogen oder Eltern Motivationsvernichtung in ganz großem Stil betreiben. Statt sich hierüber in Bitterkeit zu ergehen, versuchen Sie lieber, sich an Ihre Lieblingsspiele, Lieblingsfächer, ruhig auch schönsten Hausaufgabenerlebnisse – ja, die gibt es in jeder Schullaufbahn – zu erinnern. An diese Vorlieben lässt sich anknüpfen. Und etwas von dieser Unbeschwertheit und dem Gefühl, mir steht die Welt offen, können Sie sich zurückerobern. Von Henry Ford stammt die Weisheit: „Ob Sie glauben, etwas zu können oder es nicht zu können – Sie haben fast immer Recht.“

Ein kritischer Blick auf die Geschwisterkonstellation kann verschüttete Talente in Erinnerung rufen

Möglicherweise haben verschüttete Talente auch etwas mit der Geschwisterkonstellation und dem damit verbundenen Konkurrenzdenken zu tun. Leider ist die Geschwisterforschung zwar ein sehr spannendes, aber noch wenig erforschtes Gebiet in der Psychologie. Dabei räumt sie gründlich mit der Vorstellung auf, dass Kinder einer Familie gleich erzogen werden. Davon kann bei näherer Betrachtung keine Rede sein. Ein Beispiel: Drei Geschwister, unternehmungslustige Jugendliche, gehen samstags gerne aus. Der Erstgeborene erhält strenge Auflagen, er hat um 22 Uhr daheim zu sein, und schon hängen die Eltern um spätestens 21.55 Uhr besorgt hinter der Gardine, um auf den Sohn zu warten. Natürlich fest überzeugt, er sähe das nicht. Immerhin hatte sich der Sechzehnjährige dagegen verwahrt, dass ihn der Vater von der Fete abholt und bitte auch nicht an der übernächsten Ecke parkt. Dann kommt die Tochter, die Zweitälteste, ins feierfreudige Alter. Sie darf ohne große Diskussion bis 23 Uhr ausgehen und hinter der Gardine wacht niemand mehr, wird schon alles gut gehen. Als schließlich die Jüngste am Samstag loszieht, wird ihr nur noch ein: „Amüsiere dich gut und mache das Garagentor bitte leise zu!" mit auf den Weg gegeben.

Von Gleichbehandlung keine Spur. Der Erwartungs- und Kontrolldruck auf den Erstgeborenen ist deutlich größer gewesen. Das prägt. Unter Umständen ein Leben lang. Angeblich sind die Erstgeborenen darauf programmiert, für die Jüngeren Vorbild zu sein, und für die Führungsrolle prädestiniert. Die Jüngsten wiederum würden am wenigsten in ihrer Entfaltung beschränkt und neigten zum Künstlertum. Wie das auch im Einzelfall aussehen mag, sei dahingestellt, aber eines ist deutlich: Ohne groß nachzudenken und ohne Absicht werden Kinder ungleich behandelt und auch ungleich gefördert, dasselbe Startkapital für die Zukunft erhalten sie nicht.

Jeder Mensch kommt mit bestimmten Begabungen auf die Welt, die sich meist früh zeigen. Die Frage ist aber, wie der Mensch diese Interessen in der Geschwisterkonstellation und mit der Unterstützung der Eltern ausleben darf. Ein Beispiel, wie sehr ein Entfaltungsspielraum eingegrenzt werden kann: Die Älteren werden für ihr technisches Verständnis gelobt und darin bestärkt. Das Feld ist besetzt. Der Jüngere spürt das und sucht sich instinktiv eine andere Nische, die er exklusiv und konkurrenzfrei okkupieren kann. Er folgt seinen künstlerischen Interessen. Seine durchaus vorhandene Begabung für technische Zusammenhänge ignoriert er, andere ignorieren diese Facette seiner Begabungsstruktur ja ebenso. Er bekommt Malkästen geschenkt, nicht aber den Technikbaukasten. Er wird für seine schönen Bilder gelobt, und Lob möchte er wie wir alle wieder hören, der gut gemeinte unterschwellige Erwartungsdruck der Eltern greift. Dass der Junge ausgezeichnete Algebra-Arbeiten abliefert, das wird halt so durch gewunken. Was daran so schwierig ist: Diese Begabungszuweisung ist ein sich selbst verstärkendes System. Denn stolz präsentieren Eltern ihren Nachwuchs und stellen ihn liebevoll als „unseren Technikfreak" vor, der es „aber mit den Sprachen nicht so hat". Das hören die Verwandten und Freunde und schenken zum Kindergeburtstag einen Gameboy.

Also kann es wichtig sein, sich diese Muster vor Augen zu führen, sie zu durchschauen und das Ruder herumzureißen. Nichts spricht dagegen, sich auf Gebieten auszuprobieren, die die Brüder oder Schwestern für sich besetzt zu haben scheinen. Zu spät ist es dafür nie. Erwachsenwerden kann ziemlich lange dauern.

Stellen Sie sich die Märchenfee-Frage und einen traumhaften Beruf ohne finanzielles Risiko vor

Hoffentlich offener und entspannter in ihrer positiven Selbsteinschätzung sind Sie jetzt in guter Stimmung und widmen sich einer Frage, die der amerikanische Berufsberater Richard N. Bolles stellt: Von allen Leuten, die Sie kennen – wessen Job hätten Sie am liebsten? Denken Sie an Menschen in Ihrem Umfeld, aber auch an Prominente. Trauen Sie sich, es geht nicht darum, Größenwahn auszuleben, sondern dem Leben eine gute Richtung zu geben. Wären Sie gerne Einstein, gerne Madonna, Andre Agassi, Karlheinz Böhm oder Maria Furtwängler? Und noch eine Frage hinterher, die zur klassischen Berufszielfindung gehört und die gute Märchenfee ins Spiel bringt und einen freien Wunsch anbietet: Was würden Sie tun, wenn Sie nicht scheitern könnten? Diese Freiheit im Denken treibt auch Berufspessimisten früher oder später Glanz in die Augen. Ja, wenn das so ist, dann … Diplomat, Cowboy, Moderatorin, Tanzlehrer.

Werden Sie jetzt zum sachlichen Träumer. Notieren Sie Ihre Antworten und assoziieren Sie, was sich aus Kombinationen ergeben könnte. Machen Sie daraus ein spielreiches Brainstorming, die Regel einhaltend, erst einmal alle noch so absurd scheinenden Einfälle zuzulassen. Die Schere klappert noch früh genug im Kopf. Binden Sie hier Vertraute mit ein – aber wahren Sie bei dieser Aktion bitte Abstand von Menschen, die unglücklich in ihrem Beruf sind: Denn die halten es meist für nicht möglich, dass es glückliche Berufsleben gibt und werden Sie durch miesmacherische Kommentare hemmen. Was Ihren Wunsch vielmehr beflügelt: Malen Sie sich sehr konkret aus, wie Ihr Leben aussehen wird, wenn Sie nichts ändern. Der Leidensdruck dürfte hoch genug sein. Frei nach den Bremer Stadtmusikanten: Etwas Besseres als den täglichen Tod Ihrer Motivation finden Sie. Garantiert.

Laurenz Andrzejewski hat unter anderem 15 Jahre in der pharmazeutischen Industrie gearbeitet, nachdem er sich als Karriereberater selbständig und als Trennungsexperte etabliert hat. „Viele Talente, die ich vorher nicht habe leben dürfen, durfte ich nun endlich einsetzen und wurde dafür noch bezahlt. Das hat mich näher zu mir selbst geführt. Wenn du deine Talente leben darfst, dann bist du auch gut und erfolgreich", sagt der charismatische Mann, der alles andere als ein Traumtänzer ist, sondern die harten Gesetze der Wirtschaftswelt sehr genau kennt. Er hat die Selbständigkeit übrigens gewagt, als er allein erziehender Vater seiner drei Kinder war. Heute beobachtet er aufmerksam, wann seine Klienten das Ich-kriege-ja-doch-nichts-anderes-Mangelbewusstsein überwinden. Dann nämlich, wenn sie bei einem Thema glänzende Augen bekommen. „Dann sind wir schnell bei der Frage nach Beruf und Berufung."

Zuspruch und all die Unterstützung, die unter dem Stichwort Encouragement gemeint wird, brauchen die Talentsucher. Unter anderem auch, weil sie zum Beispiel einem Partner beibringen müssen, dass sie die Sicherheit einer Festanstellung gegen die Unsicherheit einer Freiberuflichkeit tauschen möchten. Das macht Angst. Dagegen hilft ein Zwischenschritt und eventuell eine längere Zeitachse. Sofort hilft hingegen eine Leistungs- und Erfolgsdarstellung. Notieren Sie großzügig auf einzelnen Blättern, was Sie bisher schon in Ihrem Leben geleistet haben. Legen Sie die Blätter auf den Boden um einen Stuhl, steigen Sie drauf und gucken Sie sich Ihre Bilanz an. Wer das für eine esoterische Müslimethode hält, der sollte es ausprobieren. Allein für sich. Gerade diejenigen, die sehr kopfgesteuert sind und für die ihre emotionale Ebene eine Terra Incognita ist.

Langsam formieren sich Entscheidungen, der Selbstentwicklungsprozess hat begonnen. Nach und nach wird sich Klarheit einstellen. „Im Vorentscheidungsprozess sind Gedankenspiele sinnvoll, danach aber nicht mehr", sagt der Psychologe Werner Gross. Alle, die nach einem langen und auch quälenden Prozess zu einer klaren Entscheidung gelangt sind, empfinden das als Befreiung. So weit ist es aber noch nicht. Erst allmählich erobern Sie Raum, um die neue Berufsidee mit Energie umzusetzen. Wie das ablaufen kann, das erklärt die Psychologin Brigitte Scheidt im Interview des folgenden Kapitels.

Kurz und bündig

- ☞ Zurück zu angenehmen Kindheitserlebnissen. Was ist mir immer schon leicht gefallen und welches Talent steckt in mir? Hier genau hinzugucken lohnt sich: Oft nehmen wir gerade das, was wir so locker beherrschen, nicht ernst genug.

- ☞ Befragen Sie andere, welche besonderen Talente sie Ihnen zuschreiben. Das ist eine und mehrere Überlegungen wert.

- ☞ Betrachten Sie kritisch die Geschwisterkonstellation – sind Ihre Talente womöglich früh falsch geortet und nicht gefördert worden?

- ☞ Was würden Sie denn werden und wählen, wenn Sie nicht scheitern könnten? Veranstalten Sie mir Ihren Antworten ein Brainstorming. Werden Sie zum sachlichen Träumer. Langsam formiert sich die Richtung, die für Sie persönlich die richtige ist.

5 Die fünf Phasen der beruflichen Neuorientierung

Ein Gespräch mit der Karriereexpertin Brigitte Scheidt

„Wer A sagt, muss nicht B sagen.
Er kann auch sagen, A war falsch."
Bertolt Brecht

Brigitte Scheidt ist Karriereberaterin, Diplompsychologin, Wirtschaftspsychologin, Gestalttherapeutin, systemische Familientherapeutin, Psychologische Psychotherapeutin, Kolumnistin und in ihrer Berliner Praxis spezialisiert auf die Themen berufliche Neu- und Umorientierung. Sie berät Firmen, Institutionen und Einzelpersonen bei der Gestaltung dieser für Menschen bedeutsamen Prozesse. Die in Aachen geborene und in Berlin lebende Psychologin hat einen eigenen Ansatz zur beruflichen Neuerorientierung in dem Ratgeber-, Kurs- und Arbeitsbuch: „Neue Wege im Berufsleben" (W. Bertelsmann Verlag) veröffentlicht und dazu ein Fünf-Phasen-Modell des klugen, also erfolgreichen Wechsels entwickelt.

Frau Scheidt, die gängige Ratgeberliteratur verbreitet ein simples Bild des beruflichen Wechsels. Tenor: Du musst Stärken und Schwächen analysieren, herausfinden, was du gerne tust, die richtigen Leute kennen lernen, die richtige Bewerbungsmappe zusammenstellen oder den guten Businessplan aufstellen, ihn umsetzen, und dann wird das schon. Sie beraten seit Jahren Menschen in persönlichen und beruflichen Veränderungsprozessen. Entspricht das Ihrer Erfahrung?

Ganz und gar nicht. Es klingt zwar gut, ist aber als Ansatz für eine wirkliche Neuorientierung aus psychologischer Sicht nur auf den ersten Blick ermunternd. Er greift zu kurz. Mehr noch: Ich habe immer wieder beobachtet, wie Menschen, die diesem Rat folgten, frustriert waren, weil sie trotz aller Anstrengung nicht zu ihrem Ziel kamen und sich dafür unnötigerweise die Schuld gaben. Wenn es dann nicht klappt, dann hat man also nicht richtig gewollt, ist also ein Versager. Dieses Herangehen ist bei Veränderungen, die die Person betreffen, psychologisch gesehen schlichtweg falsch.

Dies hat mich angeregt, einen eigenen Ansatz zu entwickeln, der eben diese psychischen Gegebenheiten berücksichtigt. Zunächst: Zwischen der intellektuellen Einsicht oder dem Wollen und der Umsetzung liegen, wie wir wohl alle wissen, häufig Welten. Der Volksmund beschreibt diese universelle Erfahrung mit den Worten: Der Geist ist willig, aber das Fleisch ist schwach. Zu Beginn weiß man meistens noch nicht, was die berufliche Alternative sein wird, es gibt viele Unsicherheiten, man muss sich von vertrautem Herangehen lösen und vieles mehr. Dies ist herausfordernd, das alte Verhaltensrepertoire reicht dazu meist nicht aus. Daher ist man bei einer beruflichen Neuorientierung als ganze Person gefordert. Eine für den Menschen grundlegende Veränderung lässt sich aus den kurz umrissenen Gründen nicht einseitig durch Beschluss herstellen. Meine Kernthese lautet demzufolge: Eine grundlegende berufliche Neu- und Umorientierung erfordert neben dem Lernen von neuem fachlichen Know-how auch immer einen persönlichen Entwicklungsprozess, an dessen Ende bei Gelingen eine neue berufliche Identität steht.

Was heißt das denn genau, neue berufliche Identität?

Für viele Menschen ist der Beruf ein wesentlicher Bestandteil ihrer Persönlichkeit. Die Berufstätigkeit gibt vielen Status, Bedeutung, Sicherheit, Vertrautheit, soziale Anerkennung. In vieler Hinsicht strukturiert sie das Leben. Sie bietet soziale Kontakte wie ökonomische Grundlagen. Entsprechend existenziell werden auch Veränderungen in diesem Bereich erlebt. Schon allein die Formulierung „ich bin Betriebswirt, Ingenieurin, Arzt, Segellehrerin" drückt auch sprachlich aus, dass dieser Beruf jeweils als zur Person gehörig begriffen wird. Jede Berufsgruppe hat ihren eigenen Code in Sprache, Verhalten und Kleidung. Denken Sie nur an Ärzte, Richter oder Soldaten, Berufsgruppen bei denen dies besonders offensichtlich wird. Wenn also der Beruf für viele Teil ihrer Identität ist, dann folgt zwingend daraus, dass eine berufliche Um- und Neuorientierung einen entsprechenden Wechsel der beruflichen Identität, ein neues Selbstverständnis bedeutet. In Folge einer grundsätzlichen Neuorientierung tragen eben diese alten Sicherheiten, das vertraute Berufsrollenverständnis nicht mehr. Ich bin dann beispielsweise nicht länger der Richter, der dieses oder jenes verfügt.

Können Sie das etwas konkretisieren?

Ich erinnere mich an einen Juristen, der eine Leidenschaft für Antiquitäten hatte. In seiner Familie galten solche Interessen als „Firlefanz", wenn sie nicht unter den Gesichtspunkten der Geldanlage angewendet wurden. Im Laufe des Prozesses konnte er sich zugestehen, dass ihm – im Gegensatz zu den Regeln seiner Eltern – schöne Dinge wichtig waren, ja dass er dies zum Beruf machen wollte. Er begann zunächst, ab und zu Antiquitäten zu kaufen und zu verkaufen, bis dass er von „ich verkaufe ab und zu Antiquitäten", über „ich arbeite manchmal in einem Antiquitätenladen", schließlich offen in seiner Familie sagen konnte: „Ich bin Antiquitätenhändler und handle mit kostbaren alten Gegenständen". Bedingung für eine neue berufliche Identität ist immer, dass man sich mit seinem Tun identifizieren kann.

Wie funktionieren denn solche Veränderungsprozesse?

Theoretisch formuliert folgendermaßen:

Grundlegende Veränderungen müssen von der betreffenden Person selbst a) als für sich möglich gesehen werden (sie muss sich so in die Zukunft projizieren können), b) sie müssen mit den grundlegenden Werten und Haltungen in Übereinstimmung gebracht werden. Darüber hinaus sollten sie c) vor relevanten Dritten (Partner, Familie) mittelfristig vertreten werden können.

Ist dies nicht der Fall, dann geht eine Veränderung über ein Tun-als-ob nicht hinaus. Von außen beobachtet, haben wir dann zum Beispiel das Phänomen, jemand nimmt sich vor, abzunehmen, aber der Elan hält nur kurze Zeit an. Denken Sie weiter nur an die rational sinnvollen Entscheidungen, mit dem Rauchen aufzuhören, mehr Sport zu machen oder gar das Wissen, sich besser aus einer unbefriedigenden Partnerschaft zu lösen … Wir wissen das alles, dennoch zeigt sich immer wieder: Die Einsicht allein genügt nicht. Selbst dann, wenn wir eine Idee reizvoll und wichtig finden, braucht es eine Zeitlang, bevor wir uns auch emotional vorstellen können, diese umzusetzen, so zu sein, so zu leben. Erst dann, wenn es mir zum Beispiel keine Angst mehr macht, sexy zu sein, oder ich mich nicht mehr als illoyal meiner korpulenten Familie gegenüber empfinde, dann werde ich das neue Bild einer schlanken Person von mir in meine Persönlichkeit integrieren und als Beispiel – abnehmen.

Dieses Prinzip gilt bei freiwillig gewählten Veränderungen, aber auch bei fremdbestimmten wie im Falle von Umstrukturierungsmaßnahmen und Outplacement. Berücksichtigt man das nicht, kann es teuer werden. Viele Unternehmen haben diese Erfahrung gemacht, da betroffene Führungskräfte und Mitarbeiter die Anforderung, beschlossene Veränderungen, die sie persönlich betrafen, rational einzusehen, nach dem Motto: „Du musst nur wollen“, häufig nicht leisten konnten. Menschen haben kein rational formbares Ich. Das gilt auch für eine berufliche Neu- und Umorientierung.

Hier sind wir offenbar an einem wichtigen Knackpunkt. Wir verhalten uns widersinnig, gegen unsere eigenen Interessen. Warum fällt es denn so schwer, trotz intellektueller Einsicht das Ruder herumzureißen. Was blockiert uns?

Von außen betrachtet, haben Sie Recht. Die Einsicht ist da, dennoch: Selbst wenn wir „es“ wirklich wollen, „es“ vernünftig finden, gelingt es uns häufig nicht, die guten Vorsätze in die Tat umzusetzen. Überzeugungen (das schaffe ich sowieso nicht), Loyalitäten (alle in unserer Familie sind dick) oder Reaktionsbildungen (ich lasse mir doch nichts vorschreiben) torpedieren – meist heimlich – die vom Kopf angestrebten Veränderungen. Sie sind viel mächtiger als unsere Vernunft. Solange jemand die Veränderung für sich nicht als möglich begreift, wird er bewusst oder unbewusst alles tun, um sie abzuwehren. Das jeweilige Verhalten mag sich für Außenstehende nicht erschließen, ja geradezu unklug sein, im Kontext des Individuums, seiner biografischen Lerngeschichte und seinen Schlussfolgerungen über sich und die Welt ergibt es Sinn. Eine für die Person wesentliche Veränderung des Verhaltens oder der Situation lässt sich aus diesen Gründen nicht primär per Beschluss herbeiführen. Das trifft explizit auch auf grundlegende berufliche Veränderungen zu. Mögliche Klärungsfragen sind: Kann ich mir wirklich vorstellen, als X tätig zu sein? Und: Wofür ist es gut, dass es so bleibt, wie es ist? Hinzu kommt, relevante Veränderungen machen auch Angst, da wir nicht wissen, was kommt. Das ist normal! Je nach Person und seinen Erfahrungen mobilisiert dies wiederum psychische Abwehrmechanismen – um nur einige Erklärungen zu geben.

Warum möchten sich Menschen beruflich verändern und vor allem, warum möchten das immer mehr?

Zunächst, eine zweite Karriere zu starten ist keine neue Erscheinung. Denken Sie an Wassily Kadinsky. Er war ausgebildeter Ökonom und Jurist, bevor er sich entschied, Maler zu werden. Auch nach dem Krieg haben viele noch einmal durchgestartet, wie zum Beispiel auch Beate Uhse von der Pilotin zur Gründerin eines Firmenimperiums. Gesellschaftliche Situationen wirken sicherlich begünstigend. Ich denke, seit einigen Jahren ist ein Anstoß der wachsende Druck, den immer mehr Menschen an ihrem Arbeitsplatz verspüren. Dies begünstigt den Wechselwillen vieler. Ständig unter Ergebnis- und Zeitdruck, häufig mit schlechtem Gewissen – da selten Raum ist, dem eigenen Anspruch gerecht zu werden, sind viele unzufrieden. Die Halbwertzeit des Wissens erzeugt das Gefühl, ständig hinterher laufen zu müssen. Häufig sind Mitarbeiter und Führungskräfte zusätzlich konfrontiert mit nicht kommunizierten, für sie nicht nachvollziehbaren Umstrukturierungen. So müssen sie sich oft in neue Arbeitszusammenhänge einfinden, und vertraute Communities werden zerschlagen. Es ist nicht selten, dass Menschen innerhalb von drei Jahren fünf Umstrukturierungen erleben und unter fremdbestimmten Anweisungen leiden. Auch Führungskräfte sind dadurch frustriert und überfordert. In der Skala der Arbeitszufriedenheit liegt Deutschland am untersten Ende. Die viel beschworenen Leitbilder werden zitiert, aber nicht gelebt. Und damit wird ständig gegen eine Managementregel verstoßen: walk your talk – halte dich an das, was du sagst. Das führt dann zu Zynismus und innerer Immigration.

Neben denjenigen, die freiwillig mit solchen Gedanken spielen, gibt es diejenigen, die es aufgrund der beruflichen Entwicklung müssen, weil bestimmte Fähigkeiten nicht mehr nachgefragt sind.

Enttäuschung und Frustration sind jedoch nicht die alleinigen Gründe. Denn neben diesen gesellschaftlichen Verhältnissen – zu denen natürlich auch die Situation der Arbeitslosigkeit gehört – ist der Gedanke, nach einigen Jahren Berufstätigkeit noch einmal zu überprüfen: „Ist es das, was ich wirklich will?“, nicht ungewöhnlich. Man spricht in diesem Zusammenhang auch von der midcareer crisis.

Was versteht man unter midcareer crisis?

Nach einigen Jahren Berufserfahrung werden Menschen sich bewusst, dass auch das berufliche Leben endlich ist und dass die Zeit, um die eigenen Ziele zu verwirklichen, abnimmt. Implizit oder explizit lautet die Frage: What will I do with the rest of my life? Wenn die Kluft zwischen dem, was man sich vorgenommen hat, den eigenen Lebenszielen und der Realität zu groß ist, entsteht Unzufriedenheit und Unbehagen bis hin zur Niedergeschlagenheit. Man spricht von der so genannten midcareer crisis. Dies ist a) kein neues und b) kein typisch deutsches Phänomen. Bereits 1979 wurde dieser Begriff in einer Terminologie zur Erwachsenenbildung des International Bureaus of Education der Unesco geführt. Es ist bekannt, dass die midcareer crisis für viele Menschen ein Anlass ist, eine Neubestimmung vorzunehmen beziehungsweise ihr Leben noch einmal radikal zu verändern.

Woran merkt man, dass man in einer midcareer crisis steckt?

Das ist sehr unterschiedlich. Die einen haben das Gefühl, dauernd nur noch zu funktionieren. Sie haben das Gefühl, sich nicht mehr zu spüren und nichts mehr wirklich zu empfinden, weder Trauer noch Freude. Einige haben dabei das Glück, dass sie einen Partner haben, dem zum Beispiel auffällt, dass sie kaum noch lachen. Es fehlt etwas, man reagiert nur noch, man fühlt sich getrieben, „wird gelebt", wie es in dem Interview von dem ehemaligen Schweizer Banker auf Seite 139ff. heißt.

Dann gibt es diejenigen, denen es schon Sonntagmittag schlecht wird, wenn sie an die Arbeit denken. Psychosomatische Erscheinungen wie Schwindelgefühl, Allergien, Erkrankungen an Stirn und Nase usw. können Hinweise sein, dass etwas nicht (mehr) passend ist. Die Work-Life-Balance stimmt häufig nicht, persönliche Wichtigkeiten haben sich verschoben. Wieder andere haben das Gefühl, das, was sie tun, ist sinnentleert. Sie fühlen sich überfordert oder auch unterfordert, das heißt, sie fühlen sich leer, gelangweilt, fragen sich, was mache ich hier eigentlich?

Wieder andere haben das Gefühl, am falschen Ort zu sein. Schließlich haben viele ihren Beruf nicht nach ihren eigenen Wünschen und Bedürfnissen gewählt, sondern sie sind den Ratschlägen von Eltern und Lehrern gefolgt. Nicht wenige haben sich danach gerichtet, was der „Markt" nachfragt. Die Wahl erfolgte aus Unkenntnis der wirklichen Anforderungen (man kann gut rechnen, also wurde es BWL). In anderen Fällen sind Familientraditionen oder -anforderungen erfüllt worden (vergleichen Sie das Gespräch mit Frau Sixt auf Seite 167ff. Für die einen ist klar, es wird studiert, bei den anderen reicht die Fachoberschule. Kurz und gut: So unterschiedlich die Ausgangssituation, gemeinsam ist das unbestimmte Gefühl, dass es das jetzt nicht (mehr) ist, verbunden mit Unzufriedenheit und unglücklich sein.

Sind darunter auch erfolgreiche Menschen?

Durchaus. Viele sind richtig erfolgreich, werden beneidet, aber sie sind wirklich unglücklich. Während andere dem nächsten Karriereschritt hinterher hechten, erschreckt sie die Aussicht. Sie haben viel erreicht und werden sich des Preises bewusst, den sie bezahlt haben, viel Fremdbestimmung, das soziale Umfeld hat gelitten. Die Aussicht, die nächsten zehn, zwanzig, dreißig Jahre so weiter zu leben, erscheint ihnen eine grässliche.

Wie sollte jemand vorgehen, wenn er seine Situation als so unbefriedigend erlebt?

Er sollte sich zum Beispiel ausmalen, wie sein Leben in zehn Jahren aussieht. Analysieren sie die jetzige beruflichen Situation unter dem Gesichtspunkt: Was sollte anders sein? Was macht mich unzufrieden? Ist es die Aufgabenstellung, ist es das Gehalt, der mangelnde Status, die mangelnde Anerkennung? Ist es der Chef, sind es die Kollegen? Die Arbeitsbedingungen? Die Inhalte?

Nachdem man weiß, was unzufrieden macht, stellt sich die Frage nach den Handlungsalternativen. Als Orientierung für die aktuelle Situation bietet sich die Formel: „change it, love it, leave it“ an.

Mit „change it“ ist gemeint: Kann oder will ich das, was mich stört, ändern? Was muss ich dazu tun, was ist der Preis dafür? Wenn sich herausstellt, das ist mir möglich, dann sollte man es tun. Wenn dies nicht der Fall ist, ist die nächste Alternative zu prüfen.

„Love it“: Kann ich mich mit den Zuständen arrangieren, kann ich sie aushalten? Und wie lange? Wenn ich mich aufgrund ökonomischer oder anderer Verbindlichkeiten fürs Aushalten entscheide, sollte man zur eigenen Stabilisierung auf einen Ausgleich achten. Es ist durchaus möglich zu sagen: Okay, das ist mein Brotberuf, das macht mir den Kühlschrank voll. Und dann mache ich mein Ding woanders. Dann engagiere ich mich im Golfclub, werde Landeselternvertreter oder pflege meine anderen Hobbys.

Die dritte Alternative lautet „leave it“: Wenn ich keinen Einfluss darauf nehmen kann auf das, was mich unzufrieden macht, ich es aber auch nicht aushalten möchte, dann gilt es sich mit dem Gedanken anzufreunden, die Situation zu verlassen. Auch hier ist noch mal genau zu unterscheiden: Geht es um einen Unternehmenswechsel, vielleicht auch um eine Aufstiegsposition in einem anderen Unternehmen? Oder geht es wirklich um eine berufliche Neuorientierung? Natürlich hat alles seinen Preis.

Das klingt nach Arbeit und danach, sich besser Unterstützung zu holen. Sie haben ein Phasenmodell zur beruflichen Veränderung entwickelt. Wie sieht das aus?

Wie schon gesagt, erfordern grundlegende persönliche Veränderungen wie zum Beispiel eine berufliche Neu- und Umorientierung die ganze Person, sind nicht primär kognitiv steuerbar und verlaufen natürlich auch nicht linear, sondern es handelt sich um Prozesse. Jeder hat dabei seinen eigenen Rhythmus, der unter anderem durch seine Biografie und Lerngeschichte bestimmt wird. Blockaden, so genanntes Auf-der-Stelle-Treten, gehören dazu. Das ist immer ein Zeichen, dass etwas dem nächsten Schritt entgegensteht. Auch wenn der Verlauf individuell ist, so lassen sich doch Gemeinsamkeiten ausmachen. Das von mir entwickelte Modell umfasst fünf Phasen. Jede Phase steht unter einem Großthema. Sowohl die Selbstkonzeptebene – Was für einer bin ich, mit was muss ich mich befassen? – wie die Handlungsebene – Was steht an, was ist zu tun? – werden angesprochen. Abhängig von dem individuellen Entwicklungsprozess steht mal die eine, mal die andere Ebene im Vordergrund.

Eine berufliche Neuorientierung ist aufregend, teilweise erschütternd, weil – wie schon angeklungen – Selbstverständlichkeiten in Frage gestellt werden. Daher definiere ich sie als ein Kritisches Lebensereignis.

Um Himmels willen, das klingt ja erschreckend, ist es so schrecklich?

Nein, zu den so genannten Kritischen Lebensereignissen zählen unter anderem Heirat, Schwangerschaft, Geburt, Trennung, Pensionierung, Umzug in eine fremde Stadt, kurz und gut, es handelt sich um Wegkreuzungen, an denen sich unser Leben ändert. Die Anforderung an uns besteht darin, Neues in unser Leben und unsere Lebensgeschichte zu integrieren.

Damit verbunden sind häufig starke Gefühle, die von Verunsicherung, Abwehr, Aufregung, Depression, bis hin zu Freude, Euphorie und Hoffnung reichen. Gemeinsam ist diesen Ereignissen: Wir wissen nicht wirklich, was auf uns zukommt. Häufig „funktioniert" das vorhandene Verhaltensrepertoire nicht mehr. Neues ist noch nicht entwickelt, die Situation ist notwendigerweise zunächst labil. So erklären sich auch diese häufig starken emotionalen Reaktionen: Wir bewegen uns auf unbekanntem Gebiet.

Je nach Persönlichkeit und zusätzlichen Stressfaktoren wirken solche Erfahrungen beunruhigend bis erschütternd. Solche Krisen sind nicht per se etwas Schlechtes. Vielmehr sind sie oft die Voraussetzung, um von Altem abzulassen, Neues zuzulassen und sich das Gelernte zu Eigen zu machen. Auch bei einer beruflichen Neuorientierung besteht die Herausforderung ergo darin, sich neu zu sich und seinem Umfeld zu positionieren und sich so neu (er-)finden.

Die erste Phase nennen Sie Trennungsphase. Wer trennt sich da wovon?

Der Betreffende trennt sich innerlich oder de facto von seinem Arbeitsplatz. Wie geschildert, gibt es dafür viele Gründe.

Meist beginnt es als schleichender Prozess. Die besagte Unzufriedenheit wird verstärkt erlebt und die Überlegung: Das kann doch beruflich nicht alles gewesen sein, schießt immer häufiger durch den Kopf. Da, wo ich bin, ist es jedenfalls nicht mehr richtig. Bei manchen überwiegt relativ schnell die Lust auf etwas Neues, die Lust auf Herausforderung. Anderen macht der Gedanke Angst bzw. sie fühlen sich hin- und her gerissen. Das ist normal. Begleitend stellt sich bei vielen, gerade auch sehr leistungsorientierten Menschen eine Art Lustlosigkeit ein. Man macht, was sein muss. In dieser Phase ist es wichtig, besagte Bestandsaufnahme zum Beispiel anhand der Kriterien „change it, love it, leave it" vorzunehmen. Manch einer entscheidet sich für eine Neubestimmung bzw. für den Ausstieg.

Kann man es sich denn bei der heutigen Lage auf dem Arbeitsplatz leisten auszusteigen?

Natürlich bedarf dies einer genauen Prüfung. Doch manchmal stellt sich auch die Frage: Kann ich es mir auf Dauer leisten, nicht auszusteigen?

Für mich ist Selbstverantwortung und Wahlfreiheit kein Luxus. Es geht mir um bewusste Entscheidungen. Die können auch lauten: ausharren. Mir ist es wichtig, dass Menschen mehr Wahlfreiheit gewinnen. Viele sind angesichts der Situationen in Unternehmen wie gelähmt, Ohnmachtgefühle „Ich kann nichts tun!“ sind weit verbreitet. Die Unzufriedenheit und auch das Leiden sind groß. Das ständige Schielen auf den Markt blockiert und macht handlungsunfrei. Es ist dringend erforderlich, wieder einen Zugang zur eigenen Handlungsfähigkeit zu bekommen, quasi ein Agent in eigener Sache zu werden.

Kommt jemand zur Entscheidung, auszusteigen bzw. eine Neubestimmung vorzunehmen, dann steht unter anderem eine Bestandsaufnahme der finanziellen und sozialen Ressourcen und die Klärung weiterer Rahmenbedingungen an. Insbesondere klare Absprachen mit den Angehörigen sind wichtig. Bin ich ernsthaft entschlossen, kurz- oder mittelfristig mein Arbeitsfeld zu verlassen, dann heißt das auch, mich zu verabschieden. Loslassen und gegebenenfalls trauern sind Aufgaben in der Trennungsphase.

Das klingt, als ob das gar nicht so einfach sei. Was macht es denn so schwierig, wirklich zu gehen?

Die vielfachen Umstrukturierungen in Unternehmen hinterlassen ihre Spuren und machen es manchen schwer zu gehen. Lebensleistungen wurden missachtet, Umsetzungen erfolgten ohne die Einbeziehung der Betreffenden. Viele sind frustriert beziehungsweise fühlen sich gekränkt. Kränkung macht auf die Dauer krank. Meist macht es die Betreffenden auch starr und oft unbeweglich. Dahinter steht Ärger, Wut, Trauer, Enttäuschung. Solche Verweigerungshaltung ist in der Regel nicht absichtsvoll, sondern es ist der Versuch, sich seine Selbstachtung und Autonomie zurückzuholen. Nur, bedauerlicherweise schlägt diese Haltung meist auf einen selbst zurück, denn man ist nicht in der Lage, selbst Positives anzunehmen. Wenn man gekränkt ist, dann sollte man es ernst nehmen. Erst wenn unsere Gefühle Raum haben, können wir von ihnen ablassen. Trennung bedeutet auch immer eine Verabschiedung, und die ist auch mit Trauer verbunden. Ich lasse Menschen, Dinge hinter mir. Auch dazu braucht man Zeit. Selbst wenn man sich auf etwas freut, etwas, was einem wichtig ist, so bedeutet es immer auch eine Verabschiedung von anderem.

Zentral für die Phase des realen Ausstiegs ist die Erfahrung: Man verliert an Bedeutung für andere, man vergibt keine Jobs, keine Pöstchen oder Aufträge mehr, man hat keine Macht, das Telefon schweigt. Die Herausforderung besteht darin, diesen Einflussverlust anzuerkennen. Für manch einen ist diese Erfahrung irritierend. Man ist auf sich zurückgeworfen. Dies mag zunächst hart sein. Ich rate, die andere Seite zu betrachten: Man mag zwar weniger Bedeutung für andere haben, aber jetzt gibt man sich selbst Bedeutung. Mein Tipp für Leute, die aussteigen: Suchen Sie sich eine Verortung: Wollten Sie schon immer mal in einem Arbeitskreis, einem Verein, einer Umweltorganisation mitarbeiten, tun Sie es. Vielleicht übernehmen Sie auch stundenweise einen Honorarauftrag.

Und vergessen Sie vor allem nicht, wenn Sie sich auf diesen Weg machen: Dann sind Sie zwar offiziell nicht beschäftigt, aber Sie sind arbeitsmäßig unterwegs in eigener Sache. Sie sind nun Agent in eigener Sache.

Wie lange dauert es, bis es zu einer Trennung kommt?

Das ist von Person zu Person unterschiedlich. Die einen sind scheinbar ganz schnell, andere tun sich schwer, eine Entscheidung zu treffen. Dahinter steckt in der Regel immer ein längerer Prozess, der Monate bis Jahre dauern kann. Manch einer hofft heimlich, dass jemand anders eine Entscheidung für ihn trifft, und ist froh, wenn innerbetriebliche Umstrukturierungen eine Veränderung von außen nahe legen. Andere drehen eine Dauerschleife – leiden und bleiben in ihrer Unzufriedenheit stecken. Manche kommen zu der Entscheidung, dass eine Veränderung aus diversen Gründen jetzt nicht passt – sei es materiell, sei es sozial. Dies ist zu respektieren. Es macht einen zentralen Unterschied im subjektiven Erleben aus, ob jemand aushält und leidet oder ob man sich dazu aus guten Gründen bewusst entscheidet.

Wenn jemandem jedoch klar ist, dass eine Veränderung ansteht, dann eröffnen sich Wege, dies umzusetzen. Erfahrungsgemäß ist es fast unmöglich, neben einer Vollbeschäftigung eine Neuorientierung einzuleiten. Analog zu einer Partnerschaft ist man selten offen für etwas dauerhaft Neues, solange man noch bei dem einen ist. Man sollte mindestens die

Hälfte der Zeit freihaben. Besser ist es, den Kopf richtig frei zu haben. Das heißt also, prüfen Sie als Zwischenschritt ein Sabbatical oder handeln Sie eine bezahlte Freistellung, zumindest eine Teilzeitbeschäftigung aus.

Was bedeutet denn Öffnungsphase?

Während wir uns in der Trennungsphase von Bekanntem verabschieden, ist in der Öffnungsphase die Bereitschaft gefragt, für Neues, Unbekanntes, bisher Vernachlässigtes offen zu sein. Bedenken Sie, wir alle haben uns in der Regel eine selektive Wahrnehmung antrainiert, die meist beruflich geprägt ist. Gut deutlich wird dies an einem Gebäude. Ein Kunsthistoriker betrachtet ein Gebäude aus künstlerisch-historischer, ein Architekt eher aus der planerischen, ein Investor unter wirtschaftlicher Verwertbarkeit, den Makler interessiert die Vermietbarkeit, den potenziellen Mieter die Anzahl der Treppenstufen. Ein Gegenstand und viele Teilblicke. Diese spezifische Brille, mit der wir uns die Welt anschauen, hilft uns aus der jeweiligen Perspektive, schnell Wichtiges von Unwichtigem zu unterscheiden. Ein jeder sieht also etwas anderes und wir sehen nur einen kleinen Ausschnitt der Möglichkeiten. Wenn jemand sich beruflich neu orientieren will, ist es wichtig, sich von diesem gewohnten Herangehen zu lösen, da es nun hinderlich wirkt.

Wieso wirkt das Bekannte hinderlich?

Wenn Sie sich nicht offen für Neues, bisher Unbekanntes machen, und ich sage ganz bewusst „machen“, werden Sie vermutlich nur aus bekannten Möglichkeiten auswählen. Vieles wird gar nicht geprüft werden, da es Ihnen gar nicht in den Sinn kommt. Anderes wird von vorneherein als nicht passend oder als nicht möglich abgetan werden. Eine Neubestimmung vorzunehmen ist meiner Erfahrung nach eine Chance. Im Gegensatz zu einer gezielten Karriereplanung in Verbindung mit einem Stellenwechsel hilft Strategie uns hier wenig weiter, denn jetzt weiß ich noch nicht, was mich wirklich interessiert. Ganz besonders wichtig ist es, sich immer wieder klar zu machen, dass man bei einer wirklichen Neuorientierung zu Beginn selten weiß, was die berufliche Alternative am Ende sein wird. Man kann es nicht wissen. Das ist normal, Sie wollen schließlich beruflich etwas Neues (er-)finden, etwas, das zu Ihnen passt. Der Blick sollte diesmal daher nicht als erstes auf den Markt gerichtet sein, sondern auf Sie selbst. Viele wissen, meiner Beobachtung nach, zunächst gar nicht, was ihr Eigenes ist. Meist ist nur klar, was nicht mehr sein soll.

Was meinen Sie mit dem Eigenen?

Wirklich erfolgreich und zufrieden sind Menschen in der Regel dann, wenn sie etwas machen, a) was sie gut können und b) was sie gerne tun, was Ihnen Spaß macht. Während a) auf das individuell erlernbare Know-how abzielt, ist b) der eigentliche Erfolgsfaktor, das entscheidende Quäntchen mehr. Nur wenn wir mit Lust und Interesse bei einer Sache sind, wenn uns etwas packt, wenn wir für etwas brennen, wenn wir von etwas überzeugt sind, dann sind wir auch bereit, uns wirklich einzusetzen. Dann haben wir auch die Power, Widerstände zu überwinden, Frustrationen auszuhalten. Man spürt, ob jemand von etwas überzeugt ist, und das ist die beste Basis, um andere zu überzeugen. Es gilt also herauszufinden, wann bin ich ganz dabei, wann fühle ich meine Energie – dann bin ich bei dem, was mich berührt, was mir wichtig ist.

Wie findet man denn heraus, was zu einem passt?

Zunächst gilt es die eigenen Entscheidungskriterien dafür zu entwickeln, sofern sie nicht ausgeprägt vorhanden sind. Ob dies der Fall ist, erkennen Sie zum Beispiel daran, ob Sie Ihre so genannte innere Stimme schnell wahrnehmen und ihr trauen oder ob sie eher auf andere hören. In der Öffnungsphase werden die Grundlagen gelegt beziehungsweise die Vorarbeiten geleistet, um herauszufinden, was zu einem passt. Bedingung dafür ist, wie schon erwähnt, das Blickfeld zu erweitern, sodass auch bisher Ausgeschlossenes gesehen werden kann. Ich empfehle Klienten von mir beispielsweise, die Haltung eines Wales einzunehmen, der sich durchströmen lässt, und analog Dinge, Situationen, Menschen, Atmosphären und so weiter auf sich einwirken zu lassen. Beobachten Sie sich dabei, was weckt Ihr Interesse? Woran merken Sie das? Wann, bei welchen Themen spüren Sie Ihre Energie? Mit Hilfe dieser und anderer Fragen werden Sie für sich nach und nach immer mehr Unterscheidungen treffen können. Zunächst werden Sie vermutlich merken, dass Sie sich in solchen Situationen meist lebendig(er) fühlen. Wichtig ist allerdings auch, dass Sie überprüfen, ob und wann Sie Ihre Energie unterbrechen und somit eigene Impulse gar nicht erst zulassen. Dies hat dann meist zur Folge, dass man nicht wirklich weiterkommt und sich blockiert fühlt.

Sie sprechen in Ihrem Buch von Blockaden, die überwunden werden müssen. Was heißt das?

Ich komme immer wieder darauf zurück, dass wir bei einer beruflichen Neuorientierung als ganze Person gefordert sind. Je fremder eine Idee, eine Möglichkeit uns bisher erschien, umso mehr greifen zunächst unsere Abwehrmechanismen. Meist hat man dann das Gefühl, auf der Stelle zu treten. Man stelle sich beispielsweise vor, jemand hat wie schon seit Generationen üblich die Kanzlei seines Vaters übernommen. Er ist erfolgreich, dennoch wird er immer unglücklicher und unzufriedener. Sein Wunsch auszusteigen steht eventuell gegen die Loyalitätsforderungen des Vaters. Vielleicht will die Person es dem Vater „recht machen", vielleicht will er nicht enttäuschen, vielleicht hat er auch Angst vor dem Konflikt. Diese Aspekte müssen meist erst bewusst werden, bevor eine Neupositionierung überhaupt erst möglich ist. Und Unbekanntes, Neues macht auch immer Angst. Dies ist normal. Es kann schon eine Weile dauern, bis der Betreffende wirklich die Möglichkeit in Betracht ziehen kann, sich von diesem familiären Selbstverständnis zu lösen. Anmerken will ich noch, dass es in jeder Phase typische Blockaden gibt. Diese hier alle anzuführen, würde das Interview sprengen.

Sie sagen, in der Öffnungsphase wird die Vorarbeit geleistet. Was geschieht denn in der Suchphase?

In der Öffnungsphase kristallisieren sich Themen heraus. Erste Ideen werden entwickelt, einzelne Themenfelder werden aufgetan, die als spannend empfunden werden. In der Suchphase geht es darum, diese quasi unter die Lupe zu nehmen, um zu prüfen, ob sie halten, was ich mir verspreche: Bin ich bei näherer Betrachtung wirklich noch interessiert? Die Haltung hierbei nenne ich „Kosten und Schmecken". Diese Haltung des Probierens führt dazu, die eigenen Kriterien für die spätere Wahl weiter auszubilden. Ich nehme dazu Kontakt auf zu Bereichen, die mich interessieren. Ich mache mich sachkundig, spreche mit Leuten, die dort tätig sind, versuche eine Hospitation, ein Praktikum zu machen. Wir spüren dabei, wo unsere Energie wirklich ist. Hält das Interesse an? Jetzt ist das Tun angesagt: Jetzt gilt es hinaus in die Welt zu gehen, um mögliche Arbeitsfelder zu untersuchen und die eigene Reaktion auf sie zu spüren.

Die nächste Phase nennen Sie Findungsphase. Heißt das, nun kommt man an?

Das ist etwas komplizierter. In der Suchphase habe ich ausprobiert, ich habe herausgefunden, was mich anspricht und wo mein Interesse anhält. An dieser Stelle bemühe ich gerne den Vergleich zur Partnersuche. Wenn ich im Prinzip herausgefunden habe, was eine Frau, ein Mann, auf die oder den ich abfahre, haben sollte, ist der Wunschpartner meist nicht gleich zur Stelle. Finden werde ich den anderen jedoch nur, wenn ich dafür offen bin. Eine wichtige Bedingung dafür ist, ich muss aufhören zu suchen. Analoges gilt bei einer beruflichen Neuorientierung. Jetzt geht es darum, darauf zu vertrauen, dass diese Welt einen Platz für mich hat – und bereit zu sein zuzupacken, wenn sich Angebote auftun, denn ich habe vorher genug gesucht und untersucht. In den vorangegangen Phasen ging es um die Öffnung des Sehwinkels. Jetzt ist wieder eine Verengung (Fokussierung) angesagt. Gefragt ist nun die Fähigkeit auszuwählen. Dabei sollte man auch bereit sein, zunächst klein anzufangen. Das können zum Beispiel ein kleiner Auftrag, ein Vortrag, eine Assistenz, ein Lehrauftrag in dem gewählten Bereich sein. Nun hat man die Chance, im Feld zu prüfen: Was passt? Was fehlt mir, was müsste dazu kommen?

Nun zur letzten Phase Ihres Ansatzes ...

In der Zielphase geht es schließlich darum, dass ich das, was ich gewählt habe und machen will, an den Markt und den Mann bringe. Insbesondere ist zu klären, in welcher Form. Will ich das angestellt oder selbständig tun? Bei dieser Fragestellung kann es noch einmal erforderlich sein, sich mit der biografischen Familiengeschichte und den Glaubenssätzen auseinander zu setzen. Es ist ein Unterschied, ob ich aus einer Familie komme, wo man schon immer selbständig ist oder wo angestellte Tätigkeit die Regel ist. Das jeweils Bekannte erlebt man als weniger bedrohlich. Um auch hier den eigenen Weg zu finden, erweist es sich als hilfreich, die gelernten Regeln und Familienüberzeugungen zu hinterfragen. In der Zielphase bin ich an dem Punkt, an dem man weiß, wer man ist, was man kann, was zu lernen ist und was ich beruflich wirklich will und was zu mir passt. Jetzt werden Bewerbungen geschrieben, Geschäftsideen umgesetzt und dazu Businesspläne geschrieben, eine Unternehmensnachfolge angestrebt oder wieder studiert. Natürlich heißt es auch immer, den Prozess im Auge zu behalten und nachzujustieren.

In der Presse werden oft berufliche Wechsel präsentiert, die von außen betrachtet spektakulär wirken. Dies ist häufig nur scheinbar so, auch diese Wechsel gehorchen einer inneren Logik und sind meist nur durch einen längeren Prozess, oft über Umwege erreicht worden. Hinweise auf Ziele und Wünsche dafür liegen meist in früheren biografischen Erfahrungen. Wir haben meist da schon eine Idee, was uns wichtig ist, eine vage Vorstellung, was wir in dieser Welt wollen; zum Beispiel helfen wollen, gestalten, wissen, konstruieren, anders machen als und so weiter. Oft werden diese Ambitionen überlagert durch die Ratschläge anderer. In der zweiten Karriere wird oft darauf zurückgegriffen. Meine Erfahrung ist, dass die wenigsten ansonsten ganz etwas anderes machen. In der Regel können auch die bisherigen Erfahrungen und das Wissen genutzt werden. Sie verlieren nichts von ihrem Wissen; sie werden ihre Fähigkeiten in neuem Zusammenhang anwenden, und ihre speziellen Kenntnisse auch, wenn sie ihnen wichtig sind. Ich erinnere mich an einen Manager, dem der Sinn in seiner Tätigkeit im Rahmen eines erfolgreichen Unternehmens fehlte und der Geschäftsführer eines großen Non-Profit-Unternehmens wurde und dort seine Kenntnisse und Fähigkeiten einbrachte. Er hat in seiner zweiten Karriere das verwirklicht, was jetzt zu ihm passt, und er ist damit zufrieden.

6 Die zweite Karriere mit vierzig

Im Interview erklärt Unternehmensberater Dorian Hartmuth, wie daraus eine Erfolgsgeschichte wird und wo die Fallen lauern

„Wer sich auf seinen Lorbeeren ausruht, trägt sie an der falschen Körperstelle."
Heiner Geißler, Politiker

Dorian Hartmuth ist – relativ gesehen – jung für das, was er bisher beruflich erlebt hat. Jahrelang hat er als Personalberater für Michael Page International gearbeitet und in dieser Zeit rund 5.000 Interviews meist mit jungen Managern geführt, die freiwillig oder unfreiwillig auf der Suche nach neuen Perspektiven sind. Später hat der 41-Jährige für einen Bildungsträger gearbeitet und die Öffentlichkeitsarbeit privater Hochschulen koordiniert. Inzwischen arbeitet er als Unternehmensberater. Der Mann ist ein begeisterter Netzwerker, und es ist schwierig bis unmöglich, ihn schlecht gelaunt anzutreffen. Eines seiner Themen: Andere vor beruflichen Fehlentscheidungen zu schützen.

Herr Hartmuth, was sind Motive für einen Job- und auch für einen Berufswechsel?

Einen sehr hohen Anteil hat daran die berühmte innere Kündigung in Deutschland, die Zahl soll bei bis zu 50 Prozent liegen. Ein Beispiel: Das sind Leute, die ihren Job viele Jahre gemacht haben, aber die können jetzt gerade mal nicht mit dem neuen Chef, der aus Frankreich importiert wurde und dann irgendwann aufgetaucht ist. Und deshalb sind Sie für die Führungslaufbahn in ihrem Unternehmen nicht mehr vorgesehen, obwohl sie das können. Und soll das wirklich das Kriterium für meine Lebenskarriere sein, wenn ich mit 65 zurückschaue: Ich bin dreißig Jahre in dem Unternehmen geblieben und nie Führungskraft geworden, nur weil der da oben mich nicht mochte? Das kann es ja wohl nicht sein. Dann sagen solche Leute gerechtfertigter Weise: Ich möchte meine Chance woanders wahrnehmen. Mein ehemaliger Chef hat einen herrlichen Satz gesagt: Entweder mein Unternehmen entwickelt mich, oder ich entwickele mich selber.

Oft klagen die innerlich Gekündigten über schlechte menschliche Bedingungen im Arbeitsleben. Ist das auch Ihre Wahrnehmung?

Auf jeden Fall. In unserer Wirtschaftswelt ist zu hinterfragen, wie sehr sie sich an den menschlichen Bedürfnissen ausrichtet. Heute stehen andere Dinge im Vordergrund, die zwar im Wettbewerbsdruck wichtig sind, mit denen wir uns als Menschen aber wenig assoziieren wollen. Wenn Sie als Vertriebsmann jeden Monat Ihr Umsatzsoll erfüllen müssen und immer den Umsatzdruck haben, da fühlen sich viele schrecklich geknechtet. Ähnlich argumentieren auch andere. Es geht immer nur um Budgets, um Profits. Sie werden angelächelt, wenn die Budgets gut sind, sie werden unter Druck gesetzt, wenn die Profits schlecht sind. Das ist das Element der Sinnkrise, das gerade die Vierzigjährigen formulieren. Sie wollen nicht Monat für Monat der Wallach sein, der durchs Ziel reitet. Ihnen wird plötzlich bewusst, wenn sie jetzt nichts unternehmen, dann passiert nichts im Leben. Wenn ich nicht etwas an meinem Leben verändere, dann verändert sich gar nichts. Ein Dreißigjähriger glaubt noch, irgendwann kommt das Große, und lebt so von Jahr zu Jahr. Bei den meisten von uns kommt es aber nicht, das Große, die werden keine Topmanager. Der Dreißigjährige hinterfragt noch nicht so viel, der ist noch dankbar, überhaupt drin zu sein. Das ist auch ein Grund, warum die Jüngeren in Unternehmen stärker nachgefragt werden.

Dass die Jüngeren einen Wechsel nicht erwägen, hat doch auch mit ihrer Familiengründungsphase zu tun?

Das ist ein interessanter Punkt. Viele Menschen schaffen sich Sinn durch Balancierung außerhalb des Arbeitslebens, das kann der Sport, die Politik sein und sehr oft die Familie, ganz klar. Es gibt ja Untersuchungen, dass Familienväter beruflich erfolgreicher sind als Kinderlose. Kinder sind – bezogen auf Männer – eben auch ein sehr gutes Regulativ für eine konservative Karriereplanung. Eine Studie hat untersucht, wie lange ein durchschnittlicher Dax-Vorstand in seinem Unternehmen verbracht hat. Das ist eine Frage, die ich gerne in meinen Seminaren an der Frankfurter Fachhochschule stelle. Die Studenten sagen dann: drei, fünf, sieben Jahre. Nein, es sind 23 Jahre!

Warum sind diese Leute denn erfolgreicher? Warum machen Sie Karriere?

Wir haben Konjunkturzyklen, und da gibt es zwei Sorten von Menschen. Die einen bleiben aus irgendeinem Grund auf ihrem Stuhl sitzen. Wenn der Wind anfängt zu pfeifen, wenn es richtig kalt und frostig wird: Rezession, schwierige Zeiten, Absatzkrise, Geld am Kapitalmarkt verschludert, gleich, warum es dem Unternehmen schlechter geht – sie bleiben und halten das aus. Dann gehen zwei, drei Jahre weiter ins Land, und Sie fragen sich als Vorgesetzter, wer denn in den schwierigen Jahren zum Unternehmen gestanden hat? Auf wen konnte ich mich denn verlassen? Und da fangen Sie an, Ihre Führungskräfte auszuwählen. Ihr Star, den Sie für viel Geld gekauft haben, der gesagt hat, ich kann alles besser, schneller und anders, der geht dann nach eineinhalb Jahren wieder. Dann greifen viele Personalchefs doch lieber auf denjenigen zurück, der schon fünf Jahre gezeigt hat, dass er etwas kann, auch dann als die wirtschaftliche Situation schwierig war. Das ist ein Grund, warum Leute mit Familie eine relativ stabile Karrierevita haben.

Und verbunden damit auch eine gewisse Zufriedenheit bei der Arbeit?

Die Zufriedenheit kommt dadurch, dass man gelernt hat, allerlei Stürme zu überstehen. Wenn Sie das Unternehmen alle drei Jahre wechseln, dann haben Sie diese Erfahrung häufig gar nicht gemacht. Wir leben in einer zyklischen Wirtschaft, und Sie werden nicht danach gefragt, ob Sie den besten Platz hatten, als die Sonne schien, sondern wie Sie mit Ihrem Unternehmen da gestanden haben, als Winter war. Denn da entscheidet sich das Überleben des Unternehmens. Wer solche Krisen überstanden hat, der kann stärker als je zuvor sein.

Noch einmal zurück zum Gefühl: Der Kamin ist dicht, ein Aufstieg ist nicht möglich. Gibt es noch einen Auslöser?

Ganz wichtig ist die Firmenkultur, die Art des Umgangs der Mitarbeiter untereinander. Ein Beispiel. Sie arbeiteten bisher in einem amerikanischen Unternehmen, alle sind per Du, sie sind sich persönlich recht nah, man weiß private Dinge voneinander, gemeinsame Freizeitaktivitäten werden gefördert. Sie arbeiten in einem Großräumbüro. Dann wechseln Sie die Stelle und kommen in eine typisch deutsche Kultur. Da rennt noch eine

Dame mit Spitzenhäubchen herum und schenkt Kaffee aus. Es gibt festgeschriebene Sitzordnungen. Die Leute sind alle per Sie untereinander. Fast alle gehen pünktlich um 17 Uhr nach Hause. Sie werden nicht richtig nach Leistung bewertet, sondern danach, wie sie sich verhalten. Das ist halt deutsch, hierarchieorientiert und sehr formal. Und wenn ein Manager seinen ersten Arbeitsplatz in einem angelsächsischen Unternehmen hatte und dann auf einen solchen Arbeitgeber trifft, dann ist das ein Wechselgrund.

Worin liegen Hauptprobleme, wenn man mit 35, 40 Jahren merkt, dass man im falschen Berufsleben steckt?

Die meisten Jungmanager, die Mitte dreißig sind, sind sorglos und überlegen locker, ich probiere mal dies und mal das. Sie haben in der Regel noch gar kein Gefühl für den Prozess, der auf sie zukommen kann, wenn sie 40, 41, 42 Jahre alt sind: Dass es nämlich keine Ausschreibung, keine Nachfrage nach ihnen gibt, ihre Qualifikationen nicht gewürdigt werden. Die Leute sind dann häufig sieben, acht oder auch zwölf Jahre im Unternehmen und mit einer traumwandlerischen Sicherheit ausgestattet, dass immer alles funktioniert hat. Dann kommen diese Leute auf den Arbeitsmarkt, weil sie ihre Stelle verloren haben oder weil sie einfach den Wunsch nach einer neuen Aufgabe verspüren. Sie bewerben sich und treffen dann auf eine völlig neue Firmenphilosophie, auf neue Mitarbeiter, und haben oft ziemliche Probleme, sich zu etablieren. Mit dem Ergebnis, dass sie nach einem halben bis dreiviertel Jahr wieder aus der Firma ausscheren. Es fällt ihnen nach all den Jahren in der alten und vertrauten Firma schwer, sich neu einzugliedern und auf fremde Zustände einzustellen. Das ist ein Problem für Menschen, die völlig in Saft und Kraft stehen und mit wunderbaren Fähigkeiten ausgestattet sind.

Gibt es zwischen Männern und Frauen Unterschiede?

Frauen sind oft in der Situation, dass sie mit Mitte, Ende dreißig nach einer Familienphase wieder einsteigen. Für weibliche Führungskräfte in Deutschland, im Vergleich zu den anderen europäischen Industrieländern, ist das eine fatale Situation. Wir haben den geringsten Anteil weiblicher Führungskräfte, nämlich etwa 13 Prozent. Viele Frauen wollen als qualifizierte Akademikerin wieder einsteigen, aber für halbe Tage oder mit einer 80-Prozent-Stelle. In Ländern wie den Niederlanden oder Dänemark ist das eine Selbstverständlichkeit, aber es gibt in Deutschland keine Teilzeitstellen für weibliche Führungskräfte. Der Faktor geht gegen Null. Das muss man mal deutlich sagen.

Und was haben diese Bewerberinnen für Alternativen?

Ich erlebe relativ häufig, dass diese Frauen einen Freiberufler-Einstieg bekommen. Aber seien Sie einmal eine allein erziehende Frau, die ein Gehalt erwirtschaften muss. Die kann so einen Vertrag nicht nehmen. Da gibt es viele Arten von Gemeinschaften, die dafür sorgen, dass sie vier, fünf Gleichgesinnte finden, mit denen sie sich in der Kinderbetreuung abwechseln. Es gibt da ein Modell in den Niederlanden: Jeden Tag passt eine Frau auf die Kinder auf, und die anderen gehen vier Tage arbeiten. Oder man tut sich zusammen und engagiert gemeinsam ein Kindermädchen.

Zurück zu den Männern oder Frauen, die auf jeden Fall eine Vollzeitbeschäftigung anstreben und merken, dass sie mit der Firmenphilosophie nicht zurechtkommen. Wie sollen sie mit dem Dilemma umgehen?

Die Erfahrung zeigt, dass uns eine Firmenphilosophie stark prägt, auch in der Persönlichkeit, wie wir mit anderen Menschen umgehen. Wenn Sie das große Büro hatten, im Vorzimmer die Sekretärin und in der Tiefgarage den Fünfer-BMW, dann sind Sie gewöhnt zu sagen, wo es langgeht. In der Sitzung haben Sie das letzte Wort. Dann kommen Sie plötzlich in ein mittelständisches Unternehmen – das ist mein Standardbeispiel – und Sie haben sich mit dem Firmenchef im Interview gut verstanden. Der will Sie jetzt als CFO haben, als Finanzchef. Den Personalchef haben Sie kaum gesehen, das Gespräch lief zwischen Ihnen und dem Inhaber ab. Der Personalchef spielt seit dreißig Jahren Tennis mit dem Chef. Und der Personalchef mag Sie nicht, und der sagt: Mit dem Neuen kann ich nicht. Was ist denn das für einer? So ein Akademiker aus der Großstadt. Dann prallen die Kulturen aufeinander. Sie sind als Führungskraft aus dem Konzern immer gewöhnt, das Sagen zu haben. Und plötzlich kommen da lauter Leute, die ticken ganz anders. Das ist eine Sache, die ich bei Managerkarrieren ganz oft erlebt habe.

Wie lassen sich solche Kulturkämpfe denn entschärfen oder verhindern?

Das streift die berühmte Frage nach den ersten hundert Tagen im neuen Unternehmen. In der ersten Phase ist es ganz wichtig, sich einzuordnen. Es ist entscheidend, sehr viel zuzuhören, sehr viel aufzunehmen. Gerade wenn man in neue Strukturen reinkommt, hat man viele neue Ideen, Änderungsvorschläge und kritische Gedanken darüber, dass Abläufe schlecht organisiert sind. Klug bin ich, wenn ich aufnehme, verstehe, analysiere, die Endlichkeiten der Personalstruktur erkenne und mich nur wenig an den Politics beteilige und wenn ich mir vornehme, meine Initiativen in dem neuen Unternehmen vorzutragen – aber erst nach einem halben Jahr, wenn ich erlebt habe, wie hier die Dinge und die Menschen ticken. Das ist ein irrsinniger Stress, Sie sehen die Gesichter, Sie wissen aber nicht, was hinter der Fassade passiert, wer Ihnen in der Konferenz gegenüber sitzt. Sie vermuten erst einmal, dass dem nicht recht ist, dass Sie jetzt hier sind. Sie kennen ihn ja noch nicht. Das ist anstrengend, und das sollten Wechsler sich vorher bewusst machen.

Das sind ja Probleme, die auftauchen, wenn ich die Stelle schon bekommen habe. Ich möchte noch einmal zurück auf den Tennisplatz. Wie gehe ich denn mit dem ablehnenden Personalchef um? Gibt es da eine Taktik?

Ich erinnere mich, dass ich mich vor Jahren mit einem Unternehmensberater darüber unterhalten habe, und der hat mir aus seiner Erfahrung etwas Treffendes gesagt: Wenn die Chemie nicht stimmt, gibt es zwei Alternativen: Erstens, dem Menschen im Unternehmen weitläufig aus dem Weg gehen. Zweitens, gehen. Mit einem Menschen, mit dem die Chemie nicht stimmt, zu arbeiten, ist eine extrem gefährliche Situation und ein äußerst schwieriges Thema. Wir wissen aus der Transaktionsanalyse, dass es bei Konflikten am Arbeitsplatz meistens nicht um die Sachebene geht, die wird zwar immer hervorgeholt, aber in Wahrheit geht es fast immer um die Beziehungsebene. Das weiß ich auch aus eigener Erfahrung. In einem Mitarbeiterteam hatte ich drei Leute, mit denen die Chemie nicht gestimmt hat. Ich habe mir große Mühe gegeben zu kommunizieren, aber das war aussichtslos. Die Stelle war hochattraktiv, aber im ersten Gespräch habe ich gemerkt, dass ich mich in dem Unternehmen nicht wohl fühle, dass die Chemie zwischen mir und den Schlüsselfiguren nicht stimmte.

Was mache ich denn, wenn ich längere Zeit auf Stellensuche gewesen bin und mir endlich, endlich eine Position angeboten wird, aber dieses Chemieproblem auftaucht?

Sie haben Recht, das ist eine Frage des Mutes. Wenn Sie unter existenziellem Druck stehen und die Stelle brauchen, dann würde ich sehr sorgfältig abwägen, ob ich noch eine weitere Runde von einigen Monaten mache oder ob ich mich auf etwas einlasse, was mich hinterher noch zwei, drei Schritte zurückwirft.

Wie lange wird einem Arbeitnehmer denn heutzutage eine solche Runde zugestanden? Also eine Phase der Arbeitslosigkeit?

Die durchschnittliche deutsche Arbeitslosigkeit liegt bei einem Jahr, bei Akademikern ist sie etwas kürzer. Das ist eine wichtige Frage, weil eine Arbeitslosigkeit im Lebenslauf natürlich ein schwarzer Punkt ist. Ich habe sehr viele Lebensläufe gesehen, die eine Arbeitslosigkeit beinhalten, und finde, dass man so etwas auch immer darstellen und erklären kann. Es gibt Techniken, einen Lebenslauf so zu gestalten, dass er stark, kraftvoll und konkurrenzfähig ist. Nicht wenige Personalchefs haben mehr Respekt vor Leuten, die offen sagen, sie haben länger gesucht, als wenn ihnen irgendein Blödsinn aufgetischt wird. Die Zahl der Lebensläufe, die wirklich hundertprozentig Gardemaß erfüllen, die ist sehr gering.

Diese Manager, die sich nach einem Jahrzehnt dann verändern möchten, wechseln die die Branchen?

Ein zwei-, dreimaliges Wechseln der Berufsbranche ist okay, aber Sie müssen eine ganz wichtige Sache sehen: Sie bauen vor allem fachliche Expertise in der Branche auf. Und diese Expertise wird gekauft. Und die wird bezahlt. Sie fangen sonst jedes Mal bei einem Thema neu an. Es gibt viele Beispiele für exzellent funktionierende Branchenwechsel, aber ein Branchenhopping ist auf keinen Fall karrieretechnisch zu empfehlen. Sie fangen wie ein Tennisspieler wieder unten auf der Rangliste an.

Welchen Herausforderungen stellen sich diejenigen, die sich für einen völlig anderen Beruf entscheiden? Wie finden sie heraus, welcher Beruf besser zu ihnen passt? Wie bereitet man so einen grundlegenden Wechsel vor?

Sie haben es schon gesagt. Man bereitet so etwas vor. Ich hatte häufig Gespräche mit Leuten, die gesagt haben, es geht hinten und vorne nicht mehr. Ich möchte raus aus diesem Beruf. Das Wesentliche ist, dass Sie das folgende Tun – ich erkläre das mit einem Bild, das ich jetzt in einer Predigt gehört habe: Fische nehmen immer die Temperatur des Wassers an. Das heißt, wir Menschen leben alle in einer so schönen, gemütlichen mittelmäßigen Wassertemperatur. So entstehen keine großen Karrieren. Es geht nicht darum, nachzudenken, mitzudenken, sondern vorzudenken, nicht immer nur hinterher zu hecheln. Die Qualität eines Mitarbeiters wird unter anderem daran gemessen, wie hoch der Anteil seiner innovativen Impulse ist, seiner Verbesserungsvorschläge. Die Erfahrung ist leider, dass 80 Prozent aller Verbesserungsvorschläge abgeschmettert werden. Die 20 Prozent, die machen es aber.

Wir haben alle eine gewisse Bequemlichkeit, dass wir Dinge nicht so gerne systematisch planen. Das Entscheidende ist, mit sich selber einen Jour fixe zu vereinbaren und zu sagen, jeden Sonntag werde ich mich eineinhalb Stunden damit beschäftigen, wie ich diesen Veränderungsprozess einleite. Und dann machen Sie einen festen Jour fixe von 16.00 Uhr bis 17.30 Uhr. Das entlastet. Wenn ich mir nur eins sage: Da kommen furchtbar schwierige Zeiten, in denen es mir wieder bis dahin steht, doch ich muss das nicht ein Leben lang aushalten, aber ich werde das noch ein Dreiviertel bis ein Jahr aushalten, bis mein sorgfältiger Plan Früchte trägt.

Nun habe ich mich also sonntags mit mir selbst versammelt, wie gehe ich jetzt konkret vor?

Sie fragen sich: Wo sind meine ursächlichen Interessen, wo ist der Bereich, bei dem ich im Stande bin, Außergewöhnliches zu leisten? Wo sind meine Talente? Wo sind meine großen Beziehungen, Menschen im Netzwerk, die mich weiter tragen? Und dann fangen Sie ganz in Ruhe über mehrere Sonntage an – das muss man langsam füllen, so ein Bild –, Visionen zu bauen. Nicht eine. Fünf. Szenarien, richtig mit Szenarientechnik, die Sie sich vorstellen können. Wichtig ist, Sie müssen immer mehrere Pferde gleichzeitig reiten, weil vier abstürzen werden. Wenn Sie diese Szenarien aufgebaut haben, dann fragen Sie, was Alternativen sind, die Sie sich vorstellen können. Vier bis sechs Wochen bauen Sie an diesen Visionen.

Dann kommt der zweite Schritt. Das überführen Sie jetzt in harte, konkrete betriebswirtschaftliche Ziele. Wie kann Ihr Leben in der neuen Situation vom Job her aussehen? Da gibt es einen alten Satz, der wesentlich ist: Wenn ich große Ziele betrachte, dann muss ich immer aufpassen, dass ich nicht unter der Größe der Ziele zusammenbreche. Der leichteste Weg, so ein großes Ziel zu erreichen, besteht darin, es in Teilziele zu zerlegen. In einem systematischen Prozess. „Ich habe eine Existenzgründung vor und brauche 100.000 Euro, nie schaffe ich das." Doch, Sie müssen das nur in kleine Portionen packen.

Das hört sich einfacher an, als es ist. Wie hält man Durststrecken aus?

Die meisten von uns sind verheiratet, haben eine Familie und Verpflichtungen, etwa ein Haus abzubezahlen. Es ist unheimlich wichtig, in diesem Prozess nicht in eine Panik zu verfallen, sondern Ziele systematisch vorzubereiten, die Informationen zu sammeln. Der Managementprofessor Fredmund Malik aus St. Gallen sagt: Die meisten Pläne scheitern, weil wir auf der Basis von zu wenig Informationen entscheiden. Also fragen, fragen, weiterfragen.

Können Sie ein Beispiel nennen?

Ein Maschinenbauingenieur möchte gerne Fachhochschulprofessor werden. Erst mal muss er sich energetisieren: Warum will ich das, wie begeistere ich mich für ein Ziel? Sie merken, dass eine Vision gut ist, wenn Sie begeistert davon sind. Sind Sie es nicht, können Sie es gleich wieder in eine Kiste packen. Dann sucht er weiter. Er hat ein Szenario, er will an eine Hochschule und malt sich erst einmal aus, was er so klasse daran findet: Ich kann zwei Monate in meinem Haus in Südfrankreich verbringen, ich habe den Kontakt mit Studierenden, die sich wirklich dafür interessieren, was ich tue. Ich kann Karrieren fördern. Er malt ein schönes Bild. Dann zerlegt er sich den Prozess in Teilschritte: Wie stelle ich es an, dass ich da genommen werde? Also erkundigt er sich über die Situation: Habe ich eine Chance, genommen zu werden? Welche Qualifikation brauche ich? Er findet beispielsweise heraus, dass er dafür promovieren und wissenschaftliche Aufsätze veröffentlichen muss. Der zweite Schritt: Er geht zu Leuten, die so eine Stelle bereits innehaben, und fragt: Wie machst Du das denn? Jetzt kommt ein wichtiger Punkt für alle Alternativen, die Sie im Leben auf die Füße stellen: Jeder Marketingchef macht Benchmark: Ich frage die Leute, die das schon erfolgreich hingekriegt haben, wie die das gemacht haben. Und ich frage sieben verschiedene, weil jeder mir natürlich eine eigene Perspektive davon zeigt.

Später nehmen Sie ein Blatt Papier, legen es quer und ziehen eine waagerechte Linie, jedes der sieben Teilziele bekommt eine Ziffer. Dazu hat jedes Teilziel fünf Teilschritte, denen geben Sie Buchstaben. So haben Sie einen systematischen Netzwerkplan.

Jede Planung von beruflichen Alternativen ist eine dynamische Fließgröße, keine statische Größe, weil Sie immer weitergehen in der Rezeption von Information. Ihre Vision wird sich ändern. Sie merken immer, es funktioniert doch irgendwie anders. Da sagt plötzlich jemand: In England gibt es keine Verbeamtung für die Professoren, aber da gibt es andere Vorteile, Du kannst viele Industrieprojekte aufziehen. Und in Amerika verdienst Du besser. Du brauchst keine wissenschaftliche Promotion, Du kannst eine praxisnahe Arbeit in Deinem Unternehmen machen.

Sie müssen nur irgendwann beschließen, dass Sie aus diesem Aquarium herausspringen wollen. Dass Sie nicht die Betriebstemperatur der Mittelmäßigkeit Ihrer Umgebung haben wollen. Die Sache geht nicht per Beschluss, Sie müssen in einen Prozess einsteigen. Mir hat mal ein Handwerker fünf Jahre lang gesagt: Ich will mich selbständig machen. Immer wenn wir uns sahen, habe ich ihm gesagt, wenn Du das willst, dann nimmst Du Dir jeden Abend vor dem Schlafengehen einen Block und planst Deinen Prozess. Er hat es fünf Jahre nicht gemacht. Er ist heute immer noch angestellt.

Der Erfolg des Prozesses ist abhängig von der Kontinuität, mit der Sie den Prozess betreiben. Sie müssen drin bleiben, Sie müssen arbeiten.

Wann kann ich riskieren, meinem alten, ungeliebten Beruf zu verlassen?

Ich finde, es gibt keine Alternative dazu, ein Sicherheitsspiel zu spielen. Ich gehe genau dann aus dem Job raus, wenn ich entweder eine gute Angestellten-Alternative stehen habe oder wenn mein Selbständigkeitsprojekt schon so professionell durchgeplant ist und mit einem exzellenten Benchmark ausgestattet ist – wie haben das die anderen eigentlich hinbekommen –, dann gehe ich raus. Nicht eher.

Nun habe ich ein klares Ziel, möglicherweise eine zweite Ausbildung und bewerbe mich voller Schwung. Aber was habe ich von all den Tipps, wenn ich sofort auf dem „Zu-alt-Stapel" lande?

Das ist ein Problem. Die Brutalität, mit der hierzulande der Jugendwahn gehandelt wird, ist ein spezifisch deutsches Problem. Mir geht der Hut hoch, wenn ich Anzeigen für anspruchsvolle Positionen lese, in denen Bewerber bis maximal 35 Jahren gefragt sind. Ich bin 41 Jahre und komme mir vor wie der letzte Mensch. So hat man keine Chance. Da hilft nur eine angriffsstarke Bewerbungsstrategie, um diejenigen zu überzeugen, die im Kopf immer haben: Den Jüngeren bekomme ich billiger. Also genau recherchieren, wer der Ansprechpartner ist, und dann einen kurzen persönlichen Kennenlern-Termin vereinbaren.

Wie bekomme ich denn heraus, dass ich eine gute Langzeitperspektive bei meinem favorisierten Arbeitgeber habe?

Sie führen Telefongespräche, gehen in Bewerbungsgespräche. Jedes Unternehmen betreibt natürlich eine Selbstdarstellung. Wir haben eine hohe Quote von nicht bestandenen Probezeiten, und das liegt auch daran, dass die Informationen über ein Unternehmen oft nur aus einer Richtung kommen. Wenn Sie herausfinden möchten, wie es wirklich um die Situation bestellt ist, dann müssen Sie die unabhängigen Wirtschaftszeitungen und deren Archive befragen, so erhalten Sie ein objektives Bild. Außerdem sollten Sie ausloten, ob das Betriebsklima wirklich zu Ihnen passt. Da hilft es, einfach im Bekanntenkreis herumzufragen: Was wisst Ihr denn über das Unternehmen? Oft weiß irgendeiner etwas. Das zweite ist, etwas zu tun, was viele Arbeitgeber nicht gerne mögen. Sorgen Sie dafür, dass Sie nicht nur mit einem Ansprechpartner reden, sonst werden Sie am Tag X den neuen Kollegen vorgestellt oder – noch härter – den Kollegen, die Sie führen sollen. Nach dem zweiten Gespräch bitten Sie darum, durch die neue Abteilung zu laufen, bevor der Arbeitsvertrag unterschrieben ist, und ein paar Sätze mit den neuen Kollegen wechseln können. Bitten Sie darum.

7 Auf Stellensuche

Und wie es gelingt, nicht auf dem Absagestapel zu landen – Tipps von Experten

„Umstände?
Was heißt hier Umstände?
Ich schaffe die Umstände!"
Napoleon Bonaparte

Wenn Sie sich entschieden haben, den Beruf zu wechseln, dann trennen Sie sich radikal von den miesmacherischen Bedenkenträgern in Ihrem Umfeld, die stets ein „Ja, aber" und „Hast du dir das auch gründlich überlegt?" auf den zweifelnden Lippen haben. Dass niemand auf 45 Jahre alte Bewerber gewartet hat, das ist schließlich auch Ihnen klar. Und im Sommer scheint die Sonne. Solche Binsenweisheiten bringen keinen Zentimeter weiter und entmutigen nur. Das Problem liegt auf der Hand, ist längst erkannt. Wenn die Sache so einfach wäre, wer aus Ihrer Kollegenschaft wäre wohl noch an seinem jetzigen Arbeitsplatz? Und natürlich entscheidet niemand über Nacht, aus dem vertrauten Beruf auszuscheren, zumindest niemand, der sich begleitend ein Karrierebuch wie dieses gekauft hat. Zum Glück sind Sie kein Zauderer, der sich durch seine Zögerlichkeit selbst boykottiert aus Angst, etwas falsch zu machen. Und zum Glück sind Sie auch kein schwacher Entscheider, der immer befürchtet, es könnte noch eine bessere Stelle, ein besserer Beruf kommen. Diese zögerliche Stand-by-Position hatten Sie nie oder Sie haben sie überwunden.

Jetzt muss eine Strategie her, um sich gegen alle statistische Wahrscheinlichkeit bei der Stellensuche gegen jüngere, billigere und leichter zu beeinflussende Bewerber durchzusetzen. Madeleine Leitner kennt sich hiermit sehr gut aus. Sie ist Karrierecoach in München und berät in den großzügigen Büroräumen einen Steinwurf vom Englischen Garten entfernt Menschen, die sich beruflich verändern möchten. Die Diplompsychologin ist für diese Beratung nicht nur qualifiziert, sie weiß auch, wovon sie spricht. Die sportliche 51-Jährige lebt in der neunten Stadt, in der 26-sten Wohnung, übt den dritten Beruf aus und sagt fröhlich: „Immer wenn etwas total schief lief, habe ich am meisten gelernt. Ich bin ein Beispiel für jede Katastrophe, die man erleben kann – Burn-out, gefeuert werden von jetzt auf gleich, Karrierewechsel, da kann ich mitreden. Meine Stärke ist das übergreifende Schauen." Lange Zeit hat sie sich mit der richtigen Studienwahl geplagt. Nach einem eher zögerlichen Einstieg wurde die in Trier aufgewachsene Frau Psychologin und arbeitete sieben Jahre lang in der stationären Psychotherapie. „Die Vielfalt, das war das Interessante. Das war alles spannend, bis ich merkte, ich kann nichts mehr lernen. Dabei hat ein Patient das Recht darauf, dass man sich intensiv für ihn interessiert. Aber für mich gab es nichts mehr zu entdecken. Ich habe mich gelangweilt. Und mit meinem Arbeitsethos ist das nicht vereinbar." Sie kündigte und zog von Bielefeld nach Berlin. Dass sie die nächsten sieben Jahre als Personalberaterin arbeiten wird, wusste sie zu diesem Zeitpunkt noch nicht. Mehr durch Zufall wurde sie Wirtschaftspsychologin, betreute mehrere Jahre Assessment-Center für ein Telekommunikationsunternehmen, führte und führt auch heute noch Personalsuchaufträge für Firmen durch. Sie hat ihren Arbeitsschwerpunkt geändert und ihre Zufriedenheit zurückerobert.

Heute berät sie in erster Linie Menschen in Berufskrisen, in kleinen und größeren. Darunter diejenigen, die sagen: Ich will mal gucken, was ich sonst noch machen kann, wie den dreißig Jahre alten Betriebswirt. Bis hin zu denjenigen, für die feststeht: Ich halte es in meinem alten Job nicht mehr aus, darunter ein sechzigjähriger Ingenieur. Als Vorreiterin hat sie den Weltbestseller „Durchstarten zum Traumjob" des amerikanischen Karriereexperten Richard Nelson Bolles für Deutschland aufbereitet. Eine ihrer Thesen: „Nur ein Drittel aller Jobbesetzungen läuft über den offenen Stellenmarkt, über Zeitungsanzeigen und das Internet."

Ein hoher Prozentsatz der Stellen wird erst gar nicht ausgeschrieben. Manche werden nur pro forma annonciert, klammheimlich ist der Posten längst vergeben. Ausschreibungsverfahren sind hohe Kostenfaktoren, denn sie kosten Geld und Zeit. Die Realität der Bewerbungspraxis ist ernüchternd, ganz gleich, ob sich 28-Jährige mit lückenlosem Lebenslauf bewerben oder 43-Jährige mit respektabler Biografie. Für die meisten qualifizierten Posten gilt seit vielen Jahren: Es gibt zu viele gute Bewerber. Auf Anzeigen melden sich mitunter mehrere hundert Stellensuchende. „Wenn Sie nicht haargenau das Profil erfüllen, dann landen Sie sofort auf dem Ablagestapel", sagt Madeleine Leitner. Sie selbst hat Assessment-Center geleitet und kennt den Anblick überladener Wäschekörbe, in denen sich Bewerbungen stapeln.

Um diese Bewerberflut möglichst qualifiziert zu kanalisieren, veranstalten nicht nur Konzerne Assessment-Center. Das sind aufwendige Testverfahren und Mammutprüfungstage, während der sich die Kandidaten bis hin zu Fallstudien und Gruppenarbeiten beweisen müssen. Das hört sich immer toll und sehr professionell an, aber solche Verfahren sind nur so gut wie die Qualität der Prüfer: Stellen diese die richtigen Fragen, sind sie in der Lage, jemanden zu durchleuchten und das Beste aus ihm herauszuholen? Assessment-Center bieten Momentaufnahmen, nicht weniger, aber auch nicht mehr. Die Wahrscheinlichkeit, sich dort messen zu können, ist für ältere Bewerber ohnehin gering: Sie werden gar nicht erst eingeladen. Anstatt sich solchen zweifelhaften Marathonaktionen zu unterwerfen, führen andere Wege zu einer Stelle.

Drei Grundsatzfehler bei der Stellensuche und wie sie sich beheben lassen

Bei der Stellensuche machen die meisten, so hat Madeleine Leitner beobachtet, drei Grundsatzfehler. Sie skizziert:

1. Die meisten Leute wissen nicht, was sie suchen. Sie überlegen, was habe ich bisher gemacht, schauen in die Zeitung: Passt doch. Dann schreiben sie eine schöne Bewerbung, um in einem großen Stapel von 300 bis 1.000 Bewerbern zu landen. Im Durchschnitt werden 24 Bewerbungen näher angeschaut. Der Rest fliegt raus: fehlende Mindestanforderung, mangelnde Branchenkenntnisse, zu hohes Alter – also aus rein formalen Kriterien. Eingeladen werden dann im Schnitt sieben Leute, einer bekommt den Job. Nur der Idealkandidat setzt sich durch. Diejenigen, die keinen schnurgraden Einser-Diplom-Harvard-Blutjung-Lebenslauf vorweisen, landen oft direkt auf dem Absagestapel.

2. Nun bekommen sie also Absagen, wissen aber, dass sie flexibel sein müssen, das betont schließlich auch das Arbeitsamt. Folglich bewerben sie sich weiter auf beliebige Stellen, auf die sie möglicherweise noch schlechter passen. Allmählich beginnen viele, die Absagen persönlich zu nehmen. Das Selbstwertgefühl ist angeschlagen, manche entwickeln ein Ablehnungstrauma und gleiten in eine Depression. Verzweifelt bewerben sie sich weiter, obgleich ihr Ziel immer unklarer wird, und nehmen als Desperados dann Schrottjobs. Dann sind sie in dem Stadium: Es nützt doch nichts.

3. Ein anderer Fehl betrifft die ungeschickte Bewerbung. „Die meisten schreiben zu viel von sich und treten nicht als potenzieller Problemlöser

auf, denn der Arbeitgeber hat vor allem einen Nutzengedanken. Einer meiner Workshops heißt ‚Vom Bittsteller zum Problemlöser'. Da geht es genau um diese Haltung.

In solche Fallen sollte niemand tappen. Daher rät Madeleine Leitner, ganz klar zu definieren, was man sucht:

1. Fokussieren Sie sich, statt die Suche breit anzugehen. Welche Branche soll es sein, ein großes oder kleines Unternehmen, welche Region, lege ich auf Qualität wert oder ist etwas anderes wichtiger?

2. Entwickeln sie gezielt Aktivitäten, bevor eine Stelle ausgeschrieben wird.

3. Erhöhen Sie Ihre Sichtbarkeit. Teilen Sie möglichst vielen Menschen mit, dass Sie sich beruflich ändern möchten.

Auf diese Weise erhält man Chancen, sich auf dem verdeckten Stellenmarkt ins Spiel zu bringen und dem Zufall nachzuhelfen, nämlich zum richtigen Zeitpunkt am richtigen Ort zu sein beziehungsweise wohlwollend erwähnt zu werden. Warum das so entscheidend ist: Bevor ein Unternehmen, vor allem im Mittelstand, eine Anzeige schaltet, wird die Stellenbesetzung informell versucht. Da berichtet der Chef in kleiner Runde: Wir richten zwei neue Stellen im Vertrieb ein. Haben Sie Vorschläge, fällt Ihnen jemand ein? Wie war der letzte Praktikant, passt der zu uns? Hat nicht die Schwester von Frau Meier so eine Ausbildung? Wollte nicht die Familie Ihres Schwagers nach Bremen wechseln? „Wenn hier Ihr Name fällt, dann sind Sie an jedem Stapel vorbei", sagt Madeleine Leitner.

Wie steigere ich meine Sichtbarkeit? Spätestens hier fällt das Stichwort Netzwerk. „Das bedeutet, raus zu gehen, dem Sportverein beizutreten, viele informelle Gespräche zu führen", ermutigt Madeleine Leitner.

Einen Fallstrick gibt es allerdings: Wie geht das zusammen, seine Sichtbarkeit zu erhöhen und seinen aktuellen Arbeitgeber nicht misstrauisch zu machen? Es ist ein offenes Geheimnis, das Abwanderungswillige fast immer aufstiegstechnisch ins Aus manövrieren. Bitten Sie um Diskretion und Vertraulichkeit. Ein gewisses Risiko besteht, aber die Chance, etwas zu finden, ist größer.

Netzwerken, das ist heutzutage das Zauberwort, die Patentlösung, das Allheilmittel, um gut durchs Berufsleben zu kommen. Und es stimmt, Netzwerke sind prima, wenn sie denn stabil sind und möglichst dann aufgebaut worden sind, bevor man sie braucht. Aber anfangen lässt sich damit natürlich immer.

„Netzwerk bedeutet, Zeit aufbringen und klären, ist mir die Person sympathisch genug, dass ich auch wirklich längerfristig mit ihr Kontakt haben möchte", sagt Coach Claudia Christen. Auf manchen Treffen sieht das häufig anders aus, dort tummeln sich Scharen von Nutzwertorientierten. Wir alle kennen die abrupten Gesprächsabbrüche, wenn ein Überehrgeiziger plötzlich feststellt, dass er sich mit seinem Sektglas nicht an einen Entscheider herangepirscht hat, sondern nun mit einem drittrangigen Angestellten ins Gespräch verwickelt ist. Also pure Zeitverschwendung: Der ist nicht auf dem Fahrersitz, der ist nur Beifahrer, wird abgescannt und stehengelassen. Das ist nicht nur menschlich mies, es scheint leider auch typisch Deutsch zu sein. Amerikaner mögen das denken, sie benehmen sich aber nicht so flegelhaft. Viele überreichen auch dem Beifahrer gerne eine Visitenkarte. Aber das scheint leichter zu fallen in einem Land, in dem Tellerwäscher-Millionärs-Karrieren bewundert werden.

Berechnend Vitamin B ins Spiel zu bringen und sich auf regelrechten Klüngel einzulassen, ist kurzsichtig. „Das hält nicht wirklich. Wenn der Mentor geht, ist meine Grundlage entzogen", warnt auch Karriereberater Laurenz Andrezjewski vom Vorstand der Deutschen Gesellschaft für Karriereberatung. Im Übrigen hält auch er entspanntes Networking und Fachsimpeleien auf Augenhöhe für eine gute Methode, eine Stelle zu finden. „Netzwerkarbeit hat eine Erfolgsquote von 70 bis 80 Prozent. Rufen Sie Ihren früheren Chef an, sagen Sie, ich brauche Ihr Vertrauen, Ihre Unterstützung. Das geht nicht wirklich gut am Telefon. Dann machen Sie eine Tour nach München und nach Flensburg, das ist die Investition." Er fordert Wechselwillige auf, „mit erhöhtem Volumen dem Glück ein Stück entgegenzugehen".

Die zweite erfolgreiche Methode, um die Distribution weit zu spannen, nennt Andrzejewski Direktansprache. Zufällig entdecke man auf einer Ferienradtour einen Industriepark, der interessante Branchen versammelt. „Früher musste man mühsam Geschäftsberichte anfordern, heute kann man alles googlen." Der Vorteil von Initiativbewerbungen, die etwa zu 20 Prozent erfolgreich seien: „Ihre Mappe liegt alleine auf dem Schreibtisch und nicht auf dem Stapel der Wäschekörbe."

Bevor der gute Marketingbrief aufgesetzt wird, muss im Vorfeld gründlich recherchiert werden. Lesen Sie die Wirtschaftsseiten in Zeitungen, so erfahren Sie, wie es der Branche geht, welches Unternehmen neue Bereiche gründet, welches gerade Filialen schließt, welche Produkte und Dienstleistungen angeboten werden. Wie die Eigentumsverhältnisse aussehen.

Auf jeden Fall sollten Sie vorher klären, wer für welche Abteilung Ansprechpartner ist. Der Personalberater Claus Peter Müller-Thurau empfiehlt das besonders älteren Bewerbern und rät ausdrücklich: „Schreiben Sie nicht an die Personalabteilung, sondern lieber an die entsprechende Fachabteilung. Die wissen logischerweise als erste, wann eine Vakanz entsteht."

Um überhaupt Kontakt aufnehmen zu können, helfen kleine Mogeleien. Sie sind jetzt eben zufällig in der Stadt, haben dort am Montag noch einen Geschäftstermin und würden gerne kurz Ihr Anliegen vortragen. Ein Versuch, beim Abteilungsleiter einen Termin zu bekommen, lohnt sich.

Erfolg hat, wer die Karriereplanung selbst in die Hand nimmt. Deshalb lohnt auch der Versuch, einmal über Heandhunter nachzudenken und Klischees beiseite zu lassen: Headhunter sind vornehm, mitunter arrogant. Headhunter erwählen Kandidaten, die Sie für attraktive Stellen vorschlagen. Headhunter spricht man auf keinen Fall selber an, sondern sitzt da und hofft auf den legendären Anruf mit der prickelnden Frage: „Können Sie jetzt sprechen?" Wer auf dieses Wunder des Erwähltwerdens wartet, der wartet unter Umständen bis zum Sankt Nimmerleinstag. Sie möchten wechseln, stecken aber in einer von außen betrachtet sehr renommierten Stelle. Wer soll nun ahnen, dass Sie sich mit dem Veränderungsgedanken tragen? Viele Headhunter schätzen es sehr wohl, einen Wink zu bekommen, das erleichtert ihre Suche nach den klugen Köpfen und davon leben sie schließlich.

Werfen Sie Bedenken über Bord, auf Headhunter zuzugehen. Sie haben nichts zu verlieren und können nur gewinnen und innerhalb kurzer Zeit auf eine vakante Stelle stoßen, die gut zu Ihnen und Ihren neuen Zielen passt. Übrigens wird ja längst nicht immer der Allerbeste gesucht, sondern derjenige, der am exaktesten dem Anforderungsprofil eines potenziellen Arbeitgebers entspricht. Die Branchenkenntnis und ein guter, stets aktueller Marktüberblick stellt das Wissenskapital der Vermittler dar, und davon sollten Sie profitieren. Was überdies beruhigt: Die Branche lebt von absoluter Diskretion und großer Vertraulichkeit. Das schützt Sie.

Im Prinzip gibt es zwei Sparten der Jobvermittler: An der Spitze stehen die „Executive Search"-Berater, das sind Topvermittler, die die Schrempps dieser Welt für handverlesene Führungspositionen ins Gespräch bringen. Zusammengeschlossen sind sie in der Vereinigung Deutscher Executive-Search-Berater (VDESB). Und hier ist es tatsächlich so, dass die Exklusivität auch darin besteht, dass diese Personalberater gezielt auf einen Kandidaten zugehen und nicht umgekehrt. Im Jahr 2006 fuhr die Branche übrigens hübsche Umsätze ein – seitdem sich immer mehr Chefsessel als Schleudersitze erweisen, haben die exquisiten Vermittler gut zu tun.

Für die meisten Wechselwilligen kommen aber keine Personalberater, sondern Personalvermittler in Frage, die sowohl aufstrebende Hochschulabsolventen als auch erfahrene Führungskräfte vermitteln. Zum Glück gibt es seit 1994 den Bundesverband Personalvermittlung e.V., abgekürzt BPV, der eine seriöse Anlaufstelle für Fragen rund um Personalvermittlung ist und seine Mitglieder verpflichtet, Qualitätsstandards einzuhalten (www.bpv-info.de). Personalvermittler helfen Bewerbern auf der Suche nach einer passenden Beschäftigung und sind darauf spezialisiert, Personal suchende Unternehmen und Jobsuchende zusammenzubringen. Das tun sie in ganz Deutschland und für fast alle Berufssparten. Eine Vermittlerdatenbank hilft, einen Ansprechpartner in Ihrer Nähe zu finden. Damit das für beide Seiten eine Erfolgsgeschichte wird, hat der Bundesverband Bewerbertipps zusammengetragen:

- Recherchieren Sie in der Vermittlerdatenbank und vereinbaren Sie ein Treffen mit dem Vermittler Ihrer Wahl.
- Bringen Sie zum persönlichen Gespräch einen schriftlichen Lebenslauf, ein gutes Bewerbungsfoto und Zeugniskopien mit.
- Je präziser Sie Ihre Erwartungen an eine neue Stelle nennen, desto passgenauer kann der Vermittler suchen.
- Einen Rechtsanspruch gibt es nicht, der Vermittler entscheidet, welche Maßnahmen er einleitet.
- Sie können sich bei mehreren Personalvermittlern gleichzeitig registrieren lassen.

Um möglichst mehrere Eisen im Feuer zu haben, lohnt es sich, die Anzeigen von Personalberatern in großen Tageszeitungen und im Internet aufmerksam zu studieren. Auch hierauf können Sie antworten und Ihre Veränderungsmöglichkeiten ausloten. Viele Personalberater bieten an, auf ihren Webseiten den Lebenslauf zu hinterlegen. Was für Sie entscheidend ist: Sie halten sich bei den diskreten Dienstleistern im Gespräch und erhöhen Ihre Chance auf „Wiedervorlage“ – hat es diesmal nicht geklappt, dann sind Sie möglicherweise beim nächsten Auftrag bevorzugter Kandidat.

Eine weitere Möglichkeit, die eigene Sichtbarkeit zu erhöhen, bietet noch eine andere Plattform im Netz: Seitdem sich das Internet-Kontaktnetz Open BC, das sich inzwischen Xing nennt, etabliert hat, surfen Headhunter dort gerne. Angenehmer geht es ja kaum, sich eine Übersicht über potenzielle Kunden zu verschaffen. Prüfen Sie, ob diese Plattform auch für Sie in Frage kommt und Sie sich mit einer gut gestalteten Kontaktseite dieser Businessgemeinschaft anschließen möchten. Auch das erhöht die eigene Sichtbarkeit, verrät aber nichts von Ihren konkreten Abwanderungsplänen.

Der Auftritt im Internet muss wohl überlegt sein. Niemand sollte sich blauäugig dem Internet-Kontaktnetz anschließen, sondern sehr genau prüfen, ob das zu seinen weiteren Plänen passt und ob er nicht möglicherweise zu viel von sich persönlich preisgibt, beispielsweise politische Ansichten – und dadurch angreifbar wird. Es gibt nämlich eine nachdenklich stimmende Personalberater-Befragung dazu. Ergebnis: Nicht immer sind die Einträge in Karrierenetzwerke oder Blogs für die Karriere förderlich. Informationen aus dem Internet, die über Bewerber recherchiert werden können, können bei Stellenbesetzungen zur Jobfalle werden. Eine Befragung des Bundesverbandes deutscher Unternehmensberater BDU und des Magazins Wirtschaftswoche, an der sich mehr als 300 Entscheidungsträger aus Personalberatungsgesellschaften beteiligt haben, ergab: 28 Prozent der Personalexperten nutzen das Internet, um an Informationen zur fachlichen und persönlichen Eignung oder zu Referenzen und Freizeitaktivitäten von Kandidaten zu gelangen. Das ist nicht immer ein Vorteil. Immerhin 26 Prozent der Personalberater sagten, dass sie Kandidaten bislang schon – wenn auch selten – nach den Internet-Suchergebnissen im weiteren Auswahlprozess nicht mehr berücksichtigt hätten. Knappt jeder zehnte gab an, dass die Häufigkeit zunehme.

Auf ein Kontaktgespräch bereitet man sich gut vor und lässt indiskrete Fragen freundlich ins Leere laufen

Auf ein Vorstellungs- oder Kontaktgespräch bereitet man sich gründlich vor, auch wenn man meint, das quasi nicht mehr nötig zu haben wie die Grünschnäbel mit taufrischem Diplom. Denken Sie daran: Sie konkurrieren mit den Jungen, von denen einige vor Ehrgeiz glühen und alle Ratgeber rauf- und runtergelesen haben. Schreiben Sie in aller Ruhe daheim bei einem Glas Rioja oder eine Tasse Earl Grey auf, was Sie auszeichnet, was Sie für den Wunscharbeitgeber an Mehrwert bieten. Bescheidenheit bringt

Sie hier nicht weiter. Gehen Sie diese Liste mit einem Coach oder einem kundigen Freund sorgfältig durch. Diese Mühe lohnt sich. Im Bewerbungsgespräch zählt das, was sportliche Medaillenkämpfe so spannend und so ungerecht macht: Sie müssen auf den Punkt, auf die Millisekunde genau funktionieren und Leistung abliefern. Wer einen mittelmäßigen Tag hat, der fällt durch.

Die wichtigsten Ihrer Pluspunkte notieren Sie auf einer Karteikarte und bringen Sie zum Gespräch mit. Das verleiht Sicherheit. Am Ende des Gesprächs tun Sie das, was selbst ausgebuffte Interviewer zum Schluss tun, Sie werfen einen Blick auf die Notizen und kommentieren das ruhig auch. Tenor: Mir ist das hier sehr wichtig. Ich möchte sicherheitshalber noch einmal überprüfen, ob ich etwas vergessen habe. Das wirkt alles andere als dilettantisch, sondern signalisiert Ihrem Gesprächspartner Ihre Ernsthaftigkeit. Wahrscheinlich brauchen Sie den Blick auf die Karte nicht mehr, das ist wie bei einem Spickzettel in der Schule: Wer die Holpersteine vorab herausdestilliert hatte, der hatte sie für sich längst präsent.

Neigen Sie eher dem Typen plapperfreudige Plaudertasche oder zurückhaltender Schweiger zu – das sollten Sie sich vorher kritisch fragen. Extreme kommen selten gut an. Handeln Sie ausnahmsweise gegen Ihre Natur und versuchen Sie sich entweder etwas zurückzunehmen oder mehr aus sich heraus zu gehen. Das ist alles andere als einfach, aber einen Versuch wert. Es geht in keiner Weise darum, ein Theaterstück mit sich selbst in einer gegen den Typ besetzten Rolle aufzuführen. Es geht aber sehr wohl darum, sich in das Gegenüber zu versetzen und Gedanken darauf zu verwenden, wie Sie auf andere wirken. Und es ist das Einmaleins der Verhaltenspsychologie, dass Ähnlichkeit Sympathie schafft: Ist der Personalchef ein hektischer Mensch, dann wird er es angenehm finden, wenn auch Sie nicht temperamentsbefreit die Wand hypnotisieren und nur Drei-Satz-Antworten abliefern. Passen Sie Ihr Sprechtempo dem des Personalchefs an. Machen Sie sich diesen Sympathiefaktor vorher klar und eignen sich ein gewisses Gefahrenbewusstsein an. Das erhöht Ihre Chancen, in der Vorstellungsstunde flexibel zu reagieren.

Verkneifen Sie sich Kritik am alten Arbeitgeber. Sie möchten die Firma wechseln, vielleicht die ganze Branche. Aber keiner muss wissen, dass Sie im Streit gehen werden. Den Vorgesetzten möchte ich sehen, der sich freudig potenzielle Querulanten ins Haus holt. Ja, es täte jetzt sooo gut, über die ungerechte Behandlung abzulästern, aus dem Nähkästchen zu plaudern und in glühenden Farben zu schildern, warum dort, wo Sie herkommen, nur Versager herumlaufen. Verkneifen Sie sich ausnahmsweise jede Form von der sonst so hoch gelobten Authentizität, denn ein gutes Licht wirft das nicht auf Sie und Ihre „Herkunft". Sie geraten in eine schwache Position. Sie führen vor, dass sie einer Neurosenhochburg entkommen möchten, dass Sie illoyal und indiskret sind und Ihre Gefühle nicht im Griff haben. Das sind keine Eigenschaften, die Sie im Glanz erscheinen lassen. Natürlich möchte ein potenzieller Arbeitgeber gerne Interna über die Konkurrenz hören, viele möchten das sogar liebend gerne. Möglicherweise wird er Sie sogar zu einem launigen Geschäftsessen einladen und Sie ganz en passant in Verhörgespräche verwickeln. Am Ende ist er bestens informiert. Seine kostengünstige Marktbeobachtung hat ihn ein absetzbares Mittagessen und eine Stunde Zeit gekostet. Eine neue Stelle hat er noch lange nicht zu vergeben. Danke und tschüss. Dumm gelaufen.

Was also tun, wenn Ihr Gegenüber plump-vertraulich wird und nachhakt: Jetzt mal unter uns, reden Sie mal Klartext, weshalb wollen Sie da eigentlich weg? Kein Grund, hier ins Schwitzen zu geraten, auf diese Frage ist ein kluger Bewerber vorbereitet: Lächeln Sie so verbindlich, wie es Ihnen möglich ist. Überlegen Sie sich eine Floskel vom nichts sagenden Kaliber á la „ich suche neue Herausforderungen". Werfen Sie also guten Gewissens die Phrasendreschmaschine an. In so einer Situation ist das legitim. Ihr Gegenüber wird das verstehen, er hat schon mehr Vorstellungsgespräche erlebt als Sie. Je nach Berufsmilieu weichen Sie kokett aus: „Darf ich hier den Joker ziehen?" Sie dürfen. Ende der Durchsage.

Relevant ist schließlich: Sie sollten den Fokus deutlich darauf legen, weshalb Sie sich auf ein Unternehmen zubewegen möchten, nicht, warum Sie von einer Firma fortstreben. Denn eines ist doch klar: Letztendlich ist es einem potenziellen neuen Chef schnurzpiepegal, ob Sie unglücklich in Ihrer bisherigen Position sind oder ob in China ein Säckchen Reis gepurzelt ist. Sein Interesse besteht darin, die besten Leute um sich zu scharen. Also, was bieten Sie ihm? Wichtig ist der Blick nach vorn. Nicht der Blick zurück.

Selbstverordnete Frustrationstoleranz stärkt für den Langstreckenlauf der Jobsuche

Eine Jobsuche ist ein Langstreckenlauf, keine Kurzstrecke. Rechnen Sie damit, 25 Bewerbungen zu schreiben, und machen Sie sich immer bewusst: Es muss nur einmal, ein einziges Mal klappen, dann sind Sie am Ziel. Das ist das Gute an älteren Bewerbern: Wer mehr Lebenserfahrung hat, der weiß, dass auch Nebenstraßen zum Ziel führen und sich aus jedem Scheitern etwas lernen lässt. Oft wird Jahre später sichtbar, weshalb es damals eine gute Fügung war, dass ein Posten nicht ergattert, ein Partner nicht für sich eingenommen wurde. Ein ehemaliges Mitglied der Geschäftsleitung eines mittelgroßen Konzerns berichtet über einen Rausschmiss aus der Führungskräfteriege, er war Opfer eine Intrige und zwischen den Fronten zerrieben worden. „Damals war das eine persönliche Katastrophe, ein Weltuntergang. Zwei Jahre später habe ich begriffen, dass es das Beste war, was mir passieren konnte", erklärt der Mann auf einer Frankfurter Tagung. „Sonst hätte ich mich nie auf meinen Hintern gesetzt und nach einem für mich viel stimmigeren Job gesucht." Es gibt eben auch Bewahrungswunder, und Frustrationstoleranz gehört zu einem intensiv gelebten Leben dazu.

Hierzu noch mal das Beispiel des als genial gefeierten Erfinders Thomas Edison: Er hat mehr als tausend Anläufe gebraucht, um die Glühbirne zu erfinden. Vorher standen 999 Fehlversuche. Mindestens. Vergegenwärtigen Sie sich die positiven Seiten der Bewerbungsversuche: Es trainiert, noch einmal im Testgespräch zu sitzen, noch einmal zu erleben, wie forsch, manchmal aber auch wie unsicher Ihr potenzieller neuer Vorgesetzter Sie befragt. Wie fühlt sich das an, über Gehaltsvorstellungen zu sprechen und dabei die schwierige Balance zu halten zwischen selbstbewusstem Anspruch und realistischer Einschätzung, was Ihr Gegenüber für Sie zu zahlen bereit ist. Die Situation ist gerade für Frauen extrem. Auch anno 2007 verdienen sie im Durchschnitt 23 Prozent weniger als ihre männlichen Kollegen in vergleichbaren Posten.

Selbst wenn es diesmal nicht klappt: Das alles trainiert fürs nächste Mal und hilft, sich eine innere Robustheit anzueignen. Der Dramatiker Samuel Beckett hat einmal gesagt: „Try again. Fail again. Fail better." Versuche es noch mal, versage noch mal, aber versage besser. – Natürlich ist es ein unschönes Gefühl, wieder den großen Umschlag mit Bewerbungsunterlagen in Empfang nehmen zu müssen statt den heiß ersehnten freundlichen Anruf: Wir möchten Sie noch einmal zum Gespräch bitten. Aber der Tag wird kommen.

Absagen sind natürlich auch deshalb so schwierig zu akzeptieren, weil ein Jobwechsel mit einem ganz neuen Lebensentwurf gekoppelt ist und sich Bewerber oft im Detail ausgemalt haben, wie ihre Tage, ihre Wochenenden dann aussehen werden, und der Umzugswagen im Geiste schon bestellt ist. Solche Szenarien sind sinnvoll und stärken für die Durststrecken: Die

Möhre baumelt verheißungsvoll vor den Augen. Bilanz wird erst nach monatelangen Fehlversuchen gezogen – der Beschluss, einen anderen Beruf zu wählen, hat seine Zeit gebraucht, die Stellensuche braucht die ihre. Jetzt geht es darum, sich in Geduld zu üben und immer wieder klarzumachen, dass sich Mut am Ende auszahlt. Hollywood, die keineswegs traumhafte Traumfabrik, macht das vor. Der Schauspielerin Daryl Hannah wurde die Titelrolle des Filmerfolgs „Pretty Woman" angeboten, ihrer Kollegin Michelle Pfeiffer eine Hauptrolle im Filmklassiker „Basic Instinct". Beide Frauen lehnten ab: Eine Hure oder eine durchgeknallte Singlefrau spielen? Nein danke, das Drehbuch klang ihnen erheblich zu sexlastig und könnte ihrer Karriere schaden. Das Risiko eines möglichen (!) Imageschadens wollten sie nicht eingehen. Julia Roberts und Sharon Stone hingegen griffen zu und profitieren bis heute von dem Happy End: Die Streifen wurden Welterfolge.

Zweites Beispiel: Joanne Rowling bot ihr Harry Potter-Manuskript zwei Literaturagenten und mehreren Verlagen an – die Lektoren winkten der Sozialhilfeempfängerin ab, unter anderem, weil das Manuskript mit 320 Seiten zu lang sei und die Zielgruppe der Computerkindergeneration sich wohl kaum von der abenteuerlichen Geschichte eines verwaisten Zauberschülers fesseln lassen dürfte. Ein Agent hingegen erkannte das Potenzial, bewies Mut und landete einen Sensationserfolg für den Verlag Bloomsbury. Eine arme allein erziehende Mutter, die eine der reichsten Frauen Englands wird – wer hätte das vorher abgesehen? Die Autorin aber glaubte an sich, ihr Talent, ihre Idee und tippte überarbeitete Seiten noch mal ab, weil ihr das Geld für Kopien fehlte, so kolportiert die Legende. Nervig, aber verständlich, dass dieser biografische Hintergrund immer wieder gerne marketingtechnisch ausgenutzt wird.

Was sich daraus lernen lässt: Fehlversuche sind normal. Wer verharrt, bei dem wird kein weißer Ritter mit einem betörenden Traumangebot vorbeipreschen. Wer etwas riskiert, der hat gute Chancen, etwas zu erringen. Es geht beim Berufswechsel so gut wie nie darum, die letzte Ausfahrt von der Autobahn zu nehmen. Mehrere Eisen im Feuer zu haben, mehrere Anläufe zu nehmen, das ist nicht ehrenrührig, sondern normal und verdient Respekt. Noch eine Durchhalteparole: Ab einem gewissen Alter und Standing in der Berufswelt kann es tödlich sein, das erstbeste Angebot zu akzeptieren. Eine Stelle, die deutlich unter dem Niveau der jetzigen ist, anzunehmen, nur weil Sie gerade mit Ihrem Chef nicht klarkommen, das ist kurzsichtig. Wer für sich die innere Gewissheit gewonnen hat, dass er auf jeden Fall wechseln wird, der hält auch noch eine Zeitlang durch – es ist ja nicht für immer.

Was auch klar ist, worüber die meisten Karriereratgeber lieber schweigen, weil Sie da mit ihrem Latein verständlicherweise am Ende sind: Sie können noch so strategisch brillant agieren und alle Tipps der Profis bis zur Perfektion beherzigen, ob Sie tatsächlich eingestellt werden, das ist noch lange nicht gesagt. Sie haben es mit Menschen und nicht mit Maschinen zu tun, die Sie programmieren können. Und der S-Wert muss stimmen, die gegenseitige Sympathie. Sind Sie dem Personalchef sympathisch, oder sind Sie nicht in seiner S-Klasse? Ratgeber, die das hohe Lied der Authentizität anstimmen, die sind an dieser Stelle ratlos. Hier ist das fortgeschrittene Alter von Vorteil: Sie möchten auch nicht mehr mit jedem zusammenarbeiten und suchen Kollegialität auf Augenhöhe. Besteht keine gegenseitige Grundsympathie, dann ist der Job auch nichts für Sie.

Dass die Frage der passenden Chemie relevant ist, geben Mitarbeiter von Assessment-Center zu, allerdings nur hinter vorgehaltener Hand: Wenn zwei Tage lang Bewerber durchleuchtet worden sind und sich das Team nun für die Besten der Besten entscheiden muss, dann lautet die subjektive Gretchenfrage nach einem angeblich objektiven Ausleseprozess: Können wir uns vorstellen, mit Kandidat A abends noch ein Bier trinken zu gehen? Oder machen wir das lieber mit Kandidat B? Fachlich hervorragend geeignet sind beide, wer ist denn jetzt der „sympathischere"? Sympathie, das liegt im Empfinden des anderen. Wie soll ich da meinen Wert verbessern? Das ist so unsinnig, als wollte ein kompakter blonder Mann eine Frau in sich verliebt machen, deren Hormone Tango tanzen, wenn sie rassige, dunkelhaarige Latin Lovers sichtet. Vielleicht wird nach hartnäckigem Werben sogar ein kurzer Flirt für den blonden Zweite-Klasse-Kandidaten, kaum aber eine verlässliche Bindung. Wer sich diese Subjektivität der Auswahlverfahren vergegenwärtigt, der kann mit Misserfolgen besser umgehen. Aber was heißt überhaupt Misserfolg? Die Passung stimmte einfach nicht. Das kann beim nächsten Vorsprechen schon ganz anders ausfallen.

Kurz und bündig

☞ Definieren Sie für sich klar, was Sie suchen. Fokussieren Sie sich, statt breit und beliebig zu suchen – das ist Energieverschwendung.

☞ Sich als älterer Bewerber auf gängige Stellenausschreibungsverfahren einzulassen, ist wenig Erfolg versprechend. Entwickeln Sie stattdessen gezielt Aktivitäten, bevor eine Stelle ausgeschrieben ist.

☞ Erhöhen Sie Ihre Sichtbarkeit und berichten Sie den Menschen in Ihrem näheren und weiteren Umfeld von den Änderungsabsichten: Bilden Sie ein Netzwerk und bauen Sie das systematisch aus.

☞ Verschicken Sie Initiativbewerbungen – Sie haben wenig zu verlieren, aber viel zu gewinnen.

☞ Möglicherweise bringt es Sie weiter, wenn Sie sich online vernetzen und eine Kontaktseite bei Open BC, Xing, einrichten. Überlegen Sie sehr genau, was Sie hier über sich preisgeben.

☞ Vielleicht kommt für Sie der Kontakt zu einem Headhunter in Frage.

☞ Eignen Sie sich Frustrationstoleranz an. Sie brauchen nur eine einzige Stelle – auch wenn das dreißig Fehlversuche mit einschließt.

☞ Machen Sie sich selbstbewusst klar: Trotz aller ausgebuffter Bewerbungsstrategien entscheidet am Schluss der Sympathiefaktor über eine Zusage.

8 Die überzeugende Bewerbung

Und warum sich ein diplomatischer Abgang lohnt und wie Selbständigkeit gelingen kann

„Das Geheimnis eines guten Geschäfts liegt darin,
etwas mehr zu wissen als alle anderen.“
Aristoteles Onassis

Im Schnitt werden Bewerbungen innerhalb von wenigen Minuten gesichtet, verworfen oder ausgewählt. Wahrscheinlich liegt Ihre letzte schriftliche Bewerbung einige Zeit zurück. Deshalb einige Hinweise zur Erinnerung. Finden Sie auf jeden Fall den Namen des Ansprechpartners heraus. Briefe, die einfach so an „die Zeitung“ geschickt werden, die finden zwar ihren Weg in das richtige Ressortbüro, aber auf zeitraubenden Umwegen. Klar, bringen Sie sich damit ins Gespräch, aber unangenehm, weil Sie den Menschen Zeit stehlen und überflüssige Nachfragen bescheren.

Loseblattsammlungen gehen selbstverständlich gar nicht. Niemand wühlt sich gerne durch Papierberge und die Zeugnisse und Diplome der vergangenen zwanzig Jahre. Das Kommunikationsgesetz der Gegenwart anwenden, kurz, präzise und prägnant schreiben. Dazu machen Sie vorher eine nüchterne Eigenprofilanalyse. Die meisten Schreibtischmenschen haben steten Zeitdruck und überfliegen Texte. Daher muss das Anschreiben rasch auf den Punkt kommen: Sie bieten einiges, Sie wollen dorthin. Das muss passgenau sein. Nur die Firmenadresse neu einzusetzen und einen Standardbrief herumzuschicken, das hat wenig Aussicht auf Erfolg und befremdet die Empfänger. Basteln Sie an der Formatvorlage, denn eine Seite muss genügen. Das Schriftbild sollte dezent sein, mit vielen Word-Schriftarten unruhig zu jonglieren, ist unprofessionell und wirkt so peinlich wie manche selbst gebastelte Einladungskarten, privat ist das okay, beruflich dilettantisch.

Klarheit und Übersicht zu präsentieren, diese Ansprüche muss vor allem eine Online-Bewerbung erfüllen. Vielen älteren Bewerbern ist das Format noch suspekt, sie sollten sich Hilfe eines computerversierten Menschen holen. Frühzeitig. Denn oft bitten Unternehmen nach einer überzeugenden Kurzbewerbung, doch ausführliche Unterlagen online zu schicken.

Dafür müssen Sie gerüstet sein. Es wirkt vorgestrig, wenn Sie für diese Aktion zwei Wochen brauchen. Leiten Sie den Leser klug durch die Anhänge und wählen Sie das Wichtigste aus: Keiner möchte sich durch achtzig Seiten und acht verschiedene Anhänge klicken. Und Sie möchten keinen ärgerlichen Druckerstau bei Ihrem Adressaten verursachen. Speichern Sie die Anlagen in kompatiblen Formaten wie Word.doc, Excel oder als PDF-Dateien ab, die Größe darf jeweils maximal 1 MB betragen. Schicken Sie die Bewerbungs-Mail sicherheitshalber zuerst an einen Vertrauten, der testet, ob sich alle Anhänge problemlos öffnen lassen. Und füllen Sie die Betreffzeile aus, so dass auf den ersten Blick erkennbar ist, dass Sie sich um die Stelle XY bewerben. Dass die Bewerbung an eine konkrete Kontaktperson geht, sollte sich von selbst verstehen. Gibt es hierzu keine Angaben, dann fragen Sie telefonisch nach.

Übrigens: Mehr als die Hälfte der deutschen Stellensuchenden glaubt, über Internet-Karriereportale einen neuen Job zu finden, und bewirbt sich lieber mit einer Online-Bewerbung als mit einer klassischen Mappe. Das hat eine Studie vom Centre of Human Resources Information Systems der Universitäten Frankfurt am Main und Bamberg mit einem Online-Stellenportal ergeben.

Im tabellarisch verfassten Lebenslauf ziehen Sie das Aktuellste nach oben, er wird rückwärts-chronologisch gestaltet. Wählen Sie sorgfältig aus, was in Ihre Vita gehört, und üben sich in der Kunst des Kürzens und der des Weglassens. Wenn Sie ein Diplom haben, dann haben Sie irgendwann vor grauer Vorzeit auch einmal eine Grundschule besucht. Schön für Sie und Ihre Sozialisation, unwichtig für Ihre Akte. Andererseits sollten Sie sich ruhig trauen, ein Engagement in der Jugendgruppe oder Tennisturniere oder DJ-Einsätze zu notieren, das macht Sie menschlich. Wenn es hart auf hart kommt, dann wird ein Personalchef bei gleicher Qualifikation sich lieber den Kandidaten einladen, der mal eine christliche Pfadfindergruppe geleitet hat. Das klingt nicht aufregend, aber danach, dass jemand jung Verantwortung übernommen hat. Schaden kann diese Eigenschaft nicht. Es sei denn, der Personaler pflegt einen ausgemachten Kirchenhass. Das Risiko sollten Sie aber eingehen.

Wichtig: Teamfähigkeit, Belastbarkeit, Organisationstalent gehört zur Trias der geforderten Softskills. Sich diese Eigenschaften selbst zu attestieren, bringt wenig. Stattdessen versuchen Sie, kurz gelungene Aufträge oder Projekte zu skizzieren, in denen Sie diese Fähigkeiten eingesetzt haben. Packen Sie möglichst Arbeitsproben hinzu.

Und was ist mit Lücken im Lebenslauf – zugeben oder zukleistern? Die Antwort ist eindeutig. Kleine Umwege müssen nicht erwähnt werden, im Übrigen aber gilt: Mut zur Lücke beweisen! Auf der Schule eine Ehrenrunde gedreht zu haben, weil damals alles wichtiger war als Logarithmen und das Gerundiv, sich anfangs für das falsche Fach entschieden zu haben, einmal durch eine Prüfung gerasselt zu sein, ein ziemlich sinnbefreites Trödeljahr in Westbengalen verbracht zu haben – Personalchefs haben eine gewisse „Fehlertoleranz" und schon „Schlimmeres" gesehen. Schlimmer finden Sie vor allem: Wenn gelogen wird, was die Phantasie und die Fabulier- und Kopierkünste hergeben, um die Wirklichkeit zu verbiegen. Das fliegt schnell auf und kann dann auch juristisch relevant werden bis hin zur Strafanzeige. Sie haben vielmehr aus Fehlern gelernt, sich aus Niederlagen wieder emporgearbeitet, sich weiter entwickelt. Diese Flexibilität kann Ihnen zur Ehre gereichen.

Auf die Seite 1 gehört Ihr Foto, aber kein billig eingescanntes, das sieht nach Geiz aus. Die wenigsten Menschen sind so fotogen, dass sie sich dem kurzen Klicken einer Automatenkabine anvertrauen können, die meisten sehen aus wie dubiose Gestalten auf Fahndungsbildern. Ein Bild sagt aber mehr als viele Worte, ein Gang in ein gutes Fotostudio lohnt sich. Ebenso der Griff zur Kleidung, die zur Branche passt. Keiner redet offiziell darüber, aber fast alle tun es: Wirkt ein Bewerber auf einem Foto abgedreht bis unsympathisch, dann wird er ohne großes Zögern aussortiert. Wirkt eine Bewerberin anderseits zu attraktiv und zu schön, dann läuft sie ebenfalls Gefahr – die Modebranche einmal ausgenommen –, nicht eingeladen zu werden. „Extrem schöne Menschen bringen das Arbeitsklima durcheinander, dann fängt hier die Gockelei an", befürchtet ein Düsseldorfer Personalchef und spricht nur aus, was viele praktizieren, offiziell aber natürlich nie sagen würden. Legen Sie Ihr Bild anderen vor und bitten Sie um ein ehrliches Urteil. Sie sollen schließlich kompetent und sympathisch herüberkommen, was immer das auch im Einzelfall heißt. Sind Sie zu hübsch, dann schminken Sie Ihre Rehaugen nicht noch sinnlicher. Sind Sie zu smart, dann wählen Sie nicht das teuerste Einstecktuch. In den Vereinigten Staaten verbietet inzwischen ein Antidiskriminierungsgesetz Fotos auf Bewerbungen – aber bei uns kann davon noch keine Rede sein.

Und noch ein Tipp, der eigentlich eine Selbstverständlichkeit ist und dennoch oft durchrutscht: Eine Bewerbung sollte fehlerfrei sein. Das Vier-Augen-Prinzip anwenden und einen versierten Gegenleser anheuern. Der entdeckt drei Ms hintereinander und filtert inhaltliche Widersprüche heraus.

Täglich eilen Sie zum Briefkasten und umlauern das Telefon. Keine Reaktion. In großen Firmen kann man nach zwei Wochen nachfragen, in kleineren nach einer Woche. Erkundigen Sie sich nach dem „weiteren zeitlichen Ablauf" oder fragen Sie nach, ob „noch weitere Unterlagen verlangt werden". Nörgelnd nachzufragen – diese Haltung ist unangebracht.

Der diplomatische Abgang oder warum es auf jeden Fall gut ist, im Frieden zu scheiden

Nun haben Sie eine neue Stelle. Glückwunsch, die Sektkorken knallen, die frohe Botschaft wird verbreitet. Manch einer ist geradezu trunken vor Glück, weil er jetzt eine neue Perspektive hat. Der ganze Druck der vergangenen Monate, oft der vergangenen Jahre, fällt plötzlich von ihm ab. Er könnte Bäume aus- und seinem verhassten Chef den Kopf abreißen. Endlich. Im Überschwang der Gefühle holt hier mancher zum vermeintlichen Befreiungsschlag aus, dabei ignorierend, dass er im Endeffekt nur sich selbst bestraft. Es ist nur allzu menschlich, sich auszumalen, wie der Abschied aus dem alten Beruf aussehen wird. Gerade bei Menschen, die mit aller Macht wechseln möchten, weil sie mit den Aufgaben oder dem Chef nicht zurechtkommen, die entwerfen im Kopf konkrete Szenarien. Sie feilen am Drehbuch der Kündigungsszene und daran, was sie ihrem Chef immer schon einmal alles an den Kopf knallen wollten. Je nach Temperament möchte der eine triumphierend an der Sekretärin vorbei in das größte Prunkbüro auf dem Flur schreiten und triumphierend mit dem Kündigungsschreiben wedeln. Die enttäuschte Angestellte, die trotz hoher Qualifikation bei der Beförderung immer leer ausgegangen ist, die hat sich längst eine immer wieder variierte flammende Rede ersonnen und möchte „dem blöden Kerl jetzt endlich mal die Leviten lesen".

Ein gut gemeinter Rat: Rache ist süß – und dumm. Bleiben Sie korrekt. Bremsen Sie sich selbst aus und rufen sich energisch zur Ordnung. Möchten Sie sich wirklich auf dieses Niveau begeben, auch wenn Ihr Chef ein Choleriker war? Haben Sie das wirklich nötig? Das Triumphgefühl wird rasch verrauschen, nicht aber die verbrannte Erde, die Sie hinterlassen haben. Wer kennt schon die Querverbindungen, die unter Chefetagen bestehen? Wer weiß denn, welche Drähte zu welchem Kollegen auf den oberen Etagen glühen und welche Rechnungen wo und mit wem noch offen stehen oder wer mit wem ein Verhältnis hat? Den vollständigen Überblick wird niemand haben. Man sieht sich immer zweimal im Leben.

Oder öfter. Eine kurze Viertelstunde des Triumphs entschädigt nicht für einen jahrelangen Imageschaden.

Das ist aber keine Aufforderung zum Duckmäusertum. Selbstverständlich können Sie Zivilcourage beweisen und Ihrem Vorgesetzten mit ruhigen Worten erklären, was Sie während der vergangenen Monate gestört hat, und ihn und seine Entscheidungen sachlich kritisieren (Das sollten Sie allerdings getan haben, bevor Sie sich mit Abwanderungsgedanken tragen; es ist immer einen Versuch wert, für eine gute Bleibesituation zu kämpfen.) Beim Abschlussgespräch macht der Ton die Musik. Wählen Sie hierfür ein Vier-Augen-Gespräch – das Sie ruhig feierlich ankündigen und bis zu dem einige Tage verstreichen können. Behaglich ist das für den Vorgesetzten nicht, es sei denn, er ist ein eiskalter Hund. Schriftlich sollten Sie Ihre Kritik nicht fixieren, denn Sie wissen nicht, was mit Ihrer Streitschrift geschieht. Mündlich bleiben Sie eher Herr des Verfahrens.

Eine eiserne Regel lautet: Gekündigt wird frühestens, wenn der neue Arbeitsvertrag unterschriftenreif vorliegt. Und zwar vor I h n e n. Vorsicht ist geboten vor grassierendem Unersetzbarkeitswahn. Jeder Mitarbeiter ist ersetzbar, der eine über Nacht, der andere weniger schnell. Natürlich ist es nicht einfach, für engagierte, gut eingearbeitete Leute rasch Ersatz zu finden, aber die Maschinen haben nicht stillgehalten, die Produktion ist immer noch weitergelaufen, die Kundengespräche sind nicht eingestellt worden. Und draußen vor der Unternehmenstür stehen die willigen Nachfolger schon Schlange, einige von Ihnen würden einen Meineid schwören, um auf Ihren Platz zu gelangen. Einem Vorgesetzten zu drohen, „Wenn ich den Posten nicht bekomme, dann werden Sie ja sehen, was Sie davon haben. Dann kündige ich eben!“, ist hoffnungslos naiv. In 95 Prozent aller Fälle wird der Chef kühl kontern: „Dann gehen Sie eben. Reisende soll man nicht aufhalten.“ Ein Chef, der sich erpressen lässt, der hat verloren. Erpressern soll man nicht nachgeben, das weiß Lieschen Müller spätestens, seit sie „Tatort“ schaut.

Außerdem: Was nutzt ihm ein randalierender Mitarbeiter, der bei der nächsten Gelegenheit bei der Konkurrenz anheuert. Jetzt haben Sie den Schwarzen Peter. Mit dieser unbedachten, emotionalen Äußerung haben Sie sich gewaltig unter Zugzwang gesetzt. Die Drohung bedroht nun Sie. Sie müssen unter Zeitdruck eine neue Stelle suchen, Bedürftigkeit macht aber nicht attraktiv, die Not der Suche strahlen Sie aus. Als strahlender Held vom Kaliber: Dem habe ich es mal gezeigt, erscheinen sie niemandem, stattdessen müssen Sie sich hämische Kommentare anhören und mitleidige Blicke aushalten. Dieses elende Szenario sollte man sich vor jeder überstürzten Aktion vor Augen führen.

Das Abenteuer Selbständigkeit gelingt vor allem leidenschaftlichen Realisten, Durststrecken eingeschlossen

Viele Berufswechsler kennen das Problem der Stellensuche nicht. Sie wechseln in die Selbständigkeit, träumen davon, ihr eigener Chef zu sein und viel Geld mit einer Karriere XXL zu verdienen. Die Zahl der Firmenneugründungen hat sich in den vergangenen zehn Jahren um 25 Prozent erhöht. Das hört sich immer gut an, dahinter verbergen sich aber auffallend viele verzweifelte Aktionen von Menschen, die sich aus eigener Kraft aus der Arbeitslosigkeit befreien möchten. Sie handeln aus der Bedrängnis heraus, nicht aus dem Wunsch, sich mit einer großartigen Geschäftsidee zu positionieren. Das sind schlechte Voraussetzungen, um das Abenteuer Selbständigkeit zu bestehen. Die Zahl der unternehmerischen und privaten Insolvenzen in Deutschland betrug im Jahr 2005 genau 105.741. Was hier entscheidender ist als bei vielen anderen Tätigkeiten: Auf keinen Fall enthusiastisch, aber hoffnungslos naiv loszulegen. Naivität trägt häufig Spuren von Dummheit, und die führt im Handumdrehen in die Pleite.

Vorab ein kleiner kritischer Fragenkatalog:

- Wie gehe ich mit Absagen und Rückschlägen um?
- Liegt es mir, meine Arbeit zu vermarkten?
- Kann ich auf feste Arbeitszeiten und freie Wochenende verzichten?
- Kann ich mir eine lange, mühsame Aufbauphase vorstellen und reicht mir nach der Plackerei auch ein bescheidener Erfolg?
- Bin ich bereit, mir Kenntnisse in Buchhaltung anzueignen und mich intensiv mit Zahlen zu beschäftigen?

Es klingt in Ohren vieler reizvoll, eine Softwarefirma zu gründen oder einen Blumenladen zu eröffnen. Wer das vorhat, sollte das tun, was jungen Leuten auf der Suche nach dem für sie geeigneten Beruf bei der Entscheidung hilft: Er sollte hospitieren und die Realität mit seinen Wünschen wenigstens einigermaßen abgleichen (siehe Kapitel 10). Im Fall eins bedeutet das zum Beispiel, sich auf einen rasant drehenden Markt voller Innovationen einzustellen, und zwar permanent. Es bedeutet, das existenzgefährdende Preisdumping der Großkonzerne im Auge zu halten, eine Drohkulisse, die sich noch höher türmen wird. Es bedeutet, regelmäßig Fachmessen zu besuchen und kreuz und quer durch die Republik zu reisen. Im Fall zwei heißt das, regelmäßig zu nachtschlafender Stunde in zugigen Großmarkthallen nach Ware Ausschau zu halten. Es bedeutet, sich mit knappen Gewinnspannen und schwer berechenbarem Käuferverhalten (unter anderem der so genannten schwer durchschaubaren hybriden Käufer) zu arrangieren und mit zerstochenen Fingern schwere Wasserkübel zu schleppen. Stellt so ein Arbeitsalltag eine Alternative dar? – Aber es bedeutet natürlich auch, sein eigener Herr zu sein, am Puls der Innovationen sein zu können und im Fall 2 sich Lilienduft um die Nase wehen zu lassen und phantasievolle Rosenarrangements zu erschaffen.

Eine Frankfurter Geschäftsfrau hat sich mit einem exquisiten Textil- und Handarbeitsladen selbständig gemacht. Studiert hat sie Geisteswissenschaften, dann hat sie eine Buchhändlerlehre draufgesattelt. Sie arbeitet jetzt deutlich mehr und verdient erheblich weniger als in ihrer Zeit als Angestellte. Und die langen Abende, wenn sie und ihre Geschäftspartnerin die Umsatzsteuer machen müssen, die könnte sie gut entbehren. Zurück in ihr altes Dasein will sie jedoch um keinen Preis. „Ich weiß, dass ich das für das Eigene mache und ich flexibel handeln kann. Zum Beispiel, was unsere Öffnungszeiten anlangt. Ich bin nicht mehr von Menschen abhängig, die mir dumme Vorschriften machen, und ich muss nicht mehr unsinnige Entscheidungen ausbaden, während sich andere wegducken.“ Sie ist zufrieden mit ihrer Entscheidung, die einige Jahre in ihr gereift ist.

Auch Anne-Marie Bekkaye hat sich jahrelang auf ihre Geschäftsidee vorbereitet und lebt vom keltischen Harfenklang: Die gelernte Goldschmiedin, Fremdsprachenkorrespondentin und Übersetzerin betreibt im Münchener Stadtteil Haidhausen ein kleines, gut gehendes Harfenatelier und kann seit einigen Jahren vom Bau der Harfen leben. Dafür arbeitet sie je nach Auftragslage manchmal bis tief in die Nacht. Ihr Beruf ist künstlerisch anspruchsvoll, aber auch sehr bodenständig, sagt sie. „Einmal dösen und man ist mit dem Finger im Hobel. Das sage ich gerne verträumten Besuchern. Ich habe oft Sinnsucher hier, die falsche Vorstellungen vom Handwerk haben. ‚Du kannst mal eine Runde schleifen!‘, sage ich dann. Der Muskelkater läutert solche Leute schnell“, lacht die lebenstüchtige Frau aus Bielefeld, die ihren ungewöhnlichen Nachnamen der vorübergehenden Ehe mit einem Targi verdankt.

Die Tochter eines Ingenieurs und einer Drogistin arbeitet leidenschaftlich gerne als Harfenbaumeisterin, und ihre Berufswechsel haben sie da beständig hingeführt: „Schon als Kind wollte ich Künstlerin werden. Der Erwartungshaltung meiner Eltern und später meiner Lehrer entsprach das natürlich nicht.“ Zweifellos ist sie der Typ für eine Existenzgründung und kann gelassen mit einer schwankenden Auftragslage leben. Mit der ihr eigenen Mischung aus unkonventionellen Einfällen und Disziplin lässt sie sich dadurch nicht aus der Ruhe bringen: „Natürlich ist das Leben als Selbständige ein tägliches Abenteuer.“ Für einen finanziellen Ausgleich sorgt manchmal eine weitere Leidenschaft. „Börse ist ein Hobby von mir. Ich finde Geld klasse. Geld muss fließen.“ So hat sie ein paar kleine Aktien, „ich bin hoch spekulativ“.

Was das Beispiel der Instrumentenbauerin zeigt: Wer mit dem Gedanken an eine Selbständigkeit spielt, sollte sich zunächst vor allem fragen, ob er überhaupt der Typ für diese Form der Existenz ist. Ob er den Durchhaltewillen und die Disziplin aufbringen kann, Durststrecken zu bestehen, denn die werden kommen.

Oder neigt er möglicherweise dazu, sich gemütlich durch den Tag zu lümmeln, wenn kein Chef Anwesenheit und Leistung erwartet und nach drei Tagen die Krankmeldung auf dem Tisch zu sein hat. Ein Maschinenbaustudent, der sich inzwischen mit einem Büro, Schwerpunkt Produktionstechnik, selbständig gemacht hat, hat sich schon während der Schlussphase seines Studiums an der RWTH Aachen energisch zur Disziplin erzogen. Die meisten seiner Clique verbrachten die vorlesungs- und klausurfreien Tage gemütlich stoppelgesichtig im Jogginganzug und gerieten mächtig unter Zeitdruck, als der Abgabetermin der Diplomarbeit nahte: Hier ein Anruf, da noch mal im Internet gesurft und im Chatroom vorbeigeschaut, ach ja, das Müsli ist ausgegangen und das dreckige Geschirr türmt sich auch. Lieber knösige Teller spülen, als sich in die Strömungslehre versenken müssen. Diese Aufschieberitis ist alles andere als unsympathisch, aber für eine spätere Selbständigkeit prädestiniert sie nicht unbedingt.

Anders verhielt sich der ehrgeizige Student: Das Lotterleben fand ohne ihn statt. Er zwang sich, auch an Tagen ohne Außentermin gut rasiert und im gebügelten Hemd, Karohemd versteht sich, spätestens um 8 Uhr an den Schreibtisch zu gehen und das Handy abzuschalten. Zu seinen festen Arbeitszeiten war er nicht erreichbar, für keinen. Zeit zu googlen genehmigte er sich nur, wenn es für seine Facharbeit erforderlich war. Für so ein diszipliniertes Arbeiten muss man geboren sein. Er vertrödelt auch heute keine Aufträge und liefert pünktlich – Abgabetermine nicht einzuhalten, das ist unternehmerischer Selbstmord. Und ein gewaltiger Fallstrick aller Freiberufler. Auftraggeber wenden sich der zuverlässigen Konkurrenz zu. Denn einem Festangestellten hätten Sie mit Konsequenzen drohen können, einem Freiberuflicher nicht, eine Vertragsstrafe steckt er notfalls weg, der Auftrag bleibt unerledigt. Als erfolgreicher Freiberufler weiß der Ingenieur, dass er es sich nicht leisten kann, Abgabetermine nicht einzuhalten.

Außerdem verfügt er über eine andere Eigenschaft: Er handelt ruhig und überlegt, manche nennen das ein bisschen böse temperamentsbefreit, und er weiß, dass er als Existenzgründer auch Phasen ohne Aufträge aushalten muss. Das hat er vorher sehr genau durchgerechnet, um in der auftragsfreien Woche oder dem Monat X nicht in Panik zu verfallen. Außerdem hat er einen Plan B aufgestellt: Wie bezahlt er seine Miete, wenn die Aufträge lange Zeit ausbleiben. Im Durchschnitt dauert es mindestens zwei bis drei Jahre, bis ein junges Unternehmen Gewinn abwirft. Als Personengesellschaft haftet er schließlich auch mit seinem Privatvermögen für Verluste des Geschäfts. Das Risiko der Insolvenz lässt sich minimieren, ausschalten lässt es sich nicht. Ist Sicherheit ein großer persönlicher Wert, dann ist dieser Weg der falsche. Mit Sicherheit.

Gelernt hat der Diplomingenieur das in zwei Existenzgründerseminaren. Sie werden unter anderem von Industrie- und Handelskammern, von Verbänden und von der Agentur für Arbeit angeboten und helfen dabei, einen realistischen Businessplan zu erstellen. Ein Besuch lohnt sich auf jeden Fall. Allein schon, um das Gefahrenbewusstsein für mögliche Fallstricke zu schärfen, denn gute Seminare bieten eine Reihe hilfreicher Tipps und klären viele Fragen: Wie finde ich heraus, ob für meine Idee an diesem Ort überhaupt ein Markt vorhanden ist? Wie wird ein Geschäftsplan aufgestellt? Wo gibt es finanzielle Unterstützung? Wie hoch müssen meine Reserven sein – in jeder Beziehung: Reicht das Ersparte? Habe ich im Krankheitsfall eine Vertretung? Passt ein Franchise-System möglicherweise besser zu mir und minimiert mein Risiko? Basis ist der oft in monatelanger Arbeit erstellte Businessplan, wie auf neudeutsch ein detailliertes niedergeschriebenes Unternehmenskonzept heißt – nur so lässt sich die Finanzierung sichern. Sowohl Banken vergeben nur dann einen Kredit, wenn sie das Konzept für tragfähig halten, auch die Bundesagentur für Arbeit fordert einen Plan, bevor sie überhaupt zu prüfen beginnt, ob der Gründer einen finanziellen Zuschuss bekommen sollte.

Fällt die Entscheidung positiv aus, dann hilft die Bundesagentur für Arbeit mit einem Gründungszuschuss, der das Überbrückungsgeld und die Ich AG ersetzt. Dabei wird für neun Monate das Arbeitslosengeld I bezahlt, hinzukommen 300 Euro im Monat. Danach kann für weitere sechs Monate ein Zuschuss von 300 Euro bezahlt werden, wenn das Unternehmen noch Finanzhilfe benötigt.

Ein Ansprechpartner ist die KfW-Bankengruppe, die zum Beispiel über ihre Mittelstandsbank Gründerdarlehen vergibt und sowohl bei der Existenzgründung wie auch bei Krisen umfassend berät.

Wer das ganz gründlich betreiben möchte, für den bieten Hochschulen inzwischen Aufbaustudiengänge „Entrepreneurship" an, das sich als wirtschaftswissenschaftliche Teildisziplin mit Gründerpersönlichkeiten und Gründungsgeschehen beschäftigt. Vorreiter waren hier unter anderem die Fachhochschulen Aachen und Pforzheim. Sie sind nicht allein auf weiter Flur: Google listet unter dem Stichwort „Entrepreneurship/Studium" 459.000 Einträge aus.

Wer sich kritisch anschaut, welche Existenzgründer auf Dauer Erfolg mit ihrer Geschäftsidee haben, der entdeckt eine Parallele: Die Erfolgreichen haben an ihre Idee geglaubt und zwar von Anfang an. Sie haben so viel Freude an ihrer neuen Existenz, dass sie die Hürden meistern und die Kundschaft durch ihre Begeisterung mitziehen. Wenn sich diese Leidenschaft mit einer soliden Geschäftsgrundlage vereint, dann sind die Aussichten gut.

Kurz und bündig

- ☞ Überzeugende, natürlich fehlerfreie Bewerbungen müssen prägnant und präzise sein und passgenau auf den Punkt kommen.
- ☞ Überschaubarkeit erfordern vor allem Online-Bewerbungen, die man vorsorglich im Computer gespeichert hat, und die beim Adressaten keinen Druckerstau verursachen sollen.
- ☞ Der Lebenslauf wird rückwärts-chronologisch gestaltet. Üben Sie sich in der Kunst des Weglassens. Das gilt nicht für Lücken – diese kurz erklären. Sie haben sich inzwischen weiterentwickelt und sind durch die Umwege gereift.
- ☞ Investieren Sie in einen guten Fotografen und präsentieren Sie sich mit einem professionellen Bild.
- ☞ Scheiden Sie nicht im Unfrieden aus Ihrem alten Unternehmen und bemühen Sie sich um einen diplomatischen Abgang: Eine kurze Viertelstunde des Triumphs entschädigt nicht für einen jahrelangen Imageschaden. Rache ist dumm, man sieht sich immer zweimal im Leben. Oder öfter.
- ☞ Kündigen Sie erst, wenn Ihnen ein unterschriftsreifer Vertrag vorliegt, und bewahren Sie bis dahin Stillschweigen.
- ☞ Der Aufbruch in das Abenteuer Selbständigkeit muss generalstabsmäßig vorbereitet sein.
- ☞ Gleichen Sie Ihre Traumvorstellung mit der Realität ab und machen Sie Hospitanzen, bevor Sie sich für eine Geschäftsidee entscheiden.
- ☞ Befragen Sie sich kritisch: Haben Sie den Durchhaltewillen für Durststrecken und die Disziplin fürs Arbeiten ohne Chefkontrolle?
- ☞ Besuchen Sie ein Existenzgründerseminar, am besten zwei. Haben Sie genug Geld- und auch Kraftreserven für Ihre Pläne und falls nicht, können Sie die auftanken?

9 Zu spät ist es nie

Ungewöhnliche Wege für ältere Wechsler – Nichtregierungsorganisationen suchen gestandene Leute

„Das Alter ist ein herrlich' Ding,
wenn man nicht verlernt hat, was anfangen heißt."
Martin Buber

Nur 10 Prozent unseres Lebens sind nicht veränderbar, 90 Prozent können wir direkt durch unser Verhalten und unsere Reaktion beeinflussen. Diese Faustregel wird in der Beraterszene ventiliert. Ob diese Prozentangaben nun zutreffen oder nicht, fest steht jedenfalls: Große Veränderungen sind unabhängig vom Alter. Die Weichen neu zu stellen, dafür ist es nicht zu spät. Schauen Sie sich das Gesicht eines Vierzigjährigen an, der im ausgehenden 19. Jahrhundert gelebt hat. Vergleich Sie das mit einem gleichaltrigen Mann, den Sie kennen. Dazwischen liegen Welten. Wir werden immer älter und wollen gut beschäftigt sein. Winston Churchill ist mit 76 Jahren noch einmal Premierminister geworden. Ingrid Noll hat sich in einem Alter als Krimiautorin durchgesetzt, in dem andere sich in die Kaffeekränzchengeruhsamkeit zurückziehen oder die Runde auf dem Golfplatz zum Höhepunkt der ereignisarmen Woche wird. Aufbruchwillen ist wenig abhängig vom Alter, wohl aber eine Typfrage. Wir kennen Sie alle, geistig unbewegliche, vergreiste Dreißigjährige und hoch aktive Siebzigjährige. Unvergessen die zupackende achtzig Jahre alte Hamburgerin, die um die Welt reist und in internationalen Fluglinien nach Speitüten für ihren Masseur Ausschau hält: Der sammle sie nämlich, erklärt sie den Mitreisenden, die nebenbei erfahren, dass die Dame in ihrem Leben Näherin, Verkäuferin in einem Hutsalon, Hilfslehrerin und zwischendurch auch mal Gattin war. Was sich an der alten Dame zeigt: Wer einen gewissen Hang zum Unkonventionellen hat, der tut sich mit späten Wechseln leichter. Wohl auch, weil er unabhängiger von der Außenwahrnehmung ist.

Was bei einem sehr späten Wechsel noch relevanter ist als bei einer früher gestarteten Kehrtwende: Es geht darum, den Fuß in die Tür zu bekommen. Selbstverständlich verfügt man nach all den Jahren über viel Wissen und Erfahrung, aber jetzt ist man auf einmal wieder der Neue. Zunächst ist der Wechsler ein Anfänger. Zwar keineswegs ein blutiger, aber eben ein

Anfänger, der wieder in der Rolle des Lernenden steckt. Diesen Rollenwechsel ignorieren gerade diejenigen gerne, deren Selbstbewusstsein künstlich durch ein Neuorientierungsseminar aufgepumpt worden ist. Und es gibt noch einen Punkt, der mit fortgeschrittenen Jahren nagt: Kann ich mich mit einer bescheidenen Bezahlung arrangieren und bin ich bereit, zu ähnlichen Konditionen wie jüngere Bewerber zu arbeiten?

Einige Branchen suchen gezielt nach deutlich über Vierzigjährigen. Zum Beispiel Unternehmen, die Interimsmanager vermitteln und für befristete Projekte vor Ort sind. Für solche schwierigen Aufgaben benötigt man krisenerprobte gestandene Leute.

Ausdrücklich an Pensionäre wendet sich der Senior Experten Service in Bonn, der erfahrene Fachleute in Entwicklungshilfeprojekte entsendet. Eine reizvolle Idee, aber eben nichts für Menschen, die jünger sind. Und jünger ist ja immer relativ.

Erde weist den Weg zu tausenden freien Stellen

Ebenfalls Stellen in der Entwicklungshilfe präsentiert das Unternehmen Conti-Press aus Erde. Das Dorf ist klein, zählt 1.000 Einwohner, liegt vor grandioser Matterhorn-Kulisse im Schweizer Kanton Wallis und heißt wirklich Erde. Von Erde aus laufen Kontakte rund um den Globus, um für Hilfs- und Nichtregierungsorganisationen tüchtige Fach- und Führungskräfte auf alle Kontinente zu vermitteln. Was überrascht: Während Personalchefs hierzulande Bewerbungsmappen kaum eines Blickes würdigen, wenn der Absender die 45, geschweige denn die fünfzig Jahre überschritten hat, sind Menschen mit solider Berufs- und Lebenserfahrung bei Hilfsorganisationen gefragt. Nicht bei allen, aber bei vielen. Das zumindest hat Hannes Krum immer wieder erlebt. In Kassel geboren, lebt Krum seit langem in der Schweiz und betreibt in Erde gemeinsam mit seiner Frau und einer englischen Mitarbeiterin das Büro Conti-Press, Bureau of International Communication and Intelligence. Das klingt kompliziert, widmet sich aber einer spannenden Aufgabe: Conti-Press unterstützt internationale Hilfsorganisationen bei ihrer Suche nach dringend benötigtem, hoch motiviertem Personal.

Die Website eröffnet den kostenlosen Zugang zu Tausenden von freien Stellen der Weltorganisationen. Vertreten sind unter anderen das Internationale Rote Kreuz, Caritas international, aber auch die UN. Was reizvoll ist: Es geht um völlig unterschiedliche Berufsgruppen – von der Krankenschwester über die Juristin bis zum Ingenieur und Marketingfachmann. Und es geht um die Arbeit auf fünf Kontinenten. Ein Blick auf die Angebote zeigt: Gesucht wird ein Wasserbauingenieur, der fünf Monate in Sudan mit anpacken soll. Gesucht wird ein Sicherheitsmanager, der zwei Jahre in Thailand eingesetzt wird.

Großzügig gesponsert wird der Stellenmarkt vom Internet-Unternehmen Google, davon zeugt unter anderem ein Stichwortsystem, das in fünf Sprachen auf den Startseiten installiert ist. Direkte Verknüpfungen führen auf die freien Stellen. Ist eine Position besetzt, wird das auch sofort mitgeteilt.

Stellenmangel herrscht nicht. Denn, so sagt der gelernte Verwaltungskaufmann Hannes Krum, noch nie standen die Organisationen vor solch riesigen Aufgaben wie heute: „Naturkatastrophen, Krankheiten, Kriege, Dürren und Hungersnöte in vielen Ländern lassen die Belastbarkeit der Weltorganisationen an ihre Grenzen stoßen. Die Situation wird sich durch klimatische Veränderungen, die chronische medizinische Unterversorgung sowie die immer wieder aufflackernden regionalen Konflikte noch verschärfen. Deshalb werden dringend Mitarbeiter gesucht." Und zwar bevorzugt jene mit einer soliden Berufserfahrung. Krum zählt die Vorteile auf: Eine Anstellung bei einer internationalen Organisation – auch als Übergangslösung – stellt in der augenblicklichen Arbeitsmarktsituation eine realistische Alternative für viele da. Vor allem für willige Wechsler, die noch nicht so richtig für sich eruiert haben, was sie denn auf Dauer wirklich machen möchten.

Den meisten eröffnen sich damit neue Wirkungsbereiche. Auslandserfahrung und vertiefte Sprachkenntnisse schmücken den Lebenslauf und bescheren so größere Chancen auf dem heimischen Arbeitsmarkt.

„Wen wir entsenden, der ist sehr flexibel, wagt den Sprung ins Wasser noch mal und lässt sich auf internationale Verträge ein", bestätigt Thomas Vierus, Personalleiter von World Vision. Er nennt das Beispiel eines Architekten aus einem Offenbacher Büro. Der 45 Jahre alte Mann ist für zwei Jahre nach Sri Lanka gegangen, wo er den Aufbau von Wohnungen koordiniert. Eine Sozialarbeiterin aus Baden-Württemberg hat einen Zweijahresvertrag für Kirgistan unterschrieben: Sie ist 49 Jahre alt und soll in der Kirgisischen Republik Kinder- und Jugendrechte etablieren.

Handfestes Fachwissen ist die Grundvoraussetzung für die meisten Positionen. Kurt Bangert, der ebenfalls bei World Vision im hessischen Friedrichsdorf arbeitet, sagt: „Je höher die Spezialisierung ist, desto weniger ist langjährige Auslandserfahrung nötig und umgekehrt." Ausgeschrieben sind Positionen im medizinischen, sozialen, aber auch logistischen und finanztechnischen Bereich, denn auf die Effizienz und Nachhaltigkeit der Projekte legen alle Wert. Ebenso gefragt sind Sicherheitsbeauftragte und so genannte Friedensförderer und Konfliktexperten. „Gerade die suchen wir wie die Nadel im Heuhaufen", berichtet Bangert. Solche Experten stellen zum Beispiel sicher, dass bei der Ausgabe von Paketen in Somalia nicht noch zusätzlich Verteilungskonflikte entstehen. Anspruchsvolle Aufgaben bietet der gesamte administrative Bereich. Das ist vielen Interessenten nicht bewusst, sagt Thomas Vierus: „Viele, die sich bei uns melden, wollen Verbände anlegen oder Säcke schleppen und finden sich de facto in Lima im 14. Stockwerk eines Hochhauses wieder, um von dort aus Projekte zu organisieren und eben Managementfunktionen zu übernehmen." Ohnehin sind Mitarbeiter mit Managementfähigkeiten bei so gut wie allen Organisationen sehr gefragt, der Brunnenbauer in Birkenschuhen ist ein Auslaufmodell.

„Gutmenschen sind schlecht für uns"

Das ist auch die Erfahrung von Thomas Schwarz von Care International Deutschland (den Sie im Porträt auf Seite 183ff. näher kennen lernen). Er arbeitet in Bonn und wird an diesem Abend schon wieder auf dem Weg nach Syrien sein, um im Nahen Osten ein Team zusammenzustellen, das zu einer raschen Situationsanalyse fähig ist, also feststellt, welche Hilfeleistungen wo greifen. Solch ein Arbeitsauftrag passt nicht in das verträumte Bild mancher Weltverbesserer. Denn Tatsache ist: Der gefühlsbewegte Gutmensch hat im Durchschnitt weniger Erfolge als der kühle Managertyp, der auf Ergebnisse programmiert ist.

Auch Kurt Bangert kennt diese Fehleinschätzungen: „Man meint, man muss eine soziale Ader haben oder besonders einfühlsam sein und sich von der Not berühren lassen. Gutmenschen sind schlecht für uns. Und das ist nicht böse gemeint. Wer die größten Erfolge bringt, das sind ziel- und strategieorientierte Managertypen, die Emotionales wegstecken können."

Stattdessen melden sich immer wieder idealistische, aber naive Bewerber, und zwar besonders dann, wenn wieder eine aktuelle Katastrophe durch die Schlagzeilen tobt. „Das geht vom Handwerker, der sich ein Jahr im Ausland gönnen möchte, bis zur Hausfrau, deren Kinder aus dem Haus sind und die fragt: Wann kann ich nach Indonesien fliegen und helfen?", sagt Vierus. Profile der idealen Kandidaten sehen gänzlich anders aus, „schon um den hohen Anspruch an Professionalität zu erfüllen". Hannes Krum pflichtet dem bei: „Mal 14 Tage Urlaub auf Bali gemacht und Stunden am Pool und an der Bar verbracht zu haben, das ist etwas anderes, als bei 40 Grad im Schatten und 90 Prozent Luftfeuchtigkeit in Sumatra Baumaterial zu schleppen." Bis zu sechs Monate brauche ein Körper, um sich auf das neue Klima einzustellen.

Auch diejenigen, die Fachwissen haben und körperlich fit sind, sind herausgefordert. Spätestens an dieser Stelle fällt das Stichwort von der interkulturellen Kompetenz, denn ohne diese geht gar nichts. Soll in Niger ein Brunnen für drei Dörfer gebaut werden, dann ist es sinnvoll, sich vorher mit den Dorfältesten zusammenzusetzen. Diese etwas andere Art der Personalführung wird in deutschen Managementseminaren aber nicht gelehrt. Thomas Vierus fasst zusammen: Man muss mit hoher Komplexität klar kommen und zum Teil Widersprüchlichkeiten aushalten können." Wer im sozialen Bereich „eine Null" sei, der komme für die Organisationen nicht in Frage. Und zwar für keine.

Die berühmte soziale Kompetenz, die alle so gerne im Munde führen und über die viel zu wenige verfügen, scheint für „Gastarbeiter" in armen Ländern noch nötiger zu sein als in den Industrienationen. Das kann für ältere Bewerber mit Führungserfahrung ein Problem werden, hat Thomas Schwarz von Care beobachtet: „Ein Fünfzigjähriger, der zwanzig Jahre Führungskraft war und gewohnt war zu bestimmen, der muss sich umstellen." In Anzeigen wird daher so gut wie immer Flexibilität eingefordert. Nur – darunter versteht jeder offensichtlich etwas anderes. Vierus berichtet von einer 54 Jahre alten Münchener Geschäftsführerin, die auf den ersten Blick eine Wunschkandidatin für eine Stelle in Somalia war: „Tough, tolle Kontakte, eine geradezu traumhafte Biografie." Beim persönlichen Kontakt war den Vision-Leuten aber klar: „Von der Persönlichkeit her funktioniert das in Afrika nicht. Die Kluft, die lokale Bevölkerung zu erreichen, wäre einfach zu groß. Wir haben dann abgesagt." Thomas Schwarz merkt noch an: „Professionelle Generalisten sind bei uns absolut notwendig."

Die Bewerber eint übrigens ein Motiv, sie suchen den Sinn im Leben. „Man wird nicht reich, aber man gibt dem Leben Bedeutung, wenigstens eine Prise von Bedeutung", sagt Thomas Vierus und nickt verstehend.

Kurz und bündig

☞ Für spät gestartete Karrieren gibt es überzeugende Beispiele. Lassen Sie sich nicht verrückt machen: Zu spät ist es nie.

☞ Nehmen Sie bewusst die Rolle des Schülers, des Lernenden an. Sie haben zwar reichlich Wissen und Erfahrung angehäuft. Jetzt sind Sie aber der Neue.

☞ Denken Sie unkonventionell und auch über Lösungen nach, die Sie früher vielleicht zu schnell verworfen haben: Für den Senior Experten Service ist es noch zu früh, nicht aber für begrenzte Entwicklungseinsätze.

☞ Hilfs- und Nichtregierungsorganisationen bieten gute Einsatzmöglichkeiten.

☞ Sozialromantiker sind hier allerdings fehl am Platz. Gefragt sind professionelle Generalisten, gerne auch mit Managementerfahrung.

☞ Die Stellenbörse findet sich unter www.contipress.ch.

10 Zu früh ist es nie

Das Kapitel nicht nur für junge Leser: Was die richtige Berufswahl erleichtert

„Das Wichtigste im Leben
ist die Wahl des Berufes.
Der Zufall entscheidet darüber."
Blaise Pascal

Die Ausgangslage ist alles andere als gut. Junge Erwachsene, die sich selbst noch nicht kennen, müssen Weichen stellen für einen späteren Beruf, den sie theoretisch ein Leben lang ausüben sollen. Was möchten junge Menschen werden? Klar, die ganz jungen, die wollen zum Mond fliegen. Mindestens, sie wollen Astronaut werden oder, etwas bodenständiger, Polizist – der darf anderen was verbieten – oder Baggerführer. Groß und stark sein, den Zustand soll das Berufsleben stabilisieren. Und die kleinen Mädchen? Die werden es hoffentlich demnächst realistischer finden, Ministerin oder Bundeskanzlerin zu werden. Diese Freiheit im Denken – auch unbelastet von Faktenwissen – müssen wir uns später in mehr oder weniger teuren Seminaren wieder mühsam antrainieren. Stets gekrönt von dem Managementsatz: Theoretisch kann sich die dicke Hummel gar nicht in die Luft erheben, aerodynamisch ist das eigentlich unmöglich. Aber die Hummel weiß das nicht und startet trotzdem. Und siehe da: Sie fliegt.

Spaß beiseite. Einer Umfrage der Frankfurter Arbeitsagentur zufolge gibt es Anno 2005 zwei Traumberufe, die junge Schulabgänger favorisieren. Platz eins: der Pathologe. Platz zwei: der Profiler. „Was finden junge Leute bloß daran, an Leichen herumzuschnippeln, fragten sich besorgt die Berufsberater. Und wie lässt sich die Nummer zwei der Berufe-Charts erklären? Warum träumen Hunderte von einer Karriere als Profiler? Und woher wissen sie überhaupt, was das ist? Ein Blick in die TV-Zeitschriften bringt Licht ins Dunkel: Woche für Woche liefern aktuelle Fernsehserien praktische Arbeitslehrer in Deutschlands Wohnzimmer", sagt Eva Peters von der Akademikerberatung der Frankfurter Arbeitsagentur und stellt sofort die rhetorische Frage: „Doch eignen sich die dort vorgestellten Wunschbilder tatsächlich für eine tragfähige Berufswahlentscheidung?" Selbstredend nicht. Sie und ihr Team laden Schüler auch deshalb regelmäßig zu Informationstagen ein nach dem Motto: Studium und Beruf – Wunsch und Wirklichkeit.

Die Zahl der in Deutschland erlernbaren Berufe ist imposant und schwer überschaubar. 33.000 Möglichkeiten gibt es, eine „institutionalisierte Tätigkeit auszuüben, die ein Mensch für finanzielle oder herkömmliche Gegenleistungen oder im Dienste Dritter regelmäßig erbringt beziehungsweise für die er ausgebildet, erzogen oder berufen ist". Diese steife Definition zum Beruf liefert die Online-Enzyklopädie Wikipedia. Auch wenn 90 Prozent aller Beschäftigen einen von 300 dieser 33.000 Berufe ausüben. Wenig, was es nicht gibt: Sich einen Überblick über alle Möglichkeiten verschaffen zu wollen, das ist utopisch. Der Laie liest und staunt, was man theoretisch alles werden kann: Mechatroniker für Kältetechnik, Systemgastronom, Veranstaltungselektroniker, Fachkraft für Markt- und Sozialforschung, dagegen nehmen sich EU-Jurist, Allergologe oder Finanzanalyst schon konventionell aus.

Das Problem ist erkannt. Wer soll da noch durchblicken, und dann in ganz jungen Jahren? Nur schlappe 17 Prozent der Schüler fühlen sich zum Thema Berufswahl gut informiert, keine erhebende Zahl, die eine Umfrage des Berliner Trendence-Instituts ergeben hat. Dann wundert es nicht, dass die Zahl der Studienabbrüche und -wechsel bei weit über 20 Prozent liegen. Umwege und Fehlstarts, die nicht nötig wären.

Vorbilder und familiäre Erwartungen prägen – eigene Erfahrungen ersetzen sie nicht

Was wir werden, darüber bestimmen prägende Erfahrungen aus der Kindheit. Die meisten Menschen, darauf hat sich die Sozialpsychologie verständigt, lernen am liebsten durch Vorbilder. Lehramtskandidaten, die über ihre Motive zur Berufswahl befragt werden, schwärmen oft für einen Lieblingslehrer, der ihnen die Schulzeit verschönert und sie durch seine pädagogische Persönlichkeit überzeugt hat. Und so wollen sie auch einmal Wissen, auch Lebenswissen, weitergeben.

Weniger idealistisch, aber ähnlich motivierend sind materielle Motive. Es gibt sie nicht nur im Klischee, die Jurastudenten oder Betriebswirte, die vom hohen Lebensstandard und rasanten Ferrari – natürlich knallrot, wenn schon, denn schon – des Juristen X oder Unternehmensberaters Y schwärmen. Und dieses Umfeld wollen sie sich selber schaffen. Ob der Besitzstand dann sinnstiftend ist, daran verschwenden die Aufstiegswilligen noch keinen Gedanken. Ihnen sei gesagt: Ihre Midlife-Krise ist programmiert, spätestens dann, wenn sie merken, dass materielle Güter zwar das Leben erleichtern, aber nicht automatisch Glücksempfinden auslösen, geschweige denn stabilisieren können. Ab einem gewissen Standard in der finanziellen Absicherung ändert sich das Glücksgefühl nicht mehr wesentlich und ist ziemlich unabhängig vom angehäuften materiellen Reichtum. Das heißt: Die zynische Formel arm, aber glücklich funktioniert nicht, genauso wenig wie reich und dadurch automatisch noch glücklicher.

Das hat ein befreundeter Zahnarzt erkannt, der unumwunden zugibt, seine Berufswahl sei ursprünglich pubertär motiviert gewesen. Er hat manuelles Geschick, das schon, vor allem aber war er beseelt von einem Gedanken: „Ich wollte unbedingt einen Porsche fahren und eine bildhübsche langhaarige Blondine neben mir sitzen haben – da gibt es nix zu beschönigen. Deshalb habe ich Zahnmedizin belegt. Und das hatten einige meiner Kommilitonen damals ebenfalls vor.“ Übrigens hat sich das fleischgewordene Klischee nie erfüllt: Heute fährt der Mann einen praktischen Kombi, in einen Porsche passten die drei Kinder beim besten Willen nicht hinein, und er lebt glücklich und zufrieden mit einer brünetten Frau. Und seine Füllungen halten.

Was Generationen von Berufstätigen zur ihrer Wahl bewogen hat, liegt noch näher: Es sind die Eltern und deren Berufe beziehungsweise deren Vorstellungen von einem guten Beruf. „Die Stafette wird weitergegeben“, sagt der Offenbacher Psychologe Werner Gross. Ist der Vater Anwalt, dann steht die Kanzlei dem Nachwuchs bereit. Ist die Mutter Internistin, dann wäre es schön, die angesehene Medizinertradition weiterzuführen. Hat die Familie ein Unternehmen, dann wiederum versteht sich die Nachfolge von selbst. So war das in früheren Generationen und basta. Mit der Unübersichtlichkeit der Welt und der Vielzahl der Möglichkeiten werden diese familiären Traditionen vom Nachwuchs stärker hinterfragt. Und das ist auch gut so. Und ernährt überdies eine Gruppe von Beratern, die sich darauf spezialisiert haben, Nachfolgeregelungen vorrangig im Mittelstand zum Wohle aller zu organisieren. Denn auch wenn Vater und Großvater ausgeprägte Unternehmerpersönlichkeiten waren, gibt es kein Naturgesetz dieser Wirtschaftswelt, das besagt, dass die Enkel ihre Erfüllung ebenfalls im Unternehmertum sehen, geschweige die Fähigkeiten dazu besitzen. Da genügt ein Blick in die Buddenbrooks.

Wir kennen sie alle, jene unglücklichen Juristen, die eigentlich mit der Geologie liebäugeln oder der Betriebswirtschaft, aber die Kanzleinachfolge antreten sollen. Oder extremer jene Ärzte, die sich lieber Büchern als Patienten widmen würden und die als Mediziner eine glatte (mitunter gesundheitsgefährdende) Fehlbesetzung sind, nur nicht in Augen der Eltern, deren Hausarztpraxis sie bitteschön übernehmen sollen. Unkritisch solche Familientraditionen zu erfüllen, das ist eine Anleitung zum Unglücklichsein.

Aktion Eichhörnchen: Vorab Informationen sammeln befähigt zu guten Entscheidungen

Woher weiß ich aber, was ich werden möchte? Ein erster Schritt sind Praktika. Die meisten Schulen – aufgeschreckt durch die geburtenschwachen Jahrgänge – sehen sich inzwischen als Wettbewerber und müssen ihre Kundschaft erst einmal anlocken, ihr etwas bieten und sie aufs Leben in der freien Wildbahn vorbereiten. Das hat den positiven Nebeneffekt, dass inzwischen fast überall ein Schulpraktikum obligatorisch ist. Die Schüler sollen testen, was für sie in Frage kommen könnte. Sie sollen Berufsmilieus kennen lernen.

Das haben sie ihren Lehrern voraus. Denn die Pädagogen haben ein strukturelles Manko in ihrem Berufsleben. Bis auf die „Spätberufenen“, die im Zweitberuf zum Lehramt gefunden haben, kennen sie lediglich die Milieus Schule – Universität – Schule. Ein begrenzter Horizont: Dort herrschen ausgeprägte Hierarchien und problematische Abhängigkeiten. Jeder Erwachsene ist einem Kind intellektuell ganz einfach aufgrund seiner Lebenserfahrung überlegen. Unterricht ist aber das Kerngeschäft der Lehrer, die Auseinandersetzung mit ebenbürtigen Partnern auf Augenhöhe ist deutlich geringer. Was es bedeutet, sich im freien Wirtschaftsleben durchzusetzen, das kennen Lehrer nur aus der Theorie. Wie sollen sie Schülern ein realistisches Bild davon vermitteln können, was für eine Unternehmenskultur in einer Großbank herrscht? In was für ein enges Zeitkorsett sich Mediziner begeben müssen, um wirtschaftlich rentabel praktizieren zu können? Was es bedeutet, Maschinen auslasten zu müssen, wenn die Aufträge nur spärlich hereintröpfeln? Auch deshalb sind Projektwochen in Schulen sinnvoll.

Praktika dienen der Berufsfindung und vermitteln realistische Eindrücke. So wie bei den Heerscharen junger, pferdebegeisterter Mädchen, die sich den Tierarztberuf erträumen. Ein gestandener Landtierarzt im Süden von Hannover rollt die Augen, wenn er an diese jungen Frauen denkt, die ihm begegnen, und er schimpft drauf los: Da komme der Typ verwöhnte höhere Tochter, der von Papa ein Pferd finanziert bekommen hat, gut reitet und sich das aufreibende Veterinärsdasein mit Pferdetätscheln und in Barbour-Jacken-über-gepflegte-Höfe-Streifen vorstellt. Kein Gedanke wird daran verschwendet, mit der manikürten Hand tief im Darm einer verdauungsfreudigen Kuh zu hängen, wollige Schäflein notschlachten zu lassen oder sich mit der Gynäkologie des Pferdes und brechreizerregenden Parasitenerkrankungen auseinandersetzen zu müssen. Nachtwachen, Notbereitschaft und Anrufe besorgter Patientenbesitzer zu allen möglichen und unmöglichen Zeiten eingeschlossen. Der gestandene niedersächsische Tierarzt, ein Kerl wie ein Pferd, bilanziert nüchtern: „Der Beruf des Großtierarztes ist körperlich anstrengend und nicht selten gefährlich. Zu einem verängstigten Pferd allein in die Box zu gehen oder üble Infektionen zu behandeln, das packen solche Mädchen nicht." Nach einem Praktikum in der Großtierpraxis sehen manche Pferdeliebhaberinnen klarer. Und es kommt durchaus vor, dass eine höhere Tochter beschließt, sich auf den anstrengenden Alltag einzulassen und den Beruf sehr gut meistert. Nur sollte sie vorher wissen, auf was sie sich da einlässt und auf welchen rauen Alltag sie ein lernintensives, langjähriges Studium vorbereitet.

Ein anderes Beispiel für einen vermeintlichen Traumberuf, der keineswegs so traumhaft ist: Jahrzehntelang führte der Beruf Friseurin die Hitliste der weiblichen Wunschberufe an (ärgerlich übrigens, dass die Starfriseure fast nur Männer sind). Die Lehrlinge sind beseelt vom naiven Gedanken, immer gut frisiert in schickem Ambiente mit wohlriechenden Töpfen und Tiegeln zu hantieren. Salonalltag, das bedeutet aber auch, schuppige Köpfe zu massieren, mit Allergien, Rückenproblemen und Krampfadern zu kämpfen, mit nörgelnden Kunden zurechtzukommen. Und dafür ein recht bescheidenes Schmerzensgeld zu bekommen. Ein Praktikum in einem Friseursalon bringt das an den Tag.

Und die Jungen? Sie schrauben gerne an Autos herum und bewerben sich um eine Kfz-Lehre, nicht wissend, dass sich durch die Fahrzeugelektronik auch dieses Berufsbild massiv gewandelt hat und zu wenigen immer gleichen Reparaturarbeiten zwingt. Der Rest wird ausgelagert an Elektronikspezialisten. Andere möchten raus ins richtige Leben und Bauingenieur werden: Etwas Hochziehen, etwas Schaffen, was sichtbar bleibt. Ein Abstecher in ein Planungsbüro kann auch hier ernüchtern und auf den Boden der Tatsachen zurückholen. Bauen, das tun die anderen, hier wird geplant und der Großteil des Tages vor dem Computer verbracht – auch interessant, aber doch anders, als es in der Vorstellung von Sechzehnjährigen zugehen dürfte.

Ein Praktikum im Lauf der Schulzeit, das ist besser als keines, aber bietet eben auch nur einen Einblick in wenige Tätigkeiten. Je mehr Berufsbilder sich durch Reinschnuppern erschließen, desto breiter ist die Entscheidungsbasis. Deshalb ist hier Hilfe zur Selbsthilfe geboten und das private Netzwerk gefragt. Es ist sinnvoll, sich im Freundes- und Bekanntenkreis umzuhören und sich privat auf die Suche nach der Möglichkeit eines unverbindlichen Hereinschnupperns zu begeben. Dafür lohnt es sich, einige Ferienwochen zu opfern.

Ratsam ist es, das Wort Praktikum zu meiden, das klingt nach vielen Betreuungsaufgaben und hohem Zeitaufwand für die Gefragten, die zum Beispiel die lästige Pflicht scheuen, sich um Verträge und Versicherungsfragen kümmern zu müssen. Da winken viele vorsichtshalber ab. Klüger ist es, von einer möglichen, unverbindlichen Hospitanz zu sprechen und darum zu bitten, jemandem einige Tage über die Schulter blicken zu können. Das hat übrigens auch die Autorin gemacht, als sie sich mit 18 Jahren um einen Kontakt zu ihrer Heimatzeitung, den „Aachener Nachrichten", bemühte. Sie wollte Journalistin werden, wusste aber nicht so recht, wie man das anstellt. In ihrer Familie tummeln sich Betriebswirte, Ingenieure, Psychologen, den Journalistenberuf hatte bisher niemand gewählt. Eine gerade der Schule entfleuchten Praktikantin, das war der agilen, aber zeitlich stark belasteten Lokalredaktion nicht geheuer, das klang nach hohem Betreuungsaufwand. Hingegen eine harmlose Hospitantin, die anfangs „nur mal so mitlaufen und auf einen Interviewtermin mitgehen" wollte, die wurde gutmütig durchgewunken. Und deren Freude über die erste selbst redigierte Meldung zur epochalen Rammler-Ausstellung in der Kleingartenkolonie Eilendorf-Süd war gewaltig. Watergate hin, Watergate her.

Arbeitsagenturen helfen kostenlos weiter – private Berater sind teuer, oft aber häufig effektiver

So weit, so sinnvoll sind Praktika. Wer noch weiterhilft und das im staatlichen Auftrag auch tun muss, sind die Arbeitsagenturen, wie sich die Arbeitsämter jetzt nennen. Diese äußere Kundenorientierung sollte man wörtlich nehmen. Immerhin nutzen etwa 78 Prozent der Schulabgänger das Berufsinformationszentrum BIZ, hat der Hamburger Arbeitskreis „Einstieg" herausgefunden. Was immer noch zu wenigen präsent ist. Trotz Sparkurs gibt es in jeder Stadt ein Team, das sich auf Berufsberatung spezialisiert hat. Und hier gilt es, unbedingt einen kostenlosen Termin zu vereinbaren. Was bei diesen Behörden ein unschätzbarer Vorteil ist: Die Mitarbeiter haben Zugriff auf die aktuellen Datenbanken und können frei von Interessen darüber informieren, wie die Berufsaussichten aller Voraussicht nach sind. Solche Überlegungen völlig auszublenden, ist fahrlässig. Was nützt das inspirierendste Studium zum Kulturwirt, wenn 90 Prozent aller Personalchefs ungläubig zusammenzucken, sobald sie diesen so suspekt scheinenden Abschluss in der Bewerbungsmappe sichten?

Auf einen Termin mit einem Berufsberater sollten sich Schüler und Abiturienten gründlich vorbereiten, das heißt, sie sollten vorab Fragen notieren und ein konzentriertes Interview führen. Für den Berater ist der Termin Routine, für den jungen Menschen kann er richtungsweisend sein. Eine gute Vorbereitung ist eine gute Investition. Denn leider ist die Qualität der Beratung bei den Agenturen extrem personenabhängig. Das Spektrum der Berater reicht vom hoch Engagierten, der sich ständig weiter fortbildet und bestens im Bilde über neue Studiengänge und Berufsbilder ist und dies auch vermittelt. Genau so sitzen in den Büros aber auch Menschen den Tag ab und beschränken sich auf einige Standardtipps.

In solchen Fällen hilft nur Hartnäckigkeit oder Hilfe zur Selbsthilfe, also eigene Recherche. Eine gute Informationsquelle sind die jeweiligen Berufsverbände, von denen die meisten gerne aktuelles Material zur Verfügung stellen.

Ebenfalls sinnvoll kann die Investition in eine professionelle Beratung sein. Kein Berufsthema, zu dem ein Coach keine Hilfe anbietet. In den vergangenen fünf Jahren haben Berater das Feld der Berufswahl als Marktlücke entdeckt und sich zum Ziel gesetzt, Abiturienten auf den guten Pfad zu führen. Der Service kostet nicht wenig. Für eine intensive Rundumberatung werden ab 500 Euro aufwärts verlangt. Das Honorar ist hoch. Die Kosten relativieren sich aber stark, wenn danach eine kluge Entscheidung fallen kann, die bis zu vierzig Jahre lang das Leben prägt.

Um eine gute Beratung zu finden, ist Eigeninitiative gefragt, denn Qualitätsmerkmale für Coaches existieren nur inoffiziell. Deshalb der Tipp: Wie viel Zeit nimmt sich der Coach am Telefon, um über seine Methoden zu sprechen? Gibt es eventuell eine kostenlose halbe Probestunde? Hat der Berater Schwerpunktbereiche, kennt er sich nur bei den naturwissenschaftlichen Berufen aus oder ist er auch auf dem neusten Stand der geisteswissenschaftlichen Ausbildung? Was hat er oder sie für Referenzen? Und schließlich: Ist der Mensch angenehmen, stimmt die Chemie?

In professionellen Beratungen gibt es zeitintensive Persönlichkeits- und Begabungstests. Nach deren Auswertung gehen Berater Vorschläge für mögliche Berufe durch.

Eine preiswertere Möglichkeit, um seinen Wünschen auf die Spur zu kommen, bieten unter Umständen die soziologischen oder psychologischen Fakultäten der Hochschulen. Hier werden immer wieder Studien geleitet und Diplomarbeiten zu Berufswahlprozessen geschrieben, und dafür werden auskunftsfreudige Testkandidaten benötigt. Dümmer wird man durch die Teilnahme nicht. Ein Versuch, so ein Forschungsprojekt auszumachen, lohnt sich.

Eine lohnende Ergänzung zu all diesen Aktivitäten ist der Besuch einer Abiturientenmesse. Das Unternehmen „Einstieg" veranstaltet inzwischen in jeder größeren Stadt so eine Veranstaltung, auf der sich Hochschulen – von der Privaten Fachhochschule über die Massenuniversität bis zur Elite-Einrichtung – präsentieren. Auf der Suche nach den klügsten Köpfen und brillantem Nachwuchs, den sie so früh wie möglich an sich binden möchten, schlagen hier auch Unternehmen ihre Stände auf und führen sich und ihre Aufgabenfelder vor. Der „War of Talents" beginnt gleich nach dem Abitur. Messen sind Verkaufspräsentationen. Verkauft wird ein Image, ein guter Ruf, eine gesunde Grundskepsis ist angebracht. Lohnend ist ein Gang auf so eine Messe auf jeden Fall und wenn er nur als grobe Ideenschmiede dient. Dass es zum Beispiel Sinn haben kann, sich neben Volkswirtschaft noch für das Nebenfach interkulturelle Kommunikation einzuschreiben, um die Pflicht und die Kür zu absolvieren, oder dass Unternehmen wie Bosch durchaus auch Stellen für Geisteswissenschaftler anbieten – das lässt sich bei einem Messehallenbummel in Erfahrung bringen.

Ein oder am besten mehrere Ausflüge auf den Campus und ein Orientierungsjahr helfen den Unschlüssigen

Als nächster Schritt empfiehlt sich ein Ausflug auf den Campus. Gasthörer sind in Vorlesungen fast immer gerne gesehen. So können Oberstufenschüler zumindest eine erste Idee davon gewinnen, was sie an einer Hochschule erwartet. Aber Vorsicht vor zu schnellen Urteilen. Um sich ein Bild von einer Maschinenbau- oder einer Anglistik-Vorlesung zu machen, müssen mehrere Stichproben her. Der Professor kann einen schlechten Tag erwischt haben, der Stoff kann an diesem Tag extrem schwierig sein, das verzerrt das Bild.

Beim Ausflug eines Deutschleistungskurses ins gegenüberliegende Universitäts-Seminar über „Kafkas Spätwerk“ war das Entsetzen der, allerdings leicht pubertär-arroganten, Oberprimaner groß: Das Niveau der Studentenreferate lag deutlich unter dem des Leistungskurses, daran gab es nichts zu deuteln. Präsentiert wurden im Uni-Seminar regelrechte Luschi-Nummern, die Referenten hatten sich ebenso großzügig wie gedankenfrei aus „Königs Erläuterungen und Materialien“ bedient, der Germanistikprofessor winkte die Redner lässig durch. Nach diesem Abstecher in die akademische Welt entschieden sich zwei der Abiturienten gegen ein Germanistikstudium. Nicht ahnend, dass an Parallelseminaren ein hohes Niveau herrschte und der Ausschnitt nicht repräsentativ war. Will heißen: Die Entscheidungsgrundlage war zu klein.

Und schließlich kann das Internet auf gute Ideen bringen. Unter dem Stichwort „Berufsberatung“ lässt sich gut googlen, die Zahl der Treffer liegt bei rund 1.720.000. Dennoch ist hier Vorsicht geboten – wer was warum ins Netz stellt, das ist so gut wie nicht reglementiert. Daher gilt die Journalisten-Recherche-Regel: Google weiß nichts. Hier lassen sich nur Anregungen finden, einen fundierten Überblick zum Thema gibt es nicht. Auf jeden Fall aber bietet das Internet eine stetig wachsende Zahl kostenloser Berufswahltests: einfach ausprobieren. Auch das kann ein Mosaikstein zur Entscheidungsfindung sein.

Wer trotz dieser Überlegungen unschlüssig ist, der sollte sich Zeit verschaffen und sich zur Berufsfindung eine frühe Auszeit gönnen. Er sollte das tun, was später im Berufsleben nur unter organisatorischen Verrenkungen machbar ist und was die Etablierten mit sehnsüchtigen Seufzern kommentieren – voll Bedauern, dass sie damals nicht die Möglichkeiten oder den Mumm hatten, mit dem Rucksack durch Chile zu trampen. Und in der angespannten Wirtschaftslage möchten sie ein Sabbatical nicht riskieren. Kurzum: Die Unschlüssigen sollten sich bewusst ein freies Jahr genehmigen, Abstand zum Schulleben bekommen, eine Zäsur machen. Die Möglichkeiten sind fast grenzenlos und werden immer vielfältiger: Ins Ausland gehen, Kranke pflegen, Bäume retten, Suaheli lernen.

Auch Au-Pair-Stellen gibt es zuhauf – für junge Frauen wie für junge Männer –, und zwar rund um den Globus. Stiftungen haben Etats für Jugendprogramme, diese Gelder müssen ausgeben werden, einsatzfreudige junge Leute sind willkommen. Es lohnt sich, die Programme der Parteien in Augenschein zu nehmen, die Chancen stehen hier ausgesprochen gut, genommen zu werden, vorausgesetzt, man beweist seine Aufgeschlossenheit und seinen Einsatzwillen. Die Möglichkeiten, ein Soziales oder ein Ökologisches Jahr zu machen, werden zusehends reizvoller. Solche Monate dienen der Findungsphase, ein neuer Tagesrhythmus, ein neues Land, eine neue Sprache – all das bringt auf neue Ideen und schafft neue Perspektiven und verhilft, das eigene Leben aus einigem Abstand heraus zu sehen. Ganz abgesehen davon, dass es einen Schub fürs Selbstbewusstsein bringt, sich in einem anderen, nicht mehr behüteten Umfeld bewiesen zu haben.

Susanne Gry Troll legt jedes Jahr ein aktualisiertes Buch über Arbeiten, Studieren und Lernen im Ausland vor (mehr dazu in der Literaturliste). Es scheint wenig zu geben, was die freundliche Dänin, Diplomkauffrau und Übersetzerin nicht über Anbieter, Preis und Möglichkeiten weiß. „Insgesamt ist das alles einfacher und flexibler geworden. Ich finde es gut, sich nach all der Büffelei ein Jahr den Wind um den Kopf wehen zu lassen." In Israel Friedensdienst leisten, in Japan Sushi zubereiten lernen, „die Anbieter machen die wahnsinnigsten Sachen". Was Susanne Gry Troll Unternehmungslustigen, aber Entscheidungsunfreudigen empfiehlt: „Macht ein Patchwork-Jahr daraus, da gibt es gute Kombinationen." Dazu rät übrigens auch Berufsberatungsexperte Denis Buss von „Einstieg Abi" und sagt: „‚Ich kann mich nicht entscheiden', das ist der Satz, den wir oft hören. Gerade die sehr guten, die eine Eins vor dem Komma haben, sind total unsicher."

Bleibt die Aufgabe zu klären: Was kann ich? Was will ich? Wie kann ich das erreichen? Diese Fragen tauchen immer wieder im Leben auf. Die elf Menschen, die Sie nun im zweiten Teil kennen lernen werden, haben sich ihnen gestellt.

Kurz und bündig

☞ Berufswahlfindung ist eine immer größere Herausforderung der kommenden Jahre. Der Markt der Möglichkeiten wird unüberschaubarer. Diese Auswahl überfordert.

☞ Wer noch in der Berufsfindungsphase ist, sollte das Geschäft mit seinen Wünschen ernsthaft betreiben. Gute Information schützt vor Enttäuschungen und lebenslang relevanten Fehlentscheidungen.

☞ Im Bekanntenkreis mit wachen Augen umschauen und durchspielen, welche Tätigkeit reizvoll erscheint. Befragen Sie die Menschen. Die meisten freuen sich, wenn sich jemand für ihren Arbeitsalltag interessiert.

☞ Hospitieren Sie. Schauen Sie in möglichst viele Arbeitsabläufe hinein und sehen Sie sich konkret an, was Sie anziehend finden.

☞ Nutzen Sie die kostenlose Berufsberatung der Arbeitsagenturen und bereiten Sie sich auf das Gespräch gründlich vor, löchern Sie die Leute mit einem vorbereiteten Fragenkatalog.

☞ Ist die Entscheidung weiter unklar, dann lohnt ein Termin bei einem professionellen Berufsberater.

☞ Nutzen Sie Abiturientenmessen, die mittlerweile regelmäßig in vielen Großstädten angeboten werden.

☞ Ein Orientierungsjahr verschafft Entscheidungsaufschub. Machen Sie ein Patchwork-Jahr daraus.

Die wichtigsten Schritte zum Wechsel

Für das Berufsleben gibt es keine Generalprobe. Wer seinem Berufsalltag noch einmal eine völlig neue Richtung geben möchte, der braucht Mut zum Zickzacklebenslauf und eine gute Strategie, um sich gegen ausbremsende Bedenkenträger, ernüchternde Statistiken und düstere Wirtschaftsprognosen durchzusetzen. Nötig ist ein langer Atem, denn ein Berufswechsel ist ein Entwicklungsprozess. Im Prinzip geht es um zwei Schritte. Erstens: Klären Sie möglichst genau, was Sie wirklich erstreben. Zweitens: Wählen Sie sorgfältig den Weg aus, der Sie diesem Ziel näher bringt, und machen Sie hierfür einen Plan.

☞ Seien Sie also ehrlich sich selbst gegenüber und klären Sie Ihren ganz persönlichen Karrierebegriff. Große Kamin-Karriere oder zufriedenes B-Level mit entspanntem Privatleben – wofür entscheiden Sie sich?

☞ Zu welcher Führungskultur passen Sie? Welche Organisationskultur passt zu Ihnen? Und zwar jetzt und auch in den kommenden Jahren.

☞ Klären Sie, ob Sie die Langstrecke eines Jobwechsels alleine bewältigen können oder wollen. Sich von einem Coach unterstützen zu lassen, macht diese Phase auf jeden Fall einfacher; strukturierte Gespräche entkräften Ängste. Achten Sie auf Qualität, folgen Sie Empfehlungen anderer oder casten Sie Ihren Coach sorgfältig über einen Verband.

☞ Kernstück beim Coaching ist eine Wertedebatte, führen Sie diese, losgelöst von äußeren Erwartungen, die andere an Sie und Ihr Leben stellen. Ihr Wertekanon ist ein ausgezeichneter Wegweiser für einen sinnvollen Richtungswechsel.

☞ Nehmen Sie sich regelmäßig Auszeittage oder -stunden und skizzieren Sie in aller Ruhe Ihre Zukunftsbilder. Berufszielfindungen lassen sich nicht nur rational, finanziell, sondern auch intuitiv lösen.

☞ Begeben Sie sich auf Talentsuche. Oft nehmen wir das, was uns zufliegt und spielerisch gelingt, nicht ernst genug, geschweige denn als gute Grundlage für eine Existenzsicherung.

☞ Vergegenwärtigen Sie sich die Phasen der Neuorientierung und machen Sie sich klar, dass eine neue berufliche Identität existenziell ist und auch so erlebt wird.

☞ Prüfen Sie kritisch, ob nicht eine überschaubarer Richtungsänderung – etwa der Wechsel in eine andere Abteilung – ausreicht, um wieder zufriedener zu arbeiten.

☞ Steht Ihr Entschluss fest, dann verfolgen Sie konzentriert Ihr Projekt Stellensuche.

☞ Bringen Sie Ihre Bewerbung, selbstverständlich auch die Online-Bewerbung, auf den neuesten Stand, formulieren Sie Ihre Stärken und Stationen knackig und investieren Sie in ein ordentliches Foto.

☞ Fokussieren Sie die Stellensuche und bewerben Sie sich nicht auf Zweite-Wahl-Posten. Das ist Energieverschwendung.

☞ Erhöhen Sie Ihre Sichtbarkeit, berichten Sie von Ihren Absichten und pflegen Sie ein Netzwerk – denn viele der wirklich attraktiven Stellen werden nie ausgeschrieben, sondern unter der Hand vergeben.

☞ Holen Sie sich Hilfe und sprechen Sie Personalvermittler an. So haben Sie mehrere Eisen im Feuer, und das mindert den Erfolgsdruck. Denn die letzte Ausfahrt vor der Autobahn müssen Sie nicht nehmen.

☞ Bereiten Sie sich auf ein erstes Kontaktgespräch gründlich vor und lassen Sie indiskrete Fragen freundlich-professionell ins Leere laufen.

☞ Stärken Sie Ihre Frustrationstoleranz und rechnen Sie mit Absagen. Schließlich sind Sie nicht mehr 25 Jahre jung und knetbar bis zur Selbstaufgabe. Der Sympathiefaktor muss stimmen – aber bitte beidseitig.

☞ Bleiben Sie professionell bis zum Schluss und bemühen Sie sich um einen anständigen Abgang in Ihrem alten Unternehmen. Nicht nur, weil man sich im Leben immer zweimal sieht.

- ☞ Wenn Sie sich selbständig machen möchten, unterziehen Sie sich einer harten Prüfung: Sind Sie der stressresistente Typ für dieses Abenteuer und haben Sie genug Notfallpläne und Kraftreserven?

- ☞ Lassen Sie sich nicht von Ihrem biologischen Alter ausbremsen. Möglichkeiten einer Veränderung gibt es in jeder Lebens- und Altersphase. Allerdings sollten Sie die Schülerrolle gelassen annehmen.

- ☞ In die Rolle des Schülers und Schauenden zu schlüpfen, ist unabhängig vom Alter ratsam: Schnupper-Hospitanzen machen mit der Realität bekannt und sind durch kein angelesenes Wissen über ein Berufsprofil oder eine Geschäftsidee zu ersetzen.

Kurzum:

Richten Sie sich nicht in der Mittelmäßigkeit ein. Das Berufsleben ist nun mal keine Blaupause.

II

Zehn Erfolgsgeschichten der zweiten Karriere

„Ein Optimist sieht eine Gelegenheit in jeder Schwierigkeit, ein Pessimist sieht eine Schwierigkeit in jeder Gelegenheit."
Winston Churchill

Jetzt wissen wir, wie es theoretisch geht, den Mut zum Berufswechsel zu entwickeln. Praktisch umgesetzt haben das elf Frauen und Männer, die im Mittelpunkt des zweiten Teils stehen. Sie haben ihren ursprünglich erlernten Beruf gewechselt, einige von ihnen gleich mehrfach. Längst haben sie für sich entschieden, dass Erfolg darin besteht, seine ganz persönlichen Ziele anzupeilen und sich nicht auf die tückische Eigentlich-Schiene zu begeben. Also zu sagen, eigentlich würde ich mich ja gerne selbständig machen, eigentlich würde ich ja gerne kündigen, aber ... Diese Ausreden sind bequem, sie bewahren davor, irgendetwas zu ändern und zu riskieren. Aber sie zementieren auch ein Leben zweiter Wahl, das unter Umständen weit unter dem Limit der Möglichkeiten stecken bleibt. Wer Ängste besiegt, der hat deutlich mehr vom Leben. Wie dichtet Wilhelm Busch: „In Ängsten findet manches statt, was sonst nicht stattgefunden hat."

Die elf Wechsler lernen sie in zehn Porträts kennen. Sie haben weder ihrer Trägheit noch ihrer Angst nachgeben und sich nach mitunter unruhigen Zeiten auf ihre Traumberufe eingelassen. Ihr Berufsleben ist angenehmer geworden, und auch privat geht es ihnen gut. Einige waren schon froh und zufrieden in ihrem ersten Beruf, merkten aber, dass er auf einmal nicht mehr zur aktuellen Lebensphase passte. Andere waren von vorneherein unzufrieden mit ihrer Wahl, die zum Teil keine freie Wahl war. Inzwischen sind die elf auf einem ähnlichen Glückspegel angelangt. Bereut hat den Wechsel bisher keiner. Noch sind ihre Biografien hier eher die Ausnahme. In Deutschland herrscht eine relativ konservative Tradition. Vor allem Akademiker wechseln seltener als angenommen: Durchschnittlich ändern Höherqualifizierte im Alter zwischen 25 und 34 Jahren alle fünf Jahre ihre Berufszugehörigkeit – bezogen auf alle Altersgruppen sind es sogar nur alle 17 Jahre. Das Nürnberger Institut für Arbeitsmarkt- und Berufsforschung hat herausgefunden, dass die Zahl der Wechsler in den vergangenen Jahren in etwa gleich geblieben ist. Durchschnittlich vier Jahre sind Akademiker in einem Betrieb tätig, bevor sie sich einen neuen Arbeitgeber suchen. Über die Zahl derjenigen, die nicht nur ihre Stelle, sondern auch die Branche und ihren erlernten Beruf wechseln, herrscht kein Konsens. Einig sind sich die Experten aber darüber, dass sie steigen wird.

Hanspeter Lanz arbeitete zwanzig Jahre lang als Führungskraft in einer Großbank und kündigt dann nach einer Hamsterrad-Phase seine renommierte Position. Seit sechs Jahren verdient er sein Geld als Coach und Mediator und sieht sich als Entwicklungshelfer, um andere in ihren beruflichen Rollen zu stärken.

1 Der Freiheitsliebende

Vom Bankbereichsleiter zum Karrieretrainer

„Es gibt eine Tür, durch die das wahre Glück eintritt.
Aber den Schlüssel hältst du selbst in Händen."
Japanisches Sprichwort

Hanspeter Lanz ist ein netter Mensch, der gerne mit anderen Menschen zu tun hat. Um Kundschaft muss er sich nicht sorgen. Der 49 Jahre alte Schweizer ist Karrieretrainer und berät in seinem Frankfurter Büro und auf Seminaren häufig Menschen, die zwar durchaus erfolgreich, aber durchaus auch unglücklich in ihrem Beruf sind und mehr oder weniger ernsthaft mit einem Wechsel liebäugeln. Innere Kündigung, drohendes Burn-out, Dauerärger mit dem Chef, Konflikte mit den Kollegen, Umstrukturierung – nichts Unterirdisches aus der Arbeitswelt ist dem auf Führungskräfte spezialisierten Karrieretrainer fremd.

Hanspeter Lanz kann sich in viele Situationen hineinversetzen. Er hat mit 43 Jahren seinen Beruf gewechselt. Allerdings war sein Motiv nicht Frustration, sondern vielmehr die Idee, „dass es noch ein zweites, spannenderes Leben geben könnte".

Dabei fängt alles so positiv an. Geboren in Basel, liegen zwei Wege vor ihm: „Entweder Chemie oder Bank, das war nach dem Mittelschulabschluss so." Auf Anraten des Vaters – EDV-Mitarbeiter eines Speditionsunternehmens und gelernter Sattler – entscheidet sich der Fünfzehnjährige für die Großbank. „Er hat mich ein bisschen geschubst, aber völlig in die richtige Richtung." Rechnerische Fächer liegen ihm, „ich war eher ein fauler Schüler, mochte das, was man ohne viel zu lernen verstehen konnte". Der Lehrling ist glücklich in der Bank: „Das ist eine Bauchsache, ich würde das wieder so machen. Vom ersten Tag an habe ich mich im Büro wohl gefühlt." Drei Jahre macht er eine Lehre beim Schweizerischen Bankverein und bilanziert mit nüchterner Zufriedenheit: „Die Lernkurve war sehr steil." Dazu gehören zwischendurch auch Routinearbeiten wie etwa Coupons von Aktien- und Rentenpapieren zu zählen oder auch Buchhaltungszettel in Kundenkarteien zu sortieren. „Mir hat das Freude gemacht, das war durchaus abwechslungsreich." Nebenbei freut er sich über die Tennisstunden im Freizeitclub der Bank, er hört Musik und ist beschäftigt mit unbeschwertem Jungsein. Das Leben liegt vor ihm, die Zeit scheint unbegrenzt. Es ist gut, wie es ist. „Der Beruf war damals noch nicht sehr fokussiert im Kopf."

Nach der Lehre kommt er in eine Projektabteilung, die ein neues Online-System für einen auf die Minute genauen Dispo-Saldo erarbeitet und sich mit der EDV-Abteilung bespricht, um zum Beispiel Computermasken zu entwerfen. „Das war eigenverantwortlich und es gab Anerkennung für das, was man gemacht hat." Die abwechslungsreichen Aufgaben gefallen ihm. Aus dem Spätzünder ist längst ein junger Kerl geworden, der zusehends wissbegierig wird. Der Bankkaufmann möchte mehr lernen, sich in einer Wirtschaftsprüfungsfirma weiterbilden und „mal was anderes sehen". Danach wechselt er zum größten Möbelimporteur der Schweiz, der vor allem aus der ehemaligen DDR und Jugoslawien importiert. Als er 22 Jahre alt ist, wird Hanspeter Lanz dort die Stelle des kaufmännischen Leiters angeboten. „Ich selbst war anfangs heillos überfordert. Aber es war spannend, und ich war zupackend."

Damals beginnt seine Führungskarriere und mit ihr beginnen die typischen Probleme auf dem exponierten Posten: Hanspeter Lanz ist tüchtig in der Sache, aber unerfahren in der Führung und Motivation anderer, plötzlich muss er über Gehälter bestimmen und Klimagespräche führen. „Was mich fast überfordert hat, war der Umgang mit fünf Mitarbeitern, die alle älter waren." Und er wiederholt den Beratersatz: „Wieder war die Lernkurve steil." Flacher wird sie erst nach drei Jahren. Dann wechselt er in ein Personalberatungsunternehmen, rekrutiert und vermittelt Personal. „Ich war 25 Jahre alt und Headhunter. Eigentlich war ich damals zu jung, um alte gestandene Personalchefs zu beraten." Das Unternehmen ist als Aktiengesellschaft geführt, er zur Hälfte daran beteiligt.

Mit 27 Jahren kehrt er zurück zur Bank. Die UBS, die Union Bank of Switzerland, sucht einen Bereichspersonalchef für Basel. Für ihn fangen „16 höchst spannende Jahre an". Wieder geschieht in seinem Leben „etwas ganz Interessantes". In Frankfurt hat die UBS gerade von der Dresdner Bank die Deutsche Länderbank gekauft. Nun sucht der Vorstand jemanden, der den Projektleiter sechs Monate lang unterstützt, um die neue Bank zu integrieren und zu einer internationalen Investmentbank zu entwickeln. „Das waren große Herausforderungen, die wir mit unbürokratischem Vorgehen bewältigten. Man krempelte die Ärmel hoch und stürzte sich ins Gewühl. Dazu hatten wir in groben Zügen das Vorgehen mit der

Firmenleitung in der Schweiz besprochen und handelten eigenverantwortlich. Es gab klare Strukturen, kurze Wege und offene Türen." Das Schönste in den arbeitsreichen Monaten: „Unser Team arbeitete eng und loyal zusammen." Was das berufliche Glück perfekt macht: Hanspeter Lanz trifft auf einen Vorgesetzten, der später zum Vorstand aufrücken wird, und mit dem er sich gleich gut versteht.

So gut, dass ihm ein dreijähriger Expat-Vertrag angeboten wird: Lanz soll im Rahmen des Nachwuchsentwicklungsplan zum Innenleiter im Ausland ausgebildet werden. „Das war das erste Mal im Leben, wo ich mir beruflich bewusst ein Ziel gesetzt habe." Es folgen schöne Jahre, voller Eigenkompetenz, Pioniergeist und interessanter Aufträge. „Ich war für die Schweizer Bank in der internationalen Schiene, damals gab es 65 Mitarbeiter in Deutschland, heute sind es 1.000." Ein Jahr lang geht er für ein Projekt nach Amsterdam. Drei Monate verbessert er in Folkestone sein Englisch. Danach hofft er auf Australien, wird aber nach Tokio geschickt, wo er die Kreditadministration umstrukturiert: „Ins Ausland zu gehen, das ist wie bezahltes Lernen. Wir haben kommod in diesem Riesenmoloch gelebt."

„Wir", das schließt seine Frau Katja ein, Bankkauffrau und Prokuristin, die er 1986 in Frankfurt kennen gelernt hat. „Sie wurde mir am ersten Tag vorgestellt", strahlt der glücklich Verheiratete. Nach einem halben Jahr Japan ergibt sich Taipeh. Da ist er 35 Jahre alt, einziger Ausländer unter zwanzig asiatischen, vertrauensvoll mit ihm zusammen arbeitenden Kollegen. Er baut ein Jahr lang als Innenleiter eine Filiale auf, nicht gerade zur Freude des neuen Chefs, „der war Chinese und wollte keinen Schweizer Wachhund haben".

Sein ehemaliger Chef holt ihn zurück, fünf Jahre ist er Bereichsleiter, Finanz- und Controllingchef. Als die UBS die SMH-Bank schluckt, baut Executive Director Lanz die Abwicklung des Privatkundengeschäfts aus, inzwischen ist er für 120 Mitarbeiter verantwortlich. Kein Zweifel, er hat eine steile Karriere gemacht, seine Position ist renommiert. Aber Entscheidungen werden jetzt von Fachstellen in Zürich oder London getroffen. Von diesen gibt es unzählige im Konzern, die jeweils eine einheitliche Politik für die Gesamtbank im Auge haben müssen und nicht die spezifischen Belange eines Landes oder Marktes. „Kompetenzmäßig sind Bereichsleiter im Ausland ziemlich entmündigt", bilanziert der Mann, der kurze Wege und rasche Entscheidungen so schätzt. Zeit für seine Mitarbeiter bleibt ihm kaum. „Ich fühlte mich wie im Hamsterrad. Die Aufgaben wurden immer mehr. Aber sie wurden auch immer administrativer. Ich fragte mich, habe ich mich verändert oder die Welt? Ich glaube, es sind beide." Zum ersten Mal denkt er ernsthaft über einen Berufswechsel nach. Damals, so sagt er im Rückblick, hätte er unbedingt einen Coach gebraucht. „In dieser Situation habe ich Lust und Spaß verloren. Mein Gefühl war: Ich wurde gelebt."

Seine Werte verschieben sich. Zum Beispiel der Gedanke an Sicherheit. „Der ist mir nicht mehr so wichtig wie mit Anfang dreißig, als ich nichts Erspartes hatte. Als Junger hat man sich eher über Geld oder Karriere definiert. Dann kommt es darauf an, ob der Beruf das gibt, was einen glücklich macht, für mich ist das Harmonie, Kontakt, sind es spannende Aufgaben. Und dann kommen Sie an die berühmte Sinnfrage."

Die Sinnfrage führt ihn schließlich zu einem Coach. Längst ist Lanz klar geworden, dass er sich sein Berufsleben so nicht die nächsten zwanzig Jahre vorstellen möchte. Er gönnt sich ein Sabbatical, ein Sabbatjahr. Seit seinem 15. Lebensjahr hat er bis dahin 27 Jahre gearbeitet, davon seit seinem 22. Lebensjahr als Führungskraft. Er kündigt und geht nach Ecuador, wo er Spanisch lernt. Die Kündigung und der Schritt in eine unsichere Existenz wagt er auch, weil er im Vergleich zum Familienvater, der Kinder ins Studium begleiten und das Eigenheim finanzieren muss, eher abgefedert ist. Seine Frau steht mitten im Berufsleben und unterstützt seine Aus- und Orientierungszeit. Das Paar hat sich eine finanzielle Basis erarbeitet. Eine Situation, die er sehr bewusst als privilegiert empfindet. „Ich weiß zu schätzen, dass ich wirtschaftlich ein Netz habe."

Zurück in Frankfurt, stellt er sich seiner persönlichen Wertedebatte, die er inzwischen professionell mit seinen Klienten über deren Lebensentwürfe führt: Anerkennung, Selbständigkeit, mit anderen Menschen arbeiten, sie unterstützen, das sind Dinge, die jetzt für ihn zählen. Raus aus der Tretmühle, weg vom Alten, das ist klar. „Aber wohin? Das ist für alle die schwierigere Aufgabe." Techniken, das herauszufinden, lernt er während seiner Coaching-Ausbildungen. Denn ein solider Hintergrund muss her, die Welt der Zahlen und Fakten kann und will Hanspeter Lanz nicht einfach abschütteln. Er betreibt seine Ausbildung mit System. Schließlich lässt er sich durch die Industrie- und Handelskammer noch zum Wirtschaftsmediator ausbilden, ist also geübt, zerstrittene Parteien wieder zusammenzuführen.

Heute berät er für ein Tageshonorar von bis zu 1.400 Euro andere, die es schätzen, dass der Mann nach zwanzig Jahren Führungserfahrung die Welt der Wirtschaft und deren ungeschriebene, aber umso relevantere Gesetze kennt. „Es gibt viele Theoretiker, ich bin der Praktiker und sehe mich als Entwicklungshelfer, um andere in ihren Rollen zu unterstützen. Ich bin in meinem bisherigen Leben immer ein außerordentlicher Glückspilz gewesen. Daraus entstand der Wunsch, auch einmal etwas weiter- und zurückzugeben an Menschen, die nicht so privilegiert sind. Jetzt unterstütze ich Manager und Führungskräfte in ihren Rollen und verhelfe ihnen durch Reflexion dazu, wieder vollen Zugang zu ihren Ressourcen zu finden. Dabei ist für viele nicht unbedingt ein Wechsel weg von der Situation in eine neue Stelle der einzige Weg, sondern auch ein Wechsel in der Wahrnehmung verbunden mit neuen Handlungsmöglichkeiten bringt oft das ersehnte Gefühl, wieder selbst zu leben und nicht gelebt zu werden."

Behaupten kann er sich unter den 30.000 Trainern und Coaches in Deutschland auch durch seine Kontakte zu all denjenigen, „die im kleinen Bankendorf Frankfurt verstreut sind". Er lebt in dieser mehr oder weniger diskreten Branche davon, dass er weiterempfohlen wird. Und er lebt davon, flexibel auf wechselnde Probleme der Arbeitswelt zu reagieren. Es muss nicht immer das ganze große Training zum geschickten Konfliktmanagement sein. Manchmal hilft auch eine Einführung ins E-Mail-Fasten. In einem Zeitmanagementkurs ermutigt Hanspeter Lanz die Teilnehmer, nur noch in großen Intervallen ihre eintreffenden Mails zu öffnen. Dreimal am Tag, das reicht, wer ständig zur Maus greift, sobald das „Sie-haben-neue-Nachrichten"-Feld aufklickt, der zerstört ständig seinen Arbeitsfluss. Kleine Maßnahme, große Wirkung. Die Teilnehmer danken es dem charmanten Mann aus Basel.

Ihre Geschäftsidee klingt so einfach wie genial. Edith Stork hilft anderen Menschen, ihre Büros aufzuräumen und sich gut zu organisieren. Wenn einer Mut zum Berufswechsel hat, dann die temperamentvolle Frau, die über sich sagt: „Ich glitzere". Tut sie auch. Sie ist ausgebildete Opernsängerin, wurde Buchhändlerin, Verlegerin, schreibt nebenher Bücher und ist jetzt Büroaufräumerin. Und sie ist – keine Frage – eine spannende Persönlichkeit.

2 Die Kämpferin

Von der Buchhändlerin zur Unternehmensberaterin für Büro-Organisation

„Aus Steinen, die in den Weg gelegt werden, kann man Schönes bauen.“
Johann Wolfgang von Goethe

Das Etikett für Edith Stork ist schnell gefunden. Für viele ist sie „eine Powerfrau“. Anerkennung schwingt darin mit, aber die so Gerühmte schätzt den Titel gar nicht. „Ich hasse das Wort Powerfrau. Power ist kein deutsches Wort.“ Kraft hin, Kraft her, die kleine Frau – „1,60 Meter mit Hacken“ – liebt schwungvolle Auftritte, klare Worte und Positionen. Termine mit ihr sind immer anregend, oft tiefsinnig und stets lustig. Sie hat es zu einer gewissen Berühmtheit gebracht und sich selbst als Marke positioniert: Rund fünfzigmal war die Unternehmerin im Fernsehen, um ihre Geschäftsidee vorzustellen. Die nämlich ist ebenso einfach wie überzeugend: Edith Stork hilft anderen, Ordnung in ihre Büros zu bringen. „Mein Produkt ist hundertprozentig, hält ewig, jeder braucht es. Ordnung ist das halbe Leben, sagt ein Spruch aus Kindertagen, der Rest ist Suchen. Ich helfe Menschen, diese Sucherei zu verhindern. Bis zu 300 Stunden im Jahr pro Person können nach meinem System eingespart werden.“ Die so jung wirkende Frau, die das Temperament einer munteren Dreißigjährigen verströmt, lebt ausgezeichnet vom Chaos der Leute. Dazu hat sie inzwischen drei Bücher geschrieben, im Eichborn-Verlag ist ihre unterhaltsame Biografie erschienen: „Eine Frau räumt auf. Ordnung ist mein Weg – eine Erfolgsgeschichte.“

Die Unternehmensberaterin für Büro-Organisation wird für Messen als Referentin gebucht, gibt Seminare und geht für ein stolzes Stundenhonorar in deutsche und Schweizer Unternehmen, um in Privathaushalten und Unternehmen ein von ihr erfundenes Ordnungssystem einzuführen. Was machen die meisten falsch? „Sie lassen alle Papiere liegen oder nennen die Beschriftung divers. Ich muss mir vorher strukturiert überlegen, wo ich meine Dinge hintue, und eine Verschlagwortung überlegen. Ich stopfe ja auch nicht Socken und Äpfel zusammen. Meine Mails kann ich zweimal am Tag abrufen, aber nicht fünfzehnmal.“

Das Thema ist bei 18 Millionen Menschen, die täglich ins Büro gehen, ein zeitloser Selbstläufer. Nur zehn Prozent aller Dinge auf dem Schreibtisch werden tatsächlich gebraucht, der Rest ist Krimskrams und keineswegs karrierefördernd. Nicht nur die Eichhörnchentypen, die sich von keinem Hauspostbriefumschlag trennen können, neigen dazu, im Papier- oder E-Mail-Wust zu versinken, und vergeuden einen nicht unerheblichen Teil ihrer Arbeitszeit mit überflüssigem Suchen. Das stört Vorgesetzte: Zwei von dreien bevorzugen Mitarbeiter mit aufgeräumten Büros. Jeder zweite Chef vermutet, dass hinter Papierbergen ein unzuverlässiger Charakter sitzt, hat eine Studie der Universität Manchester herausgefunden. Ordnung zu schaffen, Vorgänge gleich zu erledigen, abzuschließen oder zu delegieren, das sind auch Eigenschaften, die ihr in ihrem ersten Beruf nützlich waren. Edith Stork ist gelernte Buchhändlerin, wäre aber lieber Opernsängerin geworden. In ihrer ebenso geschmackvoll wie phantasievoll eingerichteten Altbauwohnung im hessischen Oberursel erzählt sie im „blauen Zimmer" von ihrem bewegten Berufsleben. Im Hintergrund perlt das Schubert-Lied „Nacht und Träume" von der CD.

Die Idee, Sängerin zu werden, finden die Eltern für die Älteste ihrer drei Töchter unpassend, weil brotlos. Eine Schwester wird übrigens später Ballettlehrerin, die andere Heilpädagogin. Obgleich der Vater Goldschmied und Graveur ist, möchte er nicht, dass die Tochter die Goldschmiedeschule in Hanau besucht. Da sind ihm zu viele Männer, die ein Auge auf die geliebte Tochter werfen könnten. Nein, das muss nicht sein. Edith Stork macht nach der mittleren Reife eine Buchhandelslehre in Frankfurt. Kein schlechte Erfahrung, sie liebt es, Schaufenster zu dekorieren, Auslagen zu kleinen Kulissen zu gestalten und Bücher als Blickfänger zu inszenieren. Für all das Künstlerische hat sie ein Händchen. Genau so wie für Zahlen. Sie rechnet gut und gerne, diese Eigenschaft erspart ihr später den Besuch eines Existenzgründungsseminars. „Ich habe früh begriffen, dass es ein kaufmännischer Vorgang ist, Bücher an den Mann und die Frau zu bringen." Die sympathische, aber oft auch grenzenlose Naivität, mit der andere bibliophile Menschen sich dem Beruf des Buchhändlers widmen, ist ihr fremd.

Dass ihr das kaufmännische Denken später zugute kommen wird, ahnt sie damals nicht. Als Lehrling kümmert sie sich um die anderen Lehrlinge und um die Tarife. „Warum nicht? Dazu war ich aufsässig genug." Als Achtzehnjährige nimmt Edith Stork Gesangsstunden und schult ihren schönen Sopran. Das Geld für die Stunden verdient sie als Haushaltshilfe bei einer Höchster Familie. Sie ist gerne dort. „Ein musikalischer Feudal-Haushalt mit Flügel, Geige, Trompete. Als ich das gesehen habe, habe ich gedacht, hier bleibe ich.“ Sie bleibt zwei Jahre und kauft sich für 400 Mark ein Piano, das sie gelb streicht. Mit ihrer jungen lyrischen Stimme probt sie die Zofenrollen Mozarts. Sie wird Choristin der Frankfurter Singakademie und reist mit dem Chor zu Konzerten kreuz und quer durch Europa. So geschult, singt sie bei den Städtischen Bühnen in Frankfurt vor und besteht die Prüfung. Jetzt ist sie ausgebildete Opernsängern. Aber der Traum platzt. Denn sie bekommt Asthma, das sie erst neun Jahre später überwindet. Heute genießt sie es, sich im Herbst in ihrer geliebten Toskana ein Häuschen zu mieten und Arien ins Tal zu schmettern – so laut, aber auch so schön, dass ihr die Bauern von den umliegenden Weinhügeln freundlich zuwinken. Aber damals war das Leid groß. Mit der Krankheit ist der Weg auf die Bühne versperrt. Auch wenn sie das recht sachlich berichtet, ist ihr der leise nagende Schmerz über diese Enttäuschung auch heute noch anzumerken. Aber Edith Stork gehört eben nicht zu jenen passiven Menschen, die sich im Leid suhlen und der Trauer über zerplatzte Träume nachhängen. Traurig sein ist in Ordnung, Weinen ist o.k., dann aber ist es wieder an der Zeit, sich aufzurappeln.

Energiegeladen wie sie ist, verzweifelt sie nicht daran, sondern schmiedet neue Pläne. Ihr Gehalt ist bescheiden, das möchte sie ändern. So beginnt sie in Frankfurt als Bürokauffrau bei einer Speditionsfirma. Später wechselt sie zur Gesellschaft für Technische Zusammenarbeit (GTZ) nach Eschborn. Ihr Einsatzgebiet ist interessant. Sie beschafft Fachliteratur für die Auslandsmitarbeiter und Entwicklungshelfer, ein spannender und anspruchsvoller Job, der einer eigenständigen Denkerin entgegenkommt. „17 Jahre war ich dort die Bücherpäpstin.“ Dann geschieht das, was bei vielen den Impuls zum Wechseln auslöst. Ihre Kompetenzen werden eingeschränkt, ihre Eigenständigkeit wird beschnitten, was unsicheren Menschen Sicherheit verleiht, hemmt souveräne Menschen in ihrem Tun. Parallel dazu beginnt ein stilles Mobbing, auch wenn das damals noch nicht so heißt. „Es wurde zusehends unvergnüglich. Die Flügelstutzer waren am Werk.“ In dieser schlechten Situation zu verharren, dazu ist Edith Stork nicht bereit. Sie zieht die Konsequenzen und geht – auch ohne Netz, geschweige denn mit doppeltem Boden. In ihrer Biografie notiert sie später: „Es war einer der seltsamsten Tage in meinem Leben.“

Bücher bleiben ihr Thema. Mit einem Geschäftspartner gründet sie einen Verlag, der sich auf Zoologie, Biologie, Anthropologie und Dritte-Welt-Themen konzentriert. Die beiden scheitern. Im Rückblick sagt sie selbstkritisch, sie habe sich mit den falschen Menschen umgeben, eben jenen, die sie ausgenutzt haben. Sie geht in Konkurs und fällt in ein ziemlich tiefes Schuldenloch. Es ist sechsstellig. „Ein Würdeverlust auf jeder Ebene, privat, geschäftlich, seelisch." In ihrer Autobiografie beschreibt sie diese dunkle Phase mit einer großartigen Offenheit und einem geradezu charmanten Schuss Selbstironie, so dass gerade dieses Kapitel für alle Gescheiterten, die hinterher wieder aufgestanden sind, ein Stück gedruckte Lebenshilfe ist. Vielleicht verarbeitet sie auch selbst ihre Niederlage auf diese Art und Weise. Nach dieser Pleite wird sie vom Arbeitsamt als „schwer vermittelbar" eingestuft, auch nicht gerade ein Etikett, dass das angeschlagene Selbstbewusstsein wieder aufbaut. Bis zu diesem schwarzen Konkurstag ist sie noch nie auf dem Arbeitsamt gewesen. „Es riecht dort nach Angst und ungelüfteten Kleidern. Die Flure sind besetzt mit wartenden, müden Menschen, denen die Hoffnungslosigkeit ins Gesicht geschrieben steht. Es wird kaum miteinander gesprochen. Man setzt sich an einen im Flur aufgestellten Computer und drückt bis zu sechzigmal Enter", wird sie später notieren. So folgt eine Phase der Verzweiflung, Wut und Trauer, aus der sie sich langsam wieder aufrappelt, den schönen Satz auf den stets gut geschminkten Lippen: „Denn Kriechen ist keine Gangart."

Im besten Sinne hat Edith Stork etwas von einem klugen Chamäleon. Sie verändert sich immer dann, wenn sich die äußeren Bedingungen verändern. Sie ist sozusagen eine heimliche Selbständige von vorneherein und schon immer gewesen, die großen Freiraum in ihrer Entwicklung braucht. Profilierte Menschen passen gut in diese Selbständigkeit. Außerdem ist Edith Stork eine Kämpferin und denkt nicht daran aufzugeben. „Ich habe Nerven, ich habe Mut und ich habe Kämpfen gelernt." Und sie ist sich für nichts zu schade. Warum auch. Der späte Erfolg gibt ihr und ihrer Steh-auf-Mentalität Recht.

Zunächst entschließt sie sich, als Teilzeitsekretärin zu arbeiten. Immerhin hat sie so ihr Auskommen. Anregend findet sie ihre Arbeit nicht. Dass diese öde Tätigkeit sie aber auf ihre lukrative Geschäftsidee bringen wird, ahnt sie in der Anfangsphase nicht. Die vielen strukturlosen und unordentlichen Büros, die sie kennen lernt, stören sie gewaltig. Aus dem Ärger über die überflüssige Sucherei und Zeitverschwendung erwächst schließlich ihre Idee für ein eigenes Unternehmen. Edith Stork wagt, sich als Beraterin für Büro-Organisation selbständig zu machen. Am 1. April 1996 meldet sie ihre Lizenz für „A-P-DOK" an, Administration, Projekte und Dokumentation. Das Aktenchaos vieler Jahre wird unter ihrer Regie auf drei Ablagekörbchen reduziert. Nur die geliebte Kramschublade – Edith Stork sagt „Kiosk" dazu – darf jeder in seinem Schreibtisch behalten und bestücken, wie er möchte, „also mit dem Foto vom Geliebten, Hansaplast und Instantsuppe". Durch die strenge Storksche Schule gehen Manager von Konzernen, aber auch brandenburgische Spargelbauern, die sie berät und später wieder besucht, um zu kontrollieren, ob die Ordnung auch hält. „Ich mache eine Abnahme, das gehört zum Service." Darin ist sie streng, ein unerbittlicher Ton mischt sich in ihre Rede.

Inzwischen beträgt ihre Kundenreferenzliste siebzig Seiten. Zu ihren Kunden gehören mittelständische Betriebe, Banken, aber auch Universitäten oder Arztpraxen. Nach einem einleitenden Vortrag, bei dem sie den mehr oder weniger skeptischen Mitarbeitern ihre Ideen theoretisch erklärt, folgt die praktische Unterweisung an den Schauplätzen der Schludereien. Edith Stork geht in das erste Büro und verschafft sich einen Überblick über die Aktenlage. Die sieht vielfach verheerend aus: Dubiose Papierfluten ergießen sich über Regalbretter, undurchsichtige Stapel gilben vor sich hin, zu vernachlässigende Vorgänge werden abgeheftet, Umläufe mogeln sich zwischen längst abgelaufene Terminvorlagen. Suspekt sind ihr vor allem überquellende Hängeregistraturen, die sie „Hängebauchschweine" schimpft, und vor allem Ablagekörbchen, die gern im Dutzend auftreten. Ein Quell ihres Ärgers sind hierbei nichts sagende Aufschriften wie „Sonstiges" oder „Verschiedenes". Die siebzig Mitarbeiter eines Reutlinger Strickmaschinenherstellers hatten es gar auf 312 Körbchen gebracht, was immer sie da auch auf unbestimmte Zeit zwischenlagerten. Papier ist geduldig. Edith Stork ist das nicht. Sie beharrt auf ihren drei A-P-Dok-Körbchen. Unerlässlich sei, ein- oder zweimal am Tag diszipliniert zu entscheiden, was man mit den eingegangenen Papieren macht. „Der Stapel muss – ein hässliches Wort – verschlagwortet werden. Dann ist man die Last los." Hier müsse natürlich der kaufmännische Sinn regieren, „Fristen muss man einhalten und entsprechende Papiere so lange aufbewahren, wie das vorgeschrieben ist. Listen mit Aufbewahrungsfristen gibt es bei der IHK." Die Ordner mit diesen Papieren werden in den Keller verwiesen, bevor geschreddert werden darf.

Eichhörnchen-Typen, die forsch behaupten, einen Röntgenblick durch ihre Papierberge zu haben, und ihre Turmbauten mit einem Verweis auf Kreativität kultivieren, misstraut sie: „Unser Gedächtnis ist nicht geschult, mit solchen Flusen umzugehen." Unter ihrem strengen Blick legen die Kunden einen Musterordner an. Bei Skeptikern nimmt sie kein Blatt vor den Mund: „Sie sind ein unordentlicher Mensch und somit schlecht erzogen." Auch der Beuys-Satz „Wer nicht denkt, fliegt raus" kommt ihr leicht über die Lippen. Doch trotz resoluter Kommentare bringt Edith Stork das Kunststück fertig, auch noch charmant zu wirken – zumal sich ihr omnipräsenter Humor auch in ihrer Selbstironie spiegelt.

Bescheidenheit ist nicht ihr Metier, da denkt und handelt sie wie die meisten Karrieremänner. So bescheinigt sie sich einen „sensiblen Blick“ und „hohes Einfühlungsvermögen“. Was ihr durch den Konkurs klar geworden ist und Existenzgründer oft falsch machten: „Ich kann nur mit einem feststehenden klugen Konzept an den Markt gehen. Das gilt für Dosenmilch, Schuhe und Seminare. Der Kunde muss davon einen Gewinn haben. Er ist der König, den müssen Sie in einer archaischen Weise bedienen.“ Ihre „Oberurseler Aufräumtage“ bietet sie für Manager, aber auch für Hausfrauen an. Sechs bis acht Leute versammeln sich dann um den mächtigen Eichentisch und lernen, sich besser zu organisieren. „Es ist ein falscher Schluss zu meinen, wenn jemand ordentlich ist, ist er auch sonst brottrocken. Ordnung und Kreativität sind keine unüberwindlichen Gegensätze.“ Hier hält sie es mit Alfred Hitchcock, der bekannt hat: „Ich habe es gern, wenn alles um mich herum durchsichtig ist. Ein gut aufgeräumter Schreibtisch verschafft mir Seelenfrieden.“ Sie selbst hat längst ein papierloses Büro. „Sonst hätte ich keine Zeit für die schönen Dinge, das Lesen, Gesellschaften geben, des Lebens volle Fülle zu genießen. Ich glitzere.“ Nebenbei erwähnt sie, dass sie das Sternzeichen „Zwilling“ hat, mit Zwillingsaszendent, in der Welt der Astrologie bedeutet das vielseitige Interessen. Das reicht für drei Berufe. Mindestens.

Mitunter nagen Existenzängste an ihr, knallharte Geschäftsfrau hin oder her. Aber Freisein ist für sie ein hoher Wert. Eine Festanstellung kommt für sie nicht mehr in Frage. Und auch in ihrem privaten Leben pflegt sie die Unabhängigkeit. So hat sie – zumindest bisher – noch nie einen Heiratsantrag angenommen. „Ich bin stark, da kommen die Weichen geflossen. Das reizt mich nicht. Im Gegenteil. Zum Bedienmäuschen tauge ich nicht.“ Lieber verschenkt sie Ärmelbügelbretter an die Männer. Manche schrecken zurück und sagen, sie habe ein ungesundes Selbstbewusstsein. Dann lacht sie vergnügt aus ihren hellblauen Augen und die roten Locken wippen fröhlich. „Manche Männer schrecken zurück vor meiner Potenz. Dabei bin ich ein ganz normales Frauenzimmer.“

Mit Anfang dreißig setzte sich der Mediziner wieder in den Hörsaal und studierte Theologie. Heute arbeitet Claus Wolf in der Leitung der katholischen Verbandsjugend im Bistum Aachen. Er ist in seine ganze Kraft gelangt. Und so glücklich wie nie zuvor.

3 Der Sinnsucher

Vom Dr. med. zum Priester

„Es gibt eine schöne Anstrengung –
die, durch die man mit sich selbst bekannt wird.“
Heinrich von Kleist

Claus Michael Wolf gehört zu jenen Menschen, deren Adresse man am besten nur mit Bleistift einträgt: Der Mann zieht einfach zu häufig um, das gibt unschöne Streichungen im Notizbuch. „Ich kaufe grundsätzlich keine sperrigen Möbel, das muss alles überall passen. Die große integrierte Bücherwand, die ich gerne einmal hätte, muss leider noch etwas warten“, sagt er amüsiert. Er ist 42 Jahre alt und hat seinen 15. Umzug hinter sich, wie er belustigt, aber auch leicht genervt feststellt.

Der Aachener Priester, der in der Kaiserstadt im Dreiländereck zwischen Deutschland, den Niederlanden und Belgien aufgewachsen ist, hat nicht die klassische Messdienerkarriere hinter sich. Jetzt ist er BDKJ-Präses, also geistliches Oberhaupt des Bundes der Deutschen Katholischen Jugend im Bistum Aachen und hier für 50.000 Kinder und Jugendliche zuständig. Hätte ihm das jemand gesagt, als er als Abiturient das traditionsreiche Kaiser-Karls-Gymnasium verließ, Claus Wolf hätte ungläubig geschaut. Zur Kirche ist er beruflich erst nach einem langen Weg über die Medizin gestoßen.

Beständig war in seinem Leben bisher der Wechsel. Für sich den richtigen Weg zu finden, das war das große Ringen. Aber anstatt sich mit der zweitbesten Möglichkeit zufrieden zu geben, hat er sich entschlossen, sich auf einen neuen Lebensentwurf einzulassen. Bereut hat er diesen Schritt nicht.

Claus Wolfs Ausgangsproblem klingt kokett, betrifft aber viele aufgeweckte und vielseitig interessierte Menschen: Der Gymnasiast ist in allen Fächern – von den Sprachen bis zu den Naturwissenschaften – gut bis sehr gut. Was aber werden? Ihm stehen viele Wege offen. Welchen aber einschlagen? Medizin interessiert ihn schon immer. Helfen und heilen, darin sieht er eine sinnvolle Aufgabe. Das kommt nicht von ungefähr. Zehn Jahre lang hat er sich beim Malteser Hilfsdienst verpflichtet und gibt hier mit

Vorliebe Sanitätskurse. „Sich für andere und deren Gesundung einsetzen zu können, diesem Anspruch möchte ich gerecht werden" – der Satz hat einen ernsten Unterton und ist auch ernst gemeint. Aber auch Geisteswissenschaften ziehen ihn an, vor allem Geschichte und Theologie. Die Fragen, woher wir kommen, wohin wir gehen, beschäftigen ihn immer wieder. „Allerdings wäre es für mich mit Anfang zwanzig nicht in Frage gekommen, Priester zu werden. Ich war aber immer religiös interessiert und hatte meinen Platz im Gemeindeleben über das Singen." Im Nachhinein erscheint ihm das alles andere als zufällig. Er lächelt: „Einige haben schon zu Abizeiten gesagt: Du wirst mal Priester. Denen habe ich mehr oder weniger diskret einen Vogel gezeigt."

Eine ernsthafte Option ist die Architektur. Er ist bewandert in Baugeschichte, hat ein Gefühl für Formen, Proportionen und fotografiert auf seinen Reisen die steinernen Gesichter fremder Städte. Ob das Wolkenkratzer in New York oder romanische Kirchen in der Bretagne sind. Bildbände zur Baugeschichte stehen nicht zur Zierde in seinem Regal oder dazu, sich Besuchern als Bildungsbürger vorzuführen – sie interessieren ihn wirklich, und zur Entspannung versenkt er sich gerne in sie.

Flüchtig überlegt er, wie seine Eltern Lehrer zu werden, das aber nur kurz. „Von der Perspektive her bedeutete das damals Arbeitslosigkeit. Umso schöner finde ich es, jetzt viel mit Kindern und Jugendlichen zusammen sein zu können. Indirekt kommt meine pädagogische Ader jetzt doch noch zum Tragen, das gefällt mir sehr, sehr gut."

Den Menschen zugewandt, entscheidet er sich dann für ein Medizinstudium. In den Achtzigern ist das der Klassiker: Sehr gute Schüler machen den Test und werden Arzt. Dass das Prestige dieses Berufs in jenen Jahren noch güldener schimmert als heute, das ist auch nicht schlecht, gibt er unumwunden zu. Seine Bewerbung um einen Platz ist auch den Eltern nicht unrecht: Der einzige Sohn steuert einen höchst ehrbaren Beruf an und beide begleiten das wohlwollend. Sie kommen aus dem Sudetenland, haben ein Kriegsschicksal hinter sich und aus eigener Kraft ein neues Leben tief im Westen aufgebaut. Mit viel Arbeit, Einsatz und Gottvertrauen. Ihr Sohn soll es einmal leichter haben, der Leitsatz fürsorglicher Eltern treibt die Wolfs vielleicht noch ein wenig stärker an als Menschen mit einfacheren Biografien. Sie erhoffen sich eine Lebenssicherheit für ihren Sohn. Wie unplanbar Sicherheit ist, das wird der Jungstudent gleich im ersten Bonner Semester erfahren. Die Medizinprofessoren prophezeien dem Nachwuchs: Sie sind später einer von 40.000 arbeitslosen Ärzten. Dass sich von Claus Wolfs 1964er Jahrgang – Zyniker sprechen vom Karnickeljahrgang – immer und überall zu viele um zu wenige Stellen bemühen, daran hat sich der Student längst gewöhnt.

Bevor er in der ersten Anatomievorlesung sitzt, muss er eine kurze Wartezeit überbrücken. Die nutzt er, um seine Grundlagen in Chemie und Physik zu festigen, durch das Kurssystem am Gymnasium hat er einige Dinge verpasst. Später besucht er – „einfach aus Interesse“ – Theologievorlesungen. „Ich merkte, da packt mich etwas. Aber auch die Medizin ist in mir lebendig.“

Das stark verschulte Medizinstudium bewältigt er gut und fügt sich in den Rhythmus intensiver Lernarbeit. Er hat Phasen, da denkt er, ich werde als Arzt alt werden. Dann wieder nagen Zweifel: Du wirst den Beruf nie mit der letzten Zufriedenheit ausüben. In der vorlesungsfreien Zeit – das Wort Semesterferien verbietet sich bei dem strammen Lernpensum – leitet er in einem katholischen Jugendbildungshaus Kurse. Er begleitet junge Leute in Glaubens- und Lebensfragen und gehört zu den sehr beliebten Referenten, auch wenn er selbst das so nicht formulieren würde. In den glücklichen Kurstagen beschleicht ihn das Gefühl: „Hier findest du eher Erfüllung, als am Krankenbett oder im Operationssaal zu stehen.“ Zwischendurch überlegt er, ob er sich auf Medizingeschichte spezialisieren soll, da hätte er immerhin viel mit kulturellen Fragen zu tun. „Ein kleiner Ausbruchsversuch“, interpretiert er in der Rückschau.

Im Studium beschäftigt er sich ausgiebig mit Psychosomatik, mit der kompliziert-faszinierenden Wechselbeziehung zwischen Körper–Seele–Geist. Seine Doktorarbeit schreibt er über autogenes Training. Besonders die Fächer, die sich im Grenzbereich zwischen Seelsorge und Therapie bewegen, findet er spannend. Obgleich die Zeit immer knapp ist, macht er nebenher eine gestaltpädagogische Zusatzausbildung. Das kostet wiederum viel Kraft, versorgt ihn andererseits aber auch mit Energie, die Inhalte sind spannend und für seinen zweiten Beruf überaus nützlich.

Sein Jahr als Arzt im Praktikum, das man damals noch absolvieren musste, verbringt Claus Wolf in der Augenheilkunde. „Das Gebiet hat mich fasziniert, seitdem ich mit 13 Jahren die erste Brille bekam.“ Die Zeit in Dillingen an der Donau in einer Doppelpraxis mit Belegbetten in einer Klinik nutzt er wiederum, um darüber nachzudenken, wie es für ihn weitergehen soll. Ein Ortswechsel bringt neue Perspektiven und Abstand vom Alten – die Trainer-Binsenweisheit erlebt er am eigenen Leib. Außerdem tut er noch etwas, was Veränderungswilligen hilft, gute Entscheidungen zu treffen: Er schreibt seine Gedanken auf. Was schriftlich vor einem liegt, schafft Klarheit. Seine Tagebuchaufzeichnungen hat er aufbewahrt und noch einmal nachgeschlagen. Im September 1994 steht da der Satz: „Die Theologie ist wie ein Biber, der ständig am Stamm meines Lebens nagt." Hinzu kommt ein packendes Traumbild: Ein Scherenschnitt einer männlichen Person, die auf der Flucht ist und zum Licht strebt, aber von einer Hand am Laufen gehindert wird. Claus Wolf nimmt sich Zeit für Meditationen, betet und hat da eines von mehreren kleinen Schlüsselerlebnissen, die auf nicht religiöse Menschen fremd wirken, für den Arzt aber bedeutsam sind. „Im Gebet habe ich die starke Erfahrung gemacht, bei der klar wurde, was Gottes Wille für mein Leben ist." Auf seiner Küchen-Pinnwand steht ein Spruch: Träume nicht Dein Leben, lebe Deinen Traum.

Nun fällt Claus Wolf die Entscheidung. Sich nicht gründlich genug geprüft zu haben, den Vorwurf muss er sich nicht machen. Er ist approbierter Arzt, und für ihn stand ohne Zweifel fest: „Ohne das Berufsleben der Medizin gesehen zu haben, wollte ich dazu nicht nein sagen." Jetzt hat er es gesehen und die Zeit ist reif, seiner Berufung zu folgen. Er nimmt das Theologiestudium auf und zieht schließlich in das Priesterseminar.

Anfangs sind die Eltern skeptisch. Vorschriften möchten sie dem längst erwachsenen Sohn nicht machen, aber ihren Lebensträumen steht sein Entschluss entgegen. Vor allem die Mutter, jahrzehntelang engagierte Grundschullehrerin, hadert damit, dass sie nie Enkelkinder haben wird. Auch Freunde sehen den Entschluss kritisch. Einerseits imponiert es ihnen, dass Claus den Mut aufbringt, in ein neues Leben zu springen, und sie erleben seine Zufriedenheit. Andererseits sorgen sie sich, und an einigen nagt auch ein diffuses Gefühl der Eifersucht: Der traut sich was zu, was ich mir selbst nicht zutrauen würde.

Mit 31 Jahren wird der Dr. med. wieder zum Studenten und ist glücklich. „Von Anfang an ist das Studium eine Riesenfreude, und die Seminarzeit ist großartig gewesen." In Lebensphasen, in denen andere eine Familie gründen, ihr Häuschen ansparen und Bücherwände montieren, schreibt er Hausarbeiten und Klausuren. Er lernt Griechisch- und Hebräischvokabeln und Grundlagen der Dogmatik. Angst vor Veränderung hat er jetzt nicht mehr. Der Entschluss ist gefallen, und jetzt wird alles auf einmal leicht. Für ein Semester wechselt er an die Frankfurter Jesuiten-Hochschule St. Georgen, wo noch einmal ein anderer Geist als im Bonner Seminar weht.

Längst hat er natürlich gelernt, wie man lernt. „Ich bin kein Rumeiertyp und recht strukturiert zu Potte gekommen." Schließlich hat er sich im Laufe der Jahre zur Ordnung erzogen. So paradieren die Studienunterlagen in gut sortierten Ordnen. Edith Stork wäre begeistert ... Mühelos macht er sein Diplom. Im Jahr 2002 wird er feierlich im Aachener Kaiserdom zum Priester geweiht. Danach beginnt seine Zeit als Kaplan in den Pfarren St. Michael und Herz Jesu im gutbürgerlichen Aachener Viertel Burtscheid. Voller Schwung widmet er sich der Jugendarbeit, von der Gottesdienstvorbereitung bis hin zur Skifreizeit, die dem nicht unbedingt sportlichen Mann dennoch Freude macht. „Ich finde es großartig, wie junge Menschen Pflichten annehmen und welches Vertrauen sie einem entgegenbringen." Ein Geheimnis für die gute Zusammenarbeit: Der Kaplan geht in seiner Arbeit auf und nimmt die Menschen ernst. Das spüren die Heranwachsenden und das überzeugt sie.

Predigten schreibt und hält er gerne, abklopfend, ob die Aussagen theologisch-wissenschaftlichen Ansprüchen standhalten, „vor allem aber, ob sie von den Leuten verstanden werden. Ich verlasse mich hier auf meine Intuition."

Was verwundert: „Eine meiner dankbarsten Aufgaben sind Beerdigungen, danach bekommt man die meisten herzlichen Anrufe." Der Außenstehende staunt. Aber nur kurz. Denn die Trauernden sind dankbar für eine wohlüberlegte Ansprache, die nicht aus Versatzstücken eines Predigtdienstes zusammengestoppelt ist. Und diese Anerkennung freut den Pfarrer. Allerdings hat er im vergangenen Frühling womöglich eine der schwersten Beerdigungen seines Priesterlebens übernommen. Ein ihm gut bekanntes Ehepaar – er 44 Jahre alt, seine Frau 39 Jahre alt – sind auf der Fahrt in den Urlaub von einem LKW-Fahrer in den Tod gedrängt worden. Überlebt haben den Autounfall die beiden Kinder, eine Vierjährige und ein Zweijähriger, die das Ehepaar adoptiert hat. Nun haben die Kinder zum zweiten Mal ihre Eltern verloren. Diese Familie fiel in der Gemeinde angenehm auf, einfach deshalb, weil sie so harmonisch war. Diese glückliche Familie ist mit einem Schlag zerstört. Noch nie, sagt ein Trauergast, hat er so viele junge und gestandene und auch alte Männer weinen sehen. Und Claus Wolf, der den aus dem Leben Gerissenen schon seit der fünften Klasse kannte, soll dazu tröstende Worte finden. An der Predigt hat er viele Stunden lang gesessen. „Ich bin auf das Leid des Karfreitags zurückgeworfen", sagt er mitfühlend vor 1.000 Trauernden.

Dieses Ereignis wie auch der frühe Tod eines engen Freundes spiegeln Claus Wolf den Sinn der eigenen Entscheidung und die Tatsache, dass das

Leben jetzt und nicht später stattfindet. „Dass ein Leben so endlich ist, hat mich motiviert, keine faulen Kompromisse einzugehen. Im Angesicht des Todes nicht das Leben verwirken, diese Aufgabe hat jeder von uns. Lebe dein Leben jetzt, und zwar so gut und erfüllt, wie es eben möglich ist."

Seinen Berufswechsel hat der kommunikative Priester „nicht eine Sekunde bereut". Was hält er für eine der größten Herausforderungen seines Berufes? „Die immense Aufgabenfülle in Zeiten dramatischen Priestermangels zu strukturieren." Nicht minder schwierig sei die Abgrenzung. Ein Pfarrer ist sozusagen immer im Amt. Ob er beim Bäcker um Brötchen ansteht oder zum Sport geht, er hat eine seriöse Figur abzugeben und möglichst auch ein freundliches Wort an die Mitmenschen zu richten. Er ist in seinem Umfeld eine öffentliche Person. Das schafft Druck. Ist die langjährige Schulfreundin zu Besuch, die biedere Harmlosigkeit in Person, dann kann es sein, dass die beiden beim Spaziergang misstrauisch angeschaut werden. Hat der was mit der? Hat er nicht. Mit der Frage nach einer eigenen Familie hat er sich selbstverständlich auseinander gesetzt. „Natürlich hätte ich gerne eine Partnerin an der Seite, eine Familie, aber ich weiß für mich, dass der andere Weg stimmig ist." Und es gibt wichtige Menschen in seinem Leben. Die drei Patenkinder zum Beispiel freuen sich über Aufmerksamkeit, Päckchen und Besuche. Sehr bewusst pflegt Claus Wolf einen stabilen Freundeskreis. Dass er – auf neudeutsch gesagt – seine Work-Life-Balance im Blick hat, daran liegt auch seinen Vorgesetzten. Denn es wäre verheerend, dass bei der extremen Personalknappheit und der dramatischen Zusammenlegung von Gemeinden stabile Hoffnungsträger ausfallen. Schließlich bringt der Priestermangel viele Geistliche an die Grenzen ihrer Leistungsfähigkeit. „Abgrenzen muss ich oft noch lernen. Zum Beispiel an freien Tagen das Handy wirklich auszuschalten. Nur so bleibt meine Kraft erhalten. Das weiß ich als Arzt und als Priester."

Einige Jahre arbeitete der sportliche Thomas Weigt als Seelsorger. Dann änderten sich die Verhältnisse und mit ihnen änderte sich sein Weltbild. Bei Kriseneinsätzen lernte er die Rolle des Militärs anders schätzen und entschied sich schließlich, noch einmal zu studieren und zur Polizei zu gehen. Heute arbeitet er in einer Stabstelle.

4 Der Praktiker

Vom Pastor zum Kriminalkommissar

„Nur wer sich ändert, bleibt sich treu."
Wolf Biermann

Eine seiner „beruflich bisher schönsten Zeiten" war das Jahr im Basispolizeidienst. Wie läuft ein Tag oder eine Nacht im Wach- und Wechseldienst ab? „Das Schöne ist, man weiß es nicht", sagt Thomas Weigt. Da seien „die Klassiker" wie Ordnungswidrigkeiten, Verkehrskontrollen oder Unfälle, aber eben auch die Vorfälle auf der Streifenfahrt. „Der Ausdruck kommt ursprünglich von umherstreifen, ohne Ziel gucken, Augen und Ohren offen halten. Gerade im Nachtdienst gibt es diejenigen, die einen Funkstreifenwagen sehen und plötzlich Gas geben, weil sie was verbockt haben. Dann wird es spannend."

Inzwischen fährt Thomas Weigt nicht mehr Streife. Er ist Kriminaloberkommissar und sitzt in einem windschnittigen Büro im futuristischen Neubau der Kreispolizeibehörde Mettmann. Vor seinem Fenster erhebt sich in der Ferne der Düsseldorfer Fernsehturm, dazwischen liegen weite sattgrüne Wiesen.

Studiert hat er Theologie und arbeitete drei Jahre lang als Pastor. Die erste Reaktion auf seine Biografie ist „immer die des Staunens". Dann folgt zuverlässig der Kommentar: „Ach, du hast die Seiten gewechselt". Verständlich, meint er. „Pastor und Polizei – das klingt nach komplett anderen Welten, aber es gibt eine Schnittmenge." Und wenn der sportliche Vierzigjährige über seinen Wechsel spricht, dann hört sich sein Werdegang auf einmal durchaus konsequent an.

Aufgewachsen ist er in Hannover als Sohn eines Pastors einer evangelischen Freikirche, die 1863 in Nordamerika entstanden ist. Bei den Siebenten-Tags-Adventisten hat er von der Pfadfinderfreizeit bis zur Gestaltung der Jugendgottesdienste das Gemeindeleben mitgemacht – „eben das komplette Programm". Das ist für ihn innere und äußere Heimat. Der Zivildienst führt ihn ins Rheinland, ins „Altenheim Neandertal". Sein Entschluss, Pastor zu werden, festigt sich. „Das war eine reflektierte Entscheidung aus Überzeugung für die Sache der Theologie. Die große Frage nach Gott ist eine ganz spannende, existenzielle." Aus einer Pastorenfamilie kommend, beobachtet er heute interessiert, dass es nicht nur „ganze Clans von Kirchenleuten gibt, sondern ebenso Familien, von denen ganze Generationen bei der Polizei sind".

Zum Studium geht er auf das Theologische Seminar Marienhöhe in Darmstadt. Die freikirchliche Hochschule am Rand des Odenwalds hat einen Fachhochschulstatus, sie verleiht keinen staatlichen Abschluss, aber nach zwölf Trimestern ein kircheninternes Diplom. Neben seinem ausgeprägten Interesse an der Theorie – „ich hätte mir auch eine wissenschaftliche Laufbahn vorstellen können" –, hat er ausgeprägte Ambitionen fürs Praktische.

Als die kircheneigene Katastrophenhilfe ADRA nach dem ersten Irak-Krieg Helfer sucht, um den kurdischen Flüchtlingen im Nordirak beizustehen, meldet er sich. Da ist er 25 Jahre alt und ausgebildete kirchliche Führungskraft. Organisieren kann er und improvisieren, das kann er auch. Eine gewisse Abgeklärtheit, die ihm auch bei seiner zweiten Karriere zugute kommt, hat er sich angeeignet. Thomas Weigt wird verantwortlicher Leiter eines medizinischen Hilfsprojekts für 150.000 Menschen, die entkräftet in einem Flüchtlingslager stranden. „Ich habe keine Probleme mit schwierigen Verhältnissen und kannte das Lagerleben aus der Pfadfinderei. Wir haben zum Beispiel genau wie die Flüchtlinge Überlebenskekse gegessen. Natürlich ist in Ausnahmesituationen alles anders. Die Standards der westlichen Welt kann man dann vergessen."

Wieder zurück in Deutschland, hat er sich längst entschieden, das Vikariat zu beginnen. Im Bezirk Mettmann wird er Pastor. Drei Jahre lang hält er Gottesdienste, Trauungen und Beerdigungen. „Am liebsten und hauptsächlich" stürzt er sich in die Jugendarbeit, bietet Freizeiten, Jugendwochen, Konzerte und aufwendig gestaltete Gottesdienste mit Sketchen und ungewöhnlicher Raumgestaltung an. Und ist immer im Dienst. „Eine gute Work-Life-Balance zu halten war schon eine große Herausforderung. Ich habe immer mehr als fünfzig Stunden in der Woche gearbeitet. Das geht aber vielen Berufskollegen so." Er ist noch Single. „Das eröffnet mehr Möglichkeiten und mehr Nischen. Aber man neigt dazu, zu stark in den Beruf zu investieren. Das ist eine selbständige Tätigkeit, obwohl man angestellt ist."

Nach drei Jahren soll er einen eigenen Bezirk übernehmen und zögert. Gerade die Jugendarbeit gibt ihm „Sinnerfüllung und Freiräume, zeitgemäß und relevant Kirche zu leben". Diesen Schwerpunkt wird er aber verlieren. Dabei hat er vor allem hier gemeinsam mit anderen jungen Pastoren kontroverse Diskussionen geführt und neue Leitlinien vorgeschlagen, die ewige Frage einkreisend: „Wie modern kann Kirche sein?" Noch eine zweite Überlegung überschattet die Perspektive, als Pastor zu arbeiten. Wie bei allen anderen Kirchen ist die demografische Entwicklung schwierig, doch die Verwaltung hat das zu lange ignoriert. „Für mich ist das ein Organisationsversagen." Für die Pastoren der Freikirche, die sich durch Spenden finanziert, kann das aber zur Existenzfrage werden. „Ich habe da keine sichere Perspektive gesehen." Seine ohnehin schon sehr konzentrierte und druckreife Wortwahl wird noch präziser. Zu lange hat Thomas Weigt erlebt, dass kirchliche Jugendarbeit oft unter Laborbedingungen stattfindet: Solange keine „Außenwirkung" entsteht, kann durchaus experimentiert werden. Aber eine zukunftsfähige Verzahnung von kirchlichem Leben und Jugend findet nicht statt, weil sich Kirche dann viel deutlicher und schneller verändern würde.

Einen positiven Nebeneffekt dieser Entwicklung sieht Thomas Weigt aber in der Tatsache, dass alle Kirchen hier vor der gleichen Herausforderung stehen. War das Verhältnis seiner Freikirche zu den großen, mitgliederstarken Kirchen Anfang des 20. Jahrhunderts durchaus konfliktbelastet, so haben sich die Institutionen inzwischen einander angenähert und tagen in gemeinsamen Arbeitskreisen. Ganz offiziell. „Auch die kleineren Kirchen sind in ihrer theologischen Entwicklung reifer geworden. Man hat voneinander gelernt. Da ist gegenseitig mehr Respekt gewachsen. Wenn Kirchen in der Defensive sind, dann wachsen sie zusammen."

Obgleich seine Religiosität für ihn richtungsweisend bleibt, so trifft er doch eine klare Entscheidung. Mit 28 Jahren kündigt Thomas Weigt. „Ich hatte noch keinen Plan, habe mir aber gesagt, jetzt bin ich noch jung genug und kann noch etwas reißen." Dass er weiterhin engagierter Laienpastor ist, stand schon damals außer Frage für ihn. „Ich bin bis heute mit Freude dabei." Aber ehrenamtlich und nebenberuflich. Seit einigen Jahren berät er nebenher bundesweit kirchliche Sozialeinrichtungen, vor allem Altenheime, in Fragen der Unternehmenskultur und Ethik und bietet dort Fortbildungen an. Der Geistliche ist keineswegs der einzige Berufswechsler in seinem Umfeld. Eine ganze Generation von Pastoren hat aus strukturellen Gründen den Beruf gewechselt, einige sind Personaler, Therapeuten, aber auch Architekten geworden.

Zunächst weist Weigt eine Katastrophe den Weg. In Ruanda tobt der Völkermord, und das Hilfswerk seiner Kirche sucht patente Katastrophenhelfer. Thomas Weigt meldet sich und leitet mehrere Monate lang in Zentralafrika ein Hilfsprojekt. Für ihn wird das zur „Schlüsselerfahrung im Prozess der Neuorientierung“. World Vision, THW und Ärzte ohne Grenzen sind ebenfalls vor Ort, er trifft Helfer aus den Irak-Monaten wieder. Als Vertreter einer Nichtregierungsorganisation lernt er die Arbeit des Militärs schätzen und dessen Rolle, „ein Mindestmaß an Sicherheit zu garantieren“. Thomas Weigt trägt Verantwortung für viele ehrenamtliche Helfer und deren körperliche Unversehrtheit. Und er ist dankbar für die Präsenz der Soldaten. „Ich war überzeugter Wehrdienstverweigerer, Pazifist durch und durch. Durch die Zusammenarbeit mit den Militärs habe ich meine Vorurteile als Vorurteile erkannt. Die einzigen, die profunde Sicherheitsinformationen hatten, waren die Militärs. Ich war plötzlich mitten im Leben, in der Realität angekommen und habe die Macht des Nichtschießens erlebt.“ Er nennt das mit ironischem Unterton seinen „guten Kontakt zum Blaulichtmilieu“.

Zurück in Deutschland, bewirbt er sich an der Fachhochschule für öffentliche Verwaltung in Wuppertal. Er ist auch da pragmatisch. „Ich habe mein erstes Studium selbst finanziert, das waren dünne Jahre.“ Nun ist er dreißig Jahre alt und macht den „Direkteinstieg gehobener Dienst“, die Beamtenlaufbahn ist vorgezeichnet, der Arbeitsplatz sicher. Drei Jahre lang lernt er Eingriffsrecht, Kriminologie, Soziologie, Kriminaltechnik und macht Praktika im Streifendienst und in Kommissariaten. „Und ich habe gelernt, dass die wichtigsten Arbeitsmittel der Polizei Stift und Papier sind. Jeder Schutzmann draußen hat ein Notizbuch. Der Umgang mit Sprache ist ein Herzstück polizeilicher Tätigkeit, ob bei der Zeugenvernehmung oder den Akten für den Staatsanwalt.“

Der Kontakt zu den jüngeren Kommilitonen ist gut. „Ich habe nie den Pastor heraushängen lassen, mir war wichtig, Gleicher unter Gleichen zu sein.“ Wie Studieren funktioniert, das weiß er ja. „Und ich wusste auch, wenn du was lernen willst, gehst du in die Bibliothek.“ Seine Diplomarbeit schreibt er über „Geschwindigkeit als Hauptunfallursache.“ Ein Ergebnis dieser Arbeit: „Das Problem ist der unangepasste Mensch. Der Kopf sagt, ich weiß, ich fahre zu schnell. Aber das tun alle, also tue ich es auch, die Straße gibt es her. Wir neigen dazu, uns unvernünftig zu verhalten. Das ist die große Herausforderung und nur durch aufgeklärte Mündigkeit zu erreichen.“

Als junger Kriminalkommissar bearbeitet er dann vor allem Wohnungseinbrüche und Alltagskriminalität, also Diebstahl, Betrug, Beleidigung bis hin zur Körperverletzung. „Der klassische Krimimord ist sehr selten. Und das ist auch gut so. Außerdem liegt die Aufklärungsquote bei über 90 Prozent. Was hingegen sehr zugenommen hat, sind Betrugsfälle übers Internet. Die Polizeiarbeit erfordert einen sicheren Umgang mit Datenverarbeitungstechnologien, um beispielsweise Spuren im Handy beweisfest zu sichern, so dass dies der Richter akzeptiert. Das gibt Probleme beim Change-Management, gerade für ältere Kollegen."

Inzwischen arbeitet Thomas Weigt im Stab als interner Berater fürs Management und ist in Zeiten massiven Spardrucks viel mit Organisationsentwicklung befasst. „Natürlich wollen wir die Fallzahlen senken und die Aufklärung erhöhen. Ich bin indirekt auf Verbrecherjagd."

Als Berufswechsler spürt er immer noch den Vorteil des „distanzierten Blickes", den er sich unbedingt erhalten möchte. Und der Vater von zwei Töchtern, der mit einer Ökotrophologin verheiratet ist, hat neue Pläne. Gerade hat er das Okay bekommen, um an einem Masterprogramm der Bochumer Universität teilzunehmen: Ein Jahr lang wird er sich durch ein berufsbegleitendes Studium zum Kriminologen qualifizieren. Bereut hat er seinen Berufswechsel bislang nicht. „Als Pastor habe ich mich manchmal auch ohnmächtig gefühlt. Als Polizist finde ich es durchaus anziehend, etwas klar zu entscheiden. Jetzt ist Schluss, und dann ist wirklich Schluss."

Jahrelang hat Andrea Sixt als Ingenieurin für Versorgungstechnik im Unternehmen ihres Vaters gearbeitet. Sie hängte ihren ungeliebten Beruf an den Nagel und arbeitet heute als freie Autorin. Nach schweren Erkrankungen hat sie das Drehbuch ihres Lebens neu geschrieben und das Muster „erst die Arbeit, dann das Vergnügen" erfolgreich durchbrochen.

5 Die Mutige

Von der Ingenieurin zur Drehbuchautorin

„Glück ist das Talent für das Schicksal."
Novalis

Drei Sätze, so sagte ihr vor einigen Jahren eine wohlmeinende Bekannte, solle sie mit ja beantworten. Dann könne sie eigentlich nicht mehr krank werden: Ich liebe, was ich tue. – Ich liebe, wo ich bin. – Und ich liebe, mit wem ich bin. „Es gab Jahre, da hätte ich alle drei Aussagen mit nein beantworten müssen", sagt Andrea Sixt während des Gesprächs im Münchener Hofgarten nachdenklich. Das ist heute anders. Inzwischen lebt und arbeitet sie so, wie sie sich das seit Teenagerzeiten gewünscht hat und wie ihr das offenkundig auch gut tut. Sie verbringt den Tag mit Schreiben, verfasst Drehbücher oder arbeitet an einem neuen Roman. Sie genießt München, ihre Schwabinger Altbauwohnung mit Alpenblick und die Ausritte mit ihrem Vollblutaraber „Bagh" im Oberbayrischen. Und sie hat seit vielen Jahren einen liebevollen Lebenspartner.

Früher hat die sportliche blonde Bayerin anders gelebt. Unglücklicher. Obgleich nach außen erfolgreiche Ingenieurin für Versorgungstechnik mit sehr gutem Fachhochschuldiplom, verlief ihr Berufsleben freudlos. Schwere Erkrankungen läuteten schließlich die Wende ein. Andrea Sixt fasste den Mut, endlich das zu tun, was sie immer tun wollte. Sie scherte aus ihrer sicheren Existenz aus und ließ sich auf das Abenteuer der Freiberuflichkeit ein. Bereut hat sie diesen Schritt nicht einen Augenblick.

Zunächst aber folgt ihre Berufsbiografie einem verbreiteten Muster: Als tüchtige Tochter sollte sie in die Fußstapfen ihres Vaters treten, einem erfolgreichen Unternehmer. Ihre eigentliche Leidenschaft galt dem Schreiben, Deutsch und Kunst waren die Lieblingsfächer der Regensburger Abiturientin. Schon als Elfjährige schrieb sie ein Kinderbuch, einen Mädchen-Pferderoman mit grünem Kugelschreiber auf immerhin 120 Seiten, zwar für die Schublade aber auch fürs eigene Seelenwohl. Eine ungewöhnliche Leistung für ein Kind, das früh ein verheißungsvolles künstlerisches Talent erkennen lässt.

„Lesen, Sprache und Reiten, das ist für mich immer das Schönste gewesen, genau dazu bin ich über einen großen Umweg gekommen." Heute rät die 47 Jahre alte Autorin allen, die sich für eine Ausbildung entscheiden müssen: „Das, was Deine größten Interessen sind, das sind die größten Aufgaben." Damals blockt der Vater die in seinen Augen brotlosen Ideen ab und tröstet: Das kannst du als Hobby immer betreiben, mache das nicht zum Beruf. Diese Kreativität passt nicht in das Familien- und Firmenbild. Der Kaufmann meint es gut mit der Tochter. Aber gut gemeint ist nicht immer gut gemacht – so kalauert ein Sprichwort nicht grundlos. „Die Firma ist der sichere Weg, und den beschreitet man, das war klar", sagt Andrea Sixt. Um für das Unternehmen für Haustechnik, Planung und Ausführung gerüstet zu sein, schreibt sie sich an der Münchener Fachhochschule für Versorgungstechnik ein. Das Grundstudium ähnelt dem Maschinenbaustudium, später folgen Fächer wie Klima- und Kältetechnik, Wärmeübertragung oder Strömungslehre. Mathe und Chemie fallen ihr leicht, Problemfach ist die Physik, hierfür muss sie deutlich mehr Energie aufwenden. Insgesamt aber bereitet ihr das Lernen keine Schwierigkeiten.

Dennoch prägt das Studium eine permanente Unzufriedenheit. Ausgerechnet jene Jahre, die im Nachhinein von vielen zu Recht oder aus Nostalgie als schönste Zeit des Lebens so verklärt werden. „Das Schlimme war, das Studium hat mich nicht interessiert. Mich hat vielmehr München interessiert, die Lokale, das Nachtleben. Ich war Anfang zwanzig und da war sie, hurra, die Großstadt. Die erste Vorlesung ging für mich ab 11 Uhr los." Inzwischen spürt auch der Vater das Desinteresse und sagt ihr: Wenn du aufhören möchtest, dann tue es. Sie aber verneint: Was ich anfange, das mache ich auch zu Ende. Heute schüttelt sie über ihren Durchhaltewillen den Kopf: „Das war falscher Stolz." Diszipliniert, wie sie erzogen ist und wie es ihrem Wesen entspricht, schließt sie nach fünf Jahren ihre Diplomarbeit mit einer Eins ab. Thema: ein alternatives Heizsystem in einem Mehrfamilienhaus. „Das ist heute so weit weg", blickt sie fast ein wenig staunend zurück.

Auch als frisch diplomierte Ingenieurin stellt sich bei ihr nicht wie bei den meisten Kommilitonen ein Glücksgefühl ein. „Ich hatte nicht den Eindruck, ich habe was Tolles erreicht." Anders fühlt der Vater, der der frischgebackenen Diplom-Ingenieurin stolz Visitenkarten überreicht und herzlich gratuliert. Die Tochter ist eher indifferent bis ratlos: „Ich sah den gedruckten Titel und dachte, das bist du doch gar nicht." Mit 25 Jahren tritt sie in die Münchener Filiale des Unternehmens ein. Zwei Jahre später wird sie Geschäftsführerin. Das erste Jahr findet sie „ganz spannend, denn vieles war neu". Dann folgt Routine, gelebt wird in der Freizeit.

Allerdings gönnt sich die unternehmenslustige Frau zwischendurch immer wieder organisierte Ausbrüche. Da ist das Jahr in Südfrankreich, „der Liebe wegen". Sechs Jahre sind sie und ihr französischer Freund zwischen München und Monaco gependelt. Das ist genug Liebe auf Distanz und Sehnsucht auf Abruf. Mit 26 Jahren lässt sie sich im Handelsunternehmen seiner Familie anstellen. Die Bindung geht auseinander, Andrea Sixt kehrt zurück nach Bayern. In der Firma des Vaters plant sie wieder Technik, Heizung, Klima und Sanitär „nicht nur für Reihenhäuser, sondern für große Wohnungsbaugesellschaften und Hotels". Die Auftragslage für die zeitweise siebzig Mitarbeiter ist gut, Einsätze reichen bis Damaskus, und natürlich haben gerade Auslandsaufträge ihren eigenen Reiz. Von der Rohrdimensionierung über die Badeinrichtung bis zur Heizflächenbestimmung plant Andrea Sixt die Technik neuer Gebäude durch. Auf ihrem Posten funktioniert sie tadellos. „Den Arbeitsalltag habe ich pflichtbewusst wie die Schule absolviert." Gerne ins Büro und auf die Baustellen ist sie nicht gegangen.

Trotz des unglücklichen Berufsalltags bleibt sie noch jahrelang dem Unternehmen treu. Der Kopf ist noch willig, aber der Körper der bewegungsfreudigen Frau wird schwach. Schließlich rebelliert er. Sie bekommt erhebliche Probleme mit Gallensteinen, „mit Verhärtungen und nicht gelebter Energie", erklärt sie im Rückblick. Eine chronische entzündliche Darmerkrankung folgt, sehr schmerzhaft und belastend. „Permanent war irgendetwas. Das hat mich alarmiert. Wenn mich mein Unglücklichsein schon so beeinflusst, dann muss ich etwas ändern." Ein anthroposophisch orientierter Arzt und Homöopath unterstützt sie bei der Ursachenforschung und Heilung. Vor ihm sitzt ein Fall aus dem Lehrbuch der Psychosomatik. Der Mediziner hat später diagnostiziert: Seine Patientin hat erhebliche Probleme, sich abzugrenzen, neigt dazu, es immer erst den anderen recht zu machen, sich dabei zu verzetteln und selbst zu kurz zu kommen. Ein Schuss Egoismus sei gesünder. Inzwischen hat sich Andrea Sixt mit dem Zusammenspiel von Körper–Seele–Geist vertraut gemacht, sich mit ganzheitlicher Medizin und Ernährung im Detail auseinander gesetzt. Aber damals ist diese ganzheitliche Betrachtung für sie Neuland.

Was die Krankheiten auf jeden Fall deutlich anzeigen: Irgendetwas läuft in ihrem nach außen so geordneten Leben fundamental schief. Aber der Mut zur Veränderung kostet Kraft, und die muss Andrea Sixt noch sammeln. Dann gibt es ein Schlüsselerlebnis. Eines Abends saß sie auf ihrem Münchener Balkon mit ihrem Nachbarn zusammen. Sie genießt den Blick auf die fernen majestätischen Berge, die nahen Türme der Frauenkirche und das Gespräch mit dem renommierten Dokumentarfilmer Luis Saul. „Wir haben geratscht und ich habe vorgeschlagen, mach' doch mal zu diesem oder jenem Thema einen Film. Er ermunterte mich, mach' das doch selber, schreib' du doch ein Drehbuch. Da habe ich ihn angeguckt wie ein Auto." Der nette Nachbar lässt nicht locker. Am nächsten Morgen liegt vor ihrer Wohnungstür das Lehrbuch von Sid Field, jenem berühmten amerikanischen Drehbuchautoren, der Pflichtlektüre aller Filmschaffenden ist.

Der Großvater schenkt ihr einen Laptop. Fortan übt Andrea Sixt Dialogschreiben, entwickelt Handlungsstränge für eine Vorabendserie, recherchiert eine Geschichte über ein Model. Da ist sie 34 Jahre alt. „Die ersten Versuche sind im Sande verlaufen, trotzdem bekam ich von kompetenter Seite ein gutes Feedback."

Sie findet den Mut, ihre Ingenieursstelle zu kündigen. Jetzt gelingt ihr ein fulminanter Einstieg. Die Zeile „Und jedem Anfang wohnt ein Zauber inne" von Hermann Hesses Gedicht „Stufen" hat sie begleitet. Sie strahlt noch heute, wenn sie an diesen Auftakt denkt: „Der erste Schritt war wie getragen." Gemeinsam mit ihrer Regensburger Freundin Sharon von Wietersheim schreibt sie das Drehbuch „Workaholic". Wochenlang verziehen sich die beiden zum Schreiben und spüren die Anstrengung kaum – „das ging von morgens in der Früh bis nachts, nichts anderes war interessanter als das, da ist so viel Energie reingeflossen". Das ist im November 1994. Schon ein Jahr später beginnt die Erstlingsregisseurin Sharon von Wietersheim mit den Dreharbeiten für die Komödie. Quasi aus dem Stand heraus einen Kinoerfolg zu landen, das ist mehr als ungewöhnlich und hat fast märchenhafte Züge. Übermütig wird Andrea Sixt danach nicht. Sie weiß, das zu diesem Erfolg neben solidem Handwerk („das sind 90 Prozent") und Fleiß auch eine gewaltige Portion Glück gehört. Und diesem Glück hat sie sich beherzt gestellt.

Sie besucht auch weiterhin Drehbuchseminare renommierter amerikanischer Dozenten und arbeitet sich systematisch in ihren neuen Beruf ein. „Ein Jahr lang habe ich mich durchgewurschtelt. Ich hatte nichts auf die Seite gelegt, und ein fürstliches Gehalt kriegt man vom Vater nicht." Wie fast alle Freiberuflicher muss sie Durststrecken meistern, was in einer teuren Stadt wie München nicht unbedingt leicht fällt. Was Andrea Sixt aber ausstrahlt, ist ein entspanntes Vertrauen darauf, dass sie Qualität liefert und sich gute Aufträge fügen werden – diese Gelassenheit zahlt sich aus. Eine Haltung, die sie übrigens mit den anderen hier porträtierten Freiberuflern verbindet.

Allerdings hat sie sich diese entspannte Haltung lange erarbeitet. Denn es gibt einen dramatischen Einschnitt, der sie erneut bestärkt, dass es richtig gewesen ist, sich von dem ungeliebten Beruf zu verabschieden. Mit 35 Jahren erkrankt sie an Brustkrebs, ein todesbedrohender Einschnitt, eine Brust wird amputiert. Die Krankheit ereilt sie ohne Vorwarnung und führt ihr mit bis dahin nie gekannter Schärfe die Endlichkeit auch ihres Lebens vor.

Heute ist Andrea Sixt gesund. Dass diese Krankheit ein wichtiges Signal in ihrem Leben war und auch ein Zeichen dafür, dass es allerhöchste Zeit war, sich auf den richtigen, erfüllenderen Weg zu begeben, das steht für sie außer Frage. Über diese schwere Zeit hat sie ein bewegendes Buch geschrieben, inzwischen sind 25.000 Exemplare von „Noch einmal lieben. Mein Weg vom Brustkrebs zur Wiederentdeckung der Weiblichkeit" (Goldmann Verlag) verkauft. Mit ungewöhnlicher Offenheit beschreibt sie ihre Erschütterungen, den Schock der vernichtenden Diagnose aus heiterem Himmel und das Drama um ihren Freund, einen in London lebenden Investmentbanker, der sich der leidvollen Situation völlig entzog und sie in dieser Grenzsituation verlassen hat. Dennoch stimmen die 224 Seiten nicht traurig, sondern machen vielmehr auf eine nachdrückliche und unaufdringliche Weise Mut, solche schlimmen Zeiten überstehen zu können und danach anders, eher besser leben zu können. Das Buch wurde aufwendig für das ZDF verfilmt, der Spielfilm erntete gute Quoten und Kritiken. Überdies ist ein beeindruckender Dokumentarfilm über Andrea Sixt gedreht worden. Die Autorin ist gefragter Gast in Talkshows und engagiert sich, um über das Tabuthema Brustkrebs aufzuklären. Inzwischen hat sie mehrere Bücher geschrieben, unter anderem den Roman „Traumtochter", ein Buch mit biografischen Zügen, die Geschichte einer jungen Frau, die spät ihren Weg findet. Vor einigen Monaten hat sie ein Drehbuch für eine Sat.1-Komödie abgeschlossen. Die Frau hat Phantasie, Gespür für Themen und arbeitet mit ungebrochenem Schwung an ihren ausgewählten Projekten.

Was sie seit der Krebserkrankung beherzigt: Sie hütet ihre Gesundheit als höchstes Gut. Wenn sie spürt, dass der – auch positive – Stress zu viel wird, dann zieht sie früh die Reißleine. Anstatt dann in aller Herrgottsfrühe den Flieger zu einem hektischen Pressetermin zu nehmen, verzichtet sie auf diese PR für ihr neues Buch und fährt stattdessen ins Oberbayrische, um ihren Araberschimmel zu satteln. Denn anstatt davon zu träumen, wie schön es doch wäre, sich den Mädchentraum vom eigenen Pferd zu erfüllen, hat sie es einfach getan. Was sie besonders freut: Ihr Mann, ein Jurist und Immobilienhändler, hat sich von der Freude anstecken lassen und ebenfalls mit dem Reiten begonnen. Heute genießt das Paar Ausritte mit ihren Vollblütern durch die bildschönen oberbayrischen Wiesengründe.

Und die Dinge fügen sich noch besser. Auf der Frankfurter Buchmesse kommt sie im vergangenen Jahr eher zufällig mit einem Autorenkollegen ins Gespräch. Es ist Monty Roberts, der Amerikaner, der als Pferdeflüsterer weltbekannt geworden ist. Anstatt die stolzen Tiere autoritär zu zwingen, behandelt er Pferde artgerecht, imitiert ihre Körpersprache und heilt auf sanfte Weise von Menschenhand verdorbene Pferde, die von ihren Besitzern schon aufgegeben worden sind. Roberts selber hat in seiner Kindheit viel Gewalt erfahren und es sich zu einer Lebensaufgabe gemacht, sein Wissen über einen gewaltfreien Umgang zwischen Mensch und Pferd und auch zwischen den Menschen weiterzugeben. Diese Persönlichkeit hat Andrea Sixt fasziniert. Der Kontakt zu Monty Roberts blieb. Andrea Sixt hat die Verfilmungsrechte seiner Biografie. „Dann kann ich auch ein bisschen missionarisch tätig sein. Das ist mein neues Herzensprojekt." Als sie das sagt, ist das Strahlen ihrer Augen filmreif.

Matthias Cropp hat eine solide Werkstatt aufgebaut und zwei Jahrzehnte lang auf hohem Niveau alte Möbel restauriert. Inzwischen möbelt er nur noch zur Entspannung Barockkommoden auf. Mit 45 Jahren wurde der eloquente Handwerkmeister zum Trainee. Heute verbringt er seinen Arbeitstag im Büro und vermittelt Interimsmanager. Sein Quereinstieg ist gut geglückt.

6 Der Lebenstüchtige

Vom Restaurator zum Interimsmanager-Vermittler

„Also lautet ein Beschluss,
dass der Mensch was lernen muss.
Lernen kann man, Gott sei Dank,
aber auch sein Leben lang.“
Wilhelm Busch

Dem Freund auf der Geburtstagsfeier fiel fast das Weinglas aus der Hand, als Matthias Cropp über seine beruflichen Pläne sprach. Mit Mitte vierzig eine solide aufgebaute Restauratorenwerkstatt verlassen und stattdessen zu einem Personaldienstleister wechseln? Sich als Handwerker mit großen Freiheitsräumen in eine Branche begeben, die komplett konträr ist? „Der Freund ist damals fast umgefallen“, sagt Matthias Cropp. „Dabei bin ich im Herzen noch Handwerker und gehe hier viele Probleme sehr realistisch an. Ich verfüge nicht über einen BWL-Hintergrund wie die meisten Kollegen. Aber viele unserer Kunden, die oft aus dem Mittelstand kommen, schätzen gerade das.“

In seinem ersten Berufsleben war der sportliche Mann im gut geschnittenen dunklen Tuch Schreinermeister, hat sich als Restaurator im Handwerk weitergebildet und mit 45 Jahren völlig umgesattelt: Seitdem steht auf seiner Visitenkarte Contract Manager, und er vermittelt für andere Unternehmen so genannte Interimsmanager. Geblieben ist nur sein Einsatzort: das hübsche Städtchen Kronberg, das idyllische Taunusblicke und imponierende Aussichten auf das Frankfurter Bankenpanorama bietet.

Interimsmanager sind sturmerprobte Führungskräfte, die für eine begrenzte Zeit in ein Unternehmen gehen und dort vorübergehend Projekte stemmen, Restrukturierungen vornehmen, ein neues Computersystem einführen oder einen komplizierten Sonderauftrag abwickeln. Nach ihrem mehrmonatigen Einsatz verlassen sie den Arbeitgeber auf Zeit wieder und erhalten neue Aufträge. Für diese Feuerwehraufgaben werden zupackende und tüchtige Kandidaten und Kandidatinnen nicht mehr nur auf der ersten Führungsebene gesucht. Eine Klientel, denen die Vorstellung vorausschaubarer Arbeitstage, die Punkt 17 Uhr enden, unattraktiv erscheint. Interimsmanager möchten etwas bewegen. Sie müssen Erfahrung mitbringen und brechen in einem Alter, in dem andere schon ihre Pensionärspläne ventilieren, zu spannenden Einsätzen auf, die vor allem eines sind: nicht genau vorhersehbar. Kein Wunder, dass ein Berufswechsler wie Matthias Cropp sich mit diesen Aufgaben wohl fühlt und der richtige Mann am richten Platz ist.

Cropps Arbeitgeber ist die renommierte Ludwig Heuse GmbH, ein Unternehmen mit grundsolidem Ruf. In dessen umfangreicher Kartei kennt er sich inzwischen sehr gut aus. Immerhin müssen die Vermittler innerhalb von zehn Tagen passende Kandidaten vorstellen. Im kühl-eleganten Büro führt er Kundengespräche und versucht herauszufinden, welcher Manager zu welchem Auftrag im In- und Ausland passt. Während andere abends zur Entspannung den Rasen mähen, poliert Cropp in seiner Werkstatt zwischen „Thuja Maser" und „Birnbaum" einen schönen Nussbaumtisch und taucht zurück in seinen ersten Beruf. „Das ist meine Form von Erholung nach einem stressigen Mandat."

Nach dem Abitur 1973 in Kronberg weiß er nicht, was er nun anfangen will. Er weiß nur, was er auf keinen Fall möchte: „Nämlich wie viele Klassenkameraden auf die Uni gehen. Ich dachte, das ist die Fortsetzung von Schule, und davon hatte ich genug." Eher zufällig rutscht der Sohn eines Fotografen in die Schreinerlehre, „eigentlich hatte ich keinen blassen Schimmer davon, was da lief". Eine Freundin der Mutter fragt, was denn der Jüngste – Cropp hat zwei ältere Brüder und eine jüngere Schwester – vorhat, und gibt den freundlichen Tipp: „Der Bettenbühl in Kronberg sucht noch Lehrlinge." Der Abiturient spricht in der Schreinerwerkstatt vor und hat ruckzuck den Lehrvertrag. „Als Junge bastelte man am Fahrrad und Motorrad. Bei uns zu Hause wurde ohnehin viel gewerkelt, und mit den Händen habe ich gerne gearbeitet. Warum also nicht? Das passte schon ganz gut."

Dem Lehrling drückt Firmenchef Adam Bettenbühl dann einen großen Hobel in die Hand und fordert ihn auf: „Jetzt machste mal schöne Späne." Matthias Cropp lernt, ein Brett gerade zu hobeln, zu sägen, zu stemmen, lernt die klassischen schreinerischen Holzverbindungen wie Zapfen, Schlitzen, Zinken kennen. Aus rohem Holz zimmert er Hocker, Werkzeugkisten, Fensterecken. Im Übrigen ist er Helfer der Gesellen und assistiert beim Fenstereinbau. „Die ersten drei Male stöhnt man, weil man das Ganze kaum heben kann, dann erlernt man die richtige Technik. Das ist wie beim Sport, die ersten Runden sind hart." Die Theorie fällt ihm leicht. „Der Ehrgeiz treibt einen, Zeichnen, Rechnen und Maschinenkunde schnell zu begreifen.“ Er macht eine Einserprüfung und „findet alles ganz toll“. Zugute kommt ihm auch die daheim anerzogene Eigenschaft, „Dinge die man anfängt, auch zu Ende zu führen“.

Einmal, als er wieder zur Berufsschule ins nahe Hofheim trampt, fragt ihn ein Mann in Nadelstreifen: „Werden Sie später Unternehmer?“ – „Um Gottes willen!“, wehrt der 21 Jahre alte Lehrling ab. „Damals war mir das noch unvorstellbar.“ Drei Jahre geht er als Geselle in verschiedene Betriebe. „Ich habe nur eine kleine Wanderschaft im Umkreis gemacht, denn ich war schon verheiratet.“ Er lernt bei einem Tischfabrikanten, einem Feld-Wald-und-Wiesen-Schreiner und in einem Innenausbaubetrieb. Wieder spielt der Zufall mit. Im Ort lässt sich Mr. Brook, ein englischer Antiquitätenhändler, nieder und sucht dringend einen Schreiner. Matthias Cropp zögert. „Ich hatte eine Riesenskepsis gegenüber Restaurierung. Alte Möbel sind aufwendig zu bearbeiten. Dann begriff ich, dass Restaurieren nicht neu machen, sondern bewahren heißt.“ Er baut die Werkstatt für Brooks auf und macht seinen Meister. Schließlich geht Brook zurück nach England, und Cropp kauft die Werkstatt. Das ist jetzt ziemlich genau zwanzig Jahre her.

Wie wohnt er eigentlich privat mit seiner Frau Susanne und den drei Kindern? „Wir haben keinen Stil und hängen eher der Idee an, Form follows Function, das heißt, die Form unterwirft sich der Funktion“, erklärt er. „Möbel müssen eine Geschichte erzählen, ob das der Ulmer Bauernschrank oder unser englischer Barocksekretär ist. Wir haben nie nach Wert oder Wertzuwachs gekauft.“ Was formal schön und mit Handwerkskunst gemacht sei – „man kann sehen, ob etwas hingehudelt oder mit Liebe gemacht ist“ –, mag er. So wie der ganz geometrisch bemalte Ulmer Bauernschrank vom Anfang des 19. Jahrhundert, den das Paar kaufte, als alle Leute Weichholzmöbel haben wollten. Oder der Queen-Ann-Barockschrank aus Nussbaum, der im 290 Jahre alten, natürlich selbst restaurierten Fachwerkhaus steht und den das Paar auf seiner ersten gemeinsamen Geschäftsreise nach England entdeckt hat.

Nebenberuflich bildet sich Matthias Cropp zum Restaurator im Handwerk weiter. Und er arbeitet als Dozent und unterweist zum Beispiel Kunsthistoriker, die erfahren, „warum das Holz so grün leuchtet oder sich ein Brett so verformt hat“. Unterrichten bereitet ihm Freude, und seine eher sachliche Rede gewinnt einen schwärmerischen Unterton. Andere zu unterstützen, dass ist für ihn sinnstiftend: „Ich habe das Bedürfnis, das, was ich weiß, weiterzugeben. Das ist nicht typisch fürs Handwerk. Vieles wird dort unter dem Tisch gehalten.“ Er hingegen ist gerne Dozent, zunächst in der Kronberger Malschule zur Möbelstilkunde, dann im Museum für Kunsthandwerk mit praktischer Demonstration zeitgemäßer Restaurierungstechniken und schließlich zwölf Jahre lang als Kursleiter am Fortbildungszentrum in Johannesberg bei Fulda, wo er Techniken denkmalgerechter Möbelrestaurierung unterrichtet. Während manche Handwerksmeister Praktikanten und Lehrlinge allzu gerne als billige Arbeitskräfte verheizen, hat er sich um die Ausbildung von bisher 15 Lehrlingen gründlich gekümmert, immerhin legen sieben von ihnen die Prüfung mit Auszeichnungen ab.

Immer hat ihm auch gefallen, Dinge direkt auszuprobieren. „Vielleicht ist das ein Schlüsselwort für mein Leben. Mich treibt die Neugier an.“ So horcht er auf, als ihn sein Schulkamerad Ludwig Heuse, mit dem er in lockerem Kontakt steht, anspricht: Heuse sucht fähige Leute für sein Unternehmen, gerne auch einen Quereinsteiger, „der gesellschaftlich gut verdrahtet ist und vom Leben erzählen kann“.

Da fügt es sich sehr gut, dass Matthias Cropp 1999 an einem Wendepunkt angelangt ist. Im Gegensatz zu vielen Verdrängern, die in ihrem durchschnittlichen Leben lustlos vor sich hin dümpeln, bilanziert er seine Situation nüchtern. „Was willst du mit dem Rest deines Lebens anfangen?“ Er ist an diesem Punkt angelangt, den die Berliner Karriereexpertin Brigitte Scheidt so oft in Gesprächen mit Menschen um die Lebensmitte erlebt. Matthias Cropp zieht Bilanz, zufrieden, aber auch nachdenklich: „Ich hatte ein Haus gebaut, eine Familie gegründet. War Chef eines kleinen Unternehmens mit sechs Mitarbeitern. Manchmal hatten wir eine sehr gute Auslastung, manchmal eine weniger gute. Hinzu kamen die Preiseinbrüche auf dem Antiquitätenmarkt. Eine Barockkommode, die Anfang der neunziger Jahre für 20.000 Mark verkauft wurde, wird heute auf einer Auktion für 5.000 Euro angeboten. Und das ist kein Einzelfall. Ich stellte mir die Frage, ob ich das langfristig gesundheitlich durchstehe. Am Wochenende machte ich oft noch die Buchhaltung. Zukunftsangst hatte ich nicht, das wäre zu negativ ausgedrückt. Aber ich suchte nach einer neuen Perspektive.“ Ganz abgesehen davon, dass es den vielseitig interessierten Mann inzwischen ein wenig wurmt, kein Studium zu haben. „Obgleich mich das Analytische und auch das Kaufmännische immer gepackt haben.“ Da fügt es sich, dass sein Schulfreund anfragt.

Drei Gründe lösen Matthias Cropps Zusage aus: „Erstens der Reiz, etwas Neues zu beginnen, zweitens die intellektuelle Herausforderung und drittens die Aussicht, ein Stück weit auf der sicheren Seite zu sein.“ Unüberlegtes Handeln ist sein Ding nicht, das strahlt er mit seiner freundlichen Disziplin deutlich aus. Also wechselt er zunächst halbtags ins Heuse-Büro, wenige Gehminuten von seiner Werkstatt entfernt. Mit dem Rollenwechsel hat er keine Probleme. Der Unternehmer wird wieder zum Lehrling oder besser: zum Trainee. „Das war klassisches Learning by Doing. Ich bin jemand, der übers Wahrnehmen, übers Auge am meisten lernen kann. Möbel sind manchmal Sanierungsfälle. Beim Interimsmanagement haben wir zu zwanzig Prozent Sanierungsaufgaben. Das sind dann aber auch schon die Gemeinsamkeiten …

Schließlich bekommt er sein erstes eigenes Projekt. Das Durchschnittsalter der vermittelten Manager ist 55 Jahre, die Kunden schätzen als Ansprechpartner einen gestandenen Geschäftsmann mit Erfahrung und Menschenkenntnis. Sich von unerfahrenen grünen Jungs die Welt erklären zu lassen – diese Besetzung kommt im Interimsmanagement ohnehin nicht gut an. Jetzt ist Matthias Cropp Berater. Er verhandelt und betreut mit Kunden und Managern bis zum Schluss das Projekt. Es läuft gut. Auch, weil der 51 Jahre alte Cropp, der inzwischen Partner ist, „einen vertrieblichen Sensus hat“ und von sich sagt: „Ein Handwerker, der nicht klappert, der verkauft nichts.“ So unterschiedlich sind seine beiden Berufswelten dann doch nicht.

Die Interimsmanager und deren Mentalität liegen ihm sichtlich: „Das sind Leute, die immer wieder den Kick und die Herausforderung des Neuen brauchen, das ist mir vertraut. Unsere Leute müssen einen Überschuss an Qualifikation und Erfahrung mitbringen.“ Und diese grundlegende Sympathie für seine Kunden spüren diese natürlich auch, da stimmt dann einfach die Chemie und das tut den Projekten gut. Übrigens hat die Ludwig Heuse GmbH schon vielfach Frauen eingesetzt. Einen besonderen Trend möchte Matthias Cropp darin aber nicht erkennen: „Der Anstieg verläuft parallel zu der Entwicklung in der Wirtschaft. Frauen haben ihre Führungsqualitäten längst beweisen.“

Cropps Quereinstieg ist kein kompletter Umstieg geworden. Matthias Cropp ist Inhaber seiner Restaurierungswerkstatt geblieben, beschäftigt jetzt aber einen freiberuflichen Restaurator als Kooperationspartner. „Ich kann das eine tun, ohne das andere zu lassen. Das ist ein großer Zugewinn an Lebensqualität.“

Neue Wege zu gehen, das hat übrigens auch seine Frau gewagt. Sie ist gelernte Krankengymnastin und hat sich nach der Familienphase weitergebildet zur „Breast-cancer-Nurse“ also zur Krankenschwester, die sich um Brustkrebspatientinnen kümmert und ihnen in ihrer Ausnahmesituation menschlich und fachlich zur Seite steht. Ein Berufsbild, das sich in den Vereinigten Staaten langsam herausgebildet hat und sich in Deutschland ganz langsam etabliert. „Ich unterstütze sie darin sehr. Neuen Herausforderungen soll man sich stellen“, sagt Matthias Cropp, und aus seinem Mund klingt das nicht nach einem Kalenderspruch. Er lebt danach.

Der Journalist hat viele Redaktionen erlebt und war Chefredakteur zweier Privatsender. Nach einem Abstecher als Kommunikationsberater arbeitet Thomas Schwarz heute als Pressesprecher von „Care International Deutschland“. Er hat die Seiten gewechselt und versorgt nun Journalistenkollegen mit Informationen über die Hilfsorganisation.

7 Der Engagierte
Vom Rundfunkreporter zum Pressesprecher

„Nur jener, der sich aufmacht und
nach den richtigen Umständen sucht –
der sie selbst schafft, wenn er sie nicht findet –,
wird in dieser Welt Erfolg haben."
George Bernard Shaw

Um es gleich vorwegzunehmen: Thomas Schwarz ist ein Beispiel für einen sanften Berufswechsel, denn seiner Branche ist er treu geblieben. Das ist aber auch alles. Der Rundfunkreporter, -moderator und -nachrichtenmann arbeitet als Pressesprecher von Care International Deutschland. Er hat die Seiten gewechselt, nicht aber die Branche. „Eigentlich ist es wie beim Geheimagenten. Einmal Journalist, immer Journalist." Nun sendet er keine Interviews, er gibt sie seinen ehemaligen Berufskollegen. Zum Beispiel in den drei Wochen, in denen der Bonner im Nahen Osten war. Nachts im Beiruter Hotel ruft ein australischer Nachrichtensender an, um einen aktuellen Lagebericht für seine Hörer am anderen Ende der Welt zu bekommen. Zeitungen wollen Einschätzungen und Informationen aus erster Hand. Ohne Handy bewegt sich der unkompliziert wirkende Mann auf seinen Dienstreisen keine zwei Meter weit. Fünf Stunden Nachtruhe müssen reichen. „Das macht mir nichts aus. Ich schlafe dann wie ein Sack Zement. Früher auf Feten habe ich mich zur Not vor die Musikbox gelegt. In Beirut konnte ich trotz Bomben schlafen. Ich brauche morgen mindestens drei Wecker." Täglich aktualisiert er im Libanon sein Online-Tagebuch, das den Internetauftritt der Hilfsorganisation bereichert. Hinzu kommen ständig aktuelle Bilder. Wer im Netz porträtiert wird, der ist da auch im Bild zu sehen. „Fotografie ist meine Passion."

Wieder zurück in Deutschland, ist er live im Westdeutschen Rundfunk, Studio Köln, zu hören. Vorher hat er in Berlin ein Interview gegeben. Diese Öffentlichkeitsarbeit bringt den Hilfsprojekten von Care bares Geld. Denn natürlich gilt für alle Hilfsorganisationen, die untereinander im Wettbewerb stehen: Wer Geld spendet, der möchte sein Erspartes nicht in irgendwelchen obskuren Töpfen versickern sehen, sondern wissen, wem das konkret zugute kommt. Thomas Schwarz macht das mit seinen Kollegen transparent.

Das gelingt ihm auch deshalb relativ mühelos, weil er weiß, dass gehetzte Journalisten immer die Uhr und die Konkurrenz im Nacken haben. Sie möchten kompakt, mehr oder weniger sachlich und möglicht unkompliziert über Aktionen ins Bild gesetzt werden. Das unterscheidet den Care-Mann von vielen anderen Pressesprechern, die zwar über ausgezeichnete Fachkenntnisse verfügen, aber nicht wie Journalisten „ticken". Der überzeugte Rheinländer und bekennende Anhänger „katholisch-liberaler Tradition" hingegen weiß, was die Medien wünschen und was die redaktionellen Strukturen fordern. Manchmal bedauert er, dass er wichtige Themen kaum platzieren kann. „Zum Beispiel das ganz wunderbare Aidswaisenprojekt ‚Gärten des Lebens' in Lesotho." Das ist sehr nachhaltig und klug ausgedacht und umgesetzt, aber eben nicht schlagzeilenträchtig. Die Kinder legen Gärten an, ernten Gemüse und gehen zur Schule. Um das Konzept vorzustellen, braucht es Platz und Zeit – ein knappes Gut. Schade, aber so funktioniere die Medienwelt.

Die lernt Thomas Schwarz früh kennen. Aufgewachsen ist er in Leubsdorf am Rhein. Großgeworden ist er mit der Rhein-Zeitung, der Frankfurter Allgemeinen Zeitung und dem „Paulinus", der Kirchenzeitung für das Bistum Trier. Keine Frage, dass er für die Schülerzeitung arbeitet. „Im zarten Alter von einundzwanzigeinhalb Jahren habe ich Abi gemacht. Die konstantesten Noten waren die Fünf in Mathe und die Zwei in Deutsch. Schülersprecherarbeit und der Landesschülerbeirat waren mir wichtiger als der Unterricht. Für meine Eltern war das schlimm. Aber für mich waren die letzten Jahre auf dem Gymnasium die freiesten meines Lebens." Zu den Gerolsteiner Schulfreunden hat er bis heute Kontakt, darunter ein Pflegedienstleiter, ein Buchhändler, ein Garten- und Landschaftsbauer, eine Sportlehrerin. „Die interessieren sich nur rudimentär für Genscher-Interviews und haben nichts mit Journalismus zu tun." Schwarz genießt diese andere Welt. Zumal das Klischee vom abwechslungsreichen, oft oberflächlichen Journalistenmilieu zutrifft und das Berufsfeld leicht zum Jahrmarkt der Eitelkeiten wird. Dass es Prominenten oder Politikern letztlich oft egal ist, ob da Reporter X oder Moderatorin Y sitzen oder gar ein Kartoffelsack ausharrt, das blenden Journalisten gerne aus.

Noch sieht Thomas Schwarz nur die schönen Seiten des Schreibens. Für seine Schülerzeitung ist er nach Luxemburg gefahren und hat ein Interview bei Radio Luxemburg gemacht. Nachdem er sein Abitur bestanden hat, klopft er wieder bei RTL an.

Von seinen kindlichen Wünschen Polizist, Schaffner und Pastor zu werden, hat er sich längst verabschiedet. „Die Berufe hatten immerhin alle in irgendeiner Form mit Kommunikation, Klarheit und Umgang mit Menschen zu tun.“ Schaffner wollte er – das Berufswahlmotiv Vorbild lässt grüßen – vor allem werden, weil das sein Patenonkel war. „Der war immer gut drauf“, und er versorgte den Jungen mit Sprüchen wie: „Halte immer Gott vor Augen und bet' Dich, die Ewigkeit lang“. So ein stabiles Weltbild hat eben auch etwas Beruhigendes, gerade in Jahren, in denen das Leben noch unübersichtlicher erscheint, als es ohnehin ist. Der Beruf eines Pfarrers erschien dem Jungen wiederum reizvoll, weil der Dorfpastor „ein ganz moderner war, der hat unglaublich beeindruckend gepredigt, den Bezug zum Hier und Jetzt hergestellt und sich immer wieder den Unmut des Pfarrvolkes zugezogen. Mit dem konnte man sich richtig fetzen, und er hat uns Dreizehnjährige ernst genommen. Tolerant und liberal sein und Flagge zeigen, das konnte der, und das finde ich bis heute gut.“

Je älter Thomas Schwarz wird, umso stärker zieht es ihn in den Journalismus. Aus dem Praktikum bei RTL entwickelt sich ein Volontariat, eine Lehre. 1979 wird in der alten Luxemburger Stadtvilla Radio noch mit der Hand gemacht. Die Kollegen im Fernschreiberraum steckten den Verkehrsbericht in eine Tüte und ließen ihn an einer Wäscheleine ein Stockwerk tiefer an der Fensterfront herunter. „Dann wedelte eine Tüte vor dem Moderatorenfenster und wir holten die rein.“

Programmdirektor ist Frank Elstner. Schwarz' Volontärvater ist Hans Meiser, der später durch boulevardeske Formate und tägliche Talkshows bekannt wird, in denen es mitunter dumm und derb zugegangen ist. „Ich halte ihn nach wie vor für einen großartigen Journalisten. Der hat mir die Flötentöne beigebracht und auf Objektivierbarkeit von Fakten gedrängt. Also darauf, bei Nachrichten präzise und meinungsfrei zu sein. Darum geht es mir auch heute: auf der Grundlage von Realitäten ausgewogen zu bleiben.“ Die ersten Nachrichten liest der Jungvolontär Schwarz nachts um 23.30 Uhr. Unterstützt wird er von hilfsbereiten Kollegen, die aufpassen, dass er richtig betont und „bei aller Vereinfachung nicht zu flach wird“. Das Handwerk fällt ihm leicht. „Ich hatte Talent und musste mich vor dem Mikrofon nur konzentrieren, aber es war keine Anstrengung. Ich sehe das als eine Gabe an.“ Einen Kurs in Sprecherziehung und die berüchtigten Korken-Übungen hat er nie machen müssen. Lampenfieber im Hörfunkstudio kennt er nicht. Ob ihm nun Tausende zuhören oder nicht, das belastet ihn nicht – denn die Hörer sehe er ja nicht. Er konzentriert sich, dann geht alles gut. Ganz anders ist das, wenn er einen Vorträg hält. „Dann sieht man ja die Reaktionen, das finde ich schwieriger." In Bonn hat er über seine Libanon-Eindrücke vor einem Aktionskreis gesprochen, anwesend waren sieben ehrenamtliche Care-Mitarbeiter. „Da bin ich dann nervös, weil ich denke, die kommen extra wegen mir."

Längst ist ihm zu diesem Zeitpunkt klar, dass er auf jeden Fall politischer Journalist werden möchte. Das ist kein Zufall. Er und seine fünf Geschwister – „ich bin ein Sandwichkind" – kommen aus einem sehr politischen Elternhaus. Sein Vater ist der ehemalige rheinland-pfälzische Innenminister Heinz Schwarz. Gespräche daheim – die gerne auch kontrovers und temperamentvoll geführt werden – sind an der Tagesordnung. Da liegt es nur nahe, dass sich der Sohn für diese Dinge interessiert. „Aber das, was man heute Karriereplanung nennt, habe ich nie gemacht. Dazu lebe ich zu sehr im Hier und Jetzt." Verstärkt wird diese Carpe-diem-Haltung durch den Tod des Bruders, der mit nur 18 Jahren an den Folgen eines Motorradunfalls stirbt. „Das ist jetzt 26 Jahre her und war das bisher Schlimmste in meinem Leben und eine prägende Wegmarke. Zum Glück waren mir Freunde immer wichtiger als der Beruf, Geld und Karriere."

In diesen Wochen hört er wieder öfter den Titel „Ein neuer Anfang" des Liedermachers Klaus Hoffmann, den er während seiner Abizeit gehört hat und damals „monatelang morgens geschmettert hat". Der Refrain packt ihn noch immer: „Das wird ein Tag, unser Tag wird ein neuer Anfang sein, an dem wir nicht mehr wanken, in unserem Urteil schwanken."

Um näher bei seiner trauernden Familie zu sein, geht Thomas Schwarz als freier Journalist nach Bonn. Er macht unter anderem Reportagen für den Süddeutschen und den Bayerischen Rundfunk. Mit gerade erst 23 Jahren wechselt er als Politikkorrespondent ins Bonner Hörfunkstudio von RTL. Studioleiter ist damals Geert Müller-Gerbes. „Ich war grün hinter den Ohren, bin aber herumgelaufen wie Graf Koks", lacht er heute über sein Lebensgefühl. Zuständig ist er für die CDU/CSU und ebenso für die Grünen. Die sind damals neu im Bundestag, es ist die Zeit von Petra Kelly und Gert Bastian, die Neuen werden aufgeregt beobachtet. „Jedenfalls war diese Kombination hochinteressant."

Vom Bonner Tulpenfeld zieht Thomas Schwarz dann in die Kufsteiner Straße nach Berlin. Er moderiert beim RIAS, dem Rundfunk im amerikanischen Sektor. Unter anderem sitzt er am Mikrofon der Jugendsendung „Treffpunkt". Schon lange hat er Kontakte zu Menschenrechtsgruppen in Ostberlin. 1987 erhält er zwei Jahre lang Einreiseverbot in die DDR. Nachdem er als interessierter Zeitgenosse erlebt, dass Gorbatschow Präsident geworden ist, vertritt Schwarz gerne und lautstark die Meinung: Wir erleben noch die Wiedervereinigung. Damals schüttelten manche den Kopf über die Prognose.

Nach zwei Jahren kehrt Schwarz zurück nach Luxemburg, dort wird ein Nachrichtenmann gebraucht. Dann packt er wieder seine Koffer für Berlin. Jede Menge Wechsel folgen – ganz so, wie sie in der Journalistenbranche üblich sind. Wer hier arbeitet, den bedroht so eine Unbeständigkeit nicht, der scheint sie regelrecht zu brauchen, um sich zu vergewissern, dass in seinem Leben etwas passiert. Diese Unruhe und bisher fünfzehn Umzüge haben den 49 Jahre alten Mann privat wenig belastet. „Ich war schon Single, als es das Wort in der deutschen Sprache noch gar nicht gab. Zum Glück bin ich jeden Tag mit vielen Menschen zusammen, da genieße ich abends die Ruhe."

Im Sommer 1990 ist er der „Mann für die Einheit" von „HUNDERT,6", dem Berliner Privatradio, und „erlebt jeden Tag einen historischen Tag". Näher dran sein am Geschehen, den Fall der Mauer, das geht kaum noch. „Das war eine sagenhaft intensive Zeit, wir haben zum Beispiel Live-Reportagen vor dem Reichstag gemacht. Ich habe jeden Tag spannend gefunden." Ihm liegt eine klare Sprache am Herzen, politisch präzise soll sie sein. „Ich spreche nicht vom südafrikanischen Präsidenten Botha, sondern von Botha, dem Präsidenten des südafrikanischen Apartheidregimes. Ich habe nicht vom chilenischen Präsidenten Pinochet geredet, sondern vom chilenischen Diktator, General Pinochet. Und nicht von der Nachrichtenagentur TASS, sondern von der sowjetischen Agentur TASS."

Er erhält ein Jobangebot aus Bonn. Fünfeinhalb Jahre lang leitet er als Chefredakteur die sich noch neu zusammengefundene Redaktion von Radio Bonn-Rhein-Sieg. Das ist die längste Zeit am Stück, die er bei einem Sender arbeitet. Es führt Buch- und Computertipps ein, die „Persönlichkeit der Woche" im Porträt, Interviews mit dem israelischen Botschafter, mit Horst Ehmke, aber auch dem Bonner Karnevalsprinzenpaar, „Beiträge, die auch mal länger als zwei Minuten sein konnten". Und immer wieder Politik.

Zunehmend nagen Zweifel an ihm, ob er wirklich am richtigen Platz ist. „Und ob es auf Dauer so erhebend ist, vor den Türen der Parlamente zu stehen und zu warten, dass jemand herauskommt, der dann nichts Substanzielles sagt und dessen O-Ton man doch verwenden muss." Es gibt aber noch eine weitere Entwicklung, die ihn belastet und die er so skizziert: „Die Eindampfung des Wortes im nichtgebührenfinanzierten Radioprogramm schreitet voran.“ Klar kann er knapp etwas auf den Punkt bringen. Aber knapp ist relativ, im Häppchenjournalismus bleiben Inhalte und Tiefgang auf der Strecke. Das gefällt Thomas Schwarz gar nicht.

Er verabschiedet sich vom Redaktionsalltag und probiert etwas Neues aus. Mit 41 Jahren etabliert er sich als freiberuflicher Kommunikationsberater. Unter den Kunden sind Werbeagenturen und Bundespolitiker, die froh sind, sich für ihre Auftritte den Rat eines Fachmanns zu holen. Das Kontaktnetz wächst. Ein amerikanisches Softwareunternehmen mit deutschem Sitz in Frankfurt am Main wird über einen Headhunter auf ihn aufmerksam und fragt an: Er sagt zu und gelangt auf Geschäftsführerebene. Knapp zwei Jahre lang ist er dort beschäftigt und verantwortlich für Marketing und Kommunikation und verdient so viel Geld „wie in meinem ganzen Leben vorher nicht, wohl auch später nicht“, schmunzelt er. „Dann haben wir uns in beiderseitigem Einvernehmen getrennt.“ Keine schlechte Erfahrung, aber auch keine berufliche Erfüllung.

Die zweite Selbständigkeit vor fünf Jahren wird dann allerdings „ein Fiasko“, wie er ungeschminkt berichtet: Er wollte eine Internet-Suchmaschine gründen, deren erste zwanzig Ergebnisse Topqualität und rasche Orientierung bieten sollten zu aktuellen Themen der Politik, des Sports, der Kunst. Im Nachhinein bedauert er, dass er sich von der Skepsis Außenstehender habe so verrückt machen lassen. Diese – wenn auch gut meinenden – Bedenkenträger haben ihn unsicher werden lassen. „Meine Intuition hat mich noch nie im Stich gelassen. Ich habe falsche Entscheidungen getroffen, weil ich mich gegen meinen intuitiven Impuls von Fachleuten beraten lassen habe.“ Bereut hat er den Versuch dennoch nicht. „Ich bin kein vorsichtiger Mensch, und ich will das auch nicht sein. Ich möchte lieber dreimal auf die Nase fallen, als einmal auf die Realisierung einer Idee zu verzichten, von der ich überzeugt bin.“

Hundertprozentig überzeugt ist er von seiner Arbeit bei Care. Um authentisch berichten zu können, reist er. Zwei Monate nach dem großen Erdbeben war er in Pakistan. Gleich danach im Nordosten Kenias, um sich ein Bild von der Situation der somalischen Flüchtlinge zu machen. Camp-Management heißt das bei den Organisationen. Seine Tage sind oft lang und anstrengend, ihn stört das nicht. „Ich habe das Wort Stress aus meinem Wortschatz gestrichen. Ich finde das Wort albern und ersetze das durch Zeitdruck oder Entscheidungsdruck.“

Warum Care? Steckt dahinter nicht auch die berühmte Sinnsuche, auf die sich mit Vorliebe Menschen um die Vierzig begeben? „Das ist mir zu hoch aufgehängt", wehrt er ab, freundlich, aber ziemlich entschieden, ringt sich dann aber zu folgenden Sätzen durch: „Es muss Spaß machen. Und ja, es hat auch etwas mit Erfüllung zu tun." Vor allem das Schicksal der Kinder geht ihm nah. „Das ist eigentlich die Hauptmotivation für die ganze Arbeit." Zwischendurch wollte er sogar gerne Streetworker werden. Jetzt setzt er sich im Ausland dafür ein, dass das Leben vieler Kinder leichter, oder soll man schreiben erträglicher, wird. „Ich glaube, wer die Kinder rettet, der rettet die Welt. Das ist natürlich naiv ausgedrückt, aber der Schlüssel für die Lösung der Probleme weltweit. Wer es nicht schafft, Kindern Lesen und Schreiben beizubringen, der schafft es nicht, Demokratisierung in korrupten Gesellschaften durchzusetzen."

Wie geht er damit um, oft so viel geballtes Elend zu sehen? „Ich weiß es nicht. Die Frage halte ich für künstlich. Ich weiß sowieso, wie privilegiert ich bin. Jeden Tag weiß ich das. Gutmenschen alleine lösen keine Probleme, die verkomplizieren die Sache. Je weniger Emotion in humanitärer Arbeit eine Rolle spielt, desto erfolgreicher ist sie. Gerechtigkeit schafft man nicht durch Emotionalität. Mit ‚Ist-das-schrecklich' ändert man gar nichts. Humanitäre Hilfe hat viel mit guter Strategie und Hightech zu tun."

Nichtsdestotrotz umweht ihn ein Hauch von Abenteuerlust. Wenn er nach der Rückkehr aus einem Krisengebiet auf dem Flughafen landet, ruft er zuerst seine 76 Jahre alte Mutter an. Die fragt dann: „Bist du am Stück?" Ja, das ist er. Und froh dazu. „Ich habe so viel Glück gehabt in meinem Leben, dass ich irgendwann das Wort Demut gefunden habe." Rastlos wie er phasenweise ist, hat er eine Woche Urlaub bei den Tuareg im Niger gebucht. Er lacht fröhlich: „Das Kamel ist schon organisiert."

Malaika Krüger und Meinhard Griesser haben das getan, wovon so viele heimlich träumen: Sie haben im immer noch schönen Schwabing ein Café eröffnet und betreiben dort auch ein Grafikatelier. Nicht nur in München beweisen sie Mut zur Patchwork-Karriere.

8 Die Lebenskünstler

Wenn Grafiker auch Gastronomen werden

„Leben allein genügt nicht,
sagte der Schmetterling,
Sonnenschein, Freiheit und eine kleine
Blume muss man auch haben."
Hans Christian Andersen

Hoch über der Theke sitzt ein Wolperdinger und starrt die Gäste an. Ein bayrisches Fabelwesen in Gestalt eines gehörnten Hasen mit Fasanenfederschwanz. Ausgestopft und fürchterlich skurril. Dieses Wechselwesen ist eine Art Wappentier für Malaika Krüger und Meinhard Griesser. Die beiden nennen sich „Die Wolperdinger" und betreiben ein Designbüro und ein kleines Café dort, wo Schwabing am schönsten ist. Unter lauschigen Baumkronen und zwischen Gründerzeitbauten in der Siegfriedstraße servieren sie neun Kaffeespezialitäten und entwerfen am Wochenende in ihrem angrenzenden Büro Faltblätter, Broschüren und ganze Kataloge.

Klingt nach Lebenskunst und herrlicher Was-ich-immer-schon-mal-im-Leben-machen-wollte-Boheme, hat aber sehr viel mit harter, auch körperlich anstrengender Arbeit zu tun. Und es klingt nach Selbstausbeutung. Den Putzlappen schwingen sie selbst, kochen dampfenden Cappuccino, belegen üppige Ciabattas, backen knusprigen Mandelkuchen, erledigen Großeinkauf und Buchhaltung und rechnen wie die Maikäfer, um ihr kleines Unternehmen solide aufzubauen. Parallel zum Café bauen sie ihr Designbüro aus. Reich an Geld wird man damit (noch) nicht, aber reich an Erfahrungen und ausgefüllten Tagen. „Wir haben uns gegenseitig ein Gehalt in Aussicht gestellt", grinst Meinhard Griesser, ein drahtiger, redegewandter Mann, Typ realitätsorientierter Künstler. Noch wirtschaften die beiden Wolperdinger vom Ersparten. Geöffnet hat das lauschige Café von 9 bis 18 Uhr, gearbeitet wird von früh morgens bis 22 Uhr. Mindestens. „Das ist schon eine Kräftegeschichte", sagt die 39-jährige Malaika, eine Schweizerin mit fotogenem Gesicht und offenbar nie versiegender Energie. Ihr Unterton ist gut gelaunt, als sie von der Arbeitsbelastung spricht.

Eine klassische Karriere haben beide nicht gemacht, aber sie haben sich mit ihren Wechseln zufrieden eingerichtet und verschwenden keinen Gedanken daran, sich fremdbestimmten Arbeitsabläufen unterzuordnen. Lieber machen sie ihr eigenes Ding. Die beiden Inhaber repräsentieren die Generation Praktikum – die auf der Suche ist und ihren Weg macht, der zwischen Selbstverwirklichung und Selbstausbeutung zu wanken scheint. Dabei sind sie in guter Gesellschaft. Patchwork-Biografien gehören im ehemaligen Künstlerviertel Schwabing zum Stadtbild, erklärt der 43 Jahre alte Meinhard Griesser: „Die Entlassungen bei Leo Kirch haben die Mediengesellschaft durcheinander gewirbelt. Es gibt hier viele Cutter, Grafiker und Journalisten, die nebenbei Umzüge machen oder Autos reparieren. Das schafft hier kaum einer, nur von einem Job zu leben." Aber einmal München, immer München. Die teure Stadt mit ihren geradezu unverschämt hohen Mieten zu verlassen und einen ebenfalls unsicheren Job in Ludwigshafen oder Iserlohn zu beginnen, das möchten die meisten dann doch nicht. Da sind die Alpen vor und auch die wundervollen Wochenenden an den Bergseen.

Sich auf neue Situationen einzustellen, in dieser Disziplin ist auch seine Geschäftspartnerin recht geübt. „Sie ist ein Sonnenschein", sagen Mutter, die italienische Malerin Francesca Marazzi, und Großmutter, die gerade zu Besuch sind. Malaika Krüger hat mit Hardy Krüger einen prominenten Vater. „Das Verhältnis ist aber mehr als distanziert. Ich habe das Ding hier ganz alleine gestemmt", betont sie mit freundlichem Nachdruck.

Die Jugend verbringt Malaika Krüger in Starnberg. Später zieht die Familie ins lebhafte Glockenbachviertel im Herzen von München. Als Sechzehnjährige macht Malaika ein Praktikum in einer Werbeagentur. Das gefällt ihr so gut, dass sie sich an der Fachhochschule für Design bewirbt. Die Bewerberzahl ist hoch, die Plätze sind rar. Sie wird nicht genommen. Stattdessen besteht sie die dreitägige Aufnahmenprüfung an der Meisterschule für Mode. Nach drei Jahren hat sie ihr Diplom in Modegrafik. Ihren ursprünglichen Plan, nach Barcelona zu ziehen, durchkreuzt ein netter Neurologe am Krankenhaus München-Bogenhausen, der sich wiederum mit 33 Jahren entschlossen hatte, in Neapel ein Pharmaziestudium draufzusatteln. Während der Semesterferien lernt sie ihn in München kennen und überredet ihn später, gemeinsam nach Rom zu ziehen. Sie arbeitet bei der linken Tageszeitung „Il Manifesto" und macht ein Praktikum bei einem Grafiker, der kunstvolle Buchtitel gestaltet. Italienisch spricht die in Lugano geborene Kosmopolitin ohnehin fließend.

Schließlich kehrt das Paar zurück nach Bayern und richtet sich in München ein. „Uns ist schlicht das Geld ausgegangen, darum haben wir Italien verlassen", sagt Malaika Krüger. Zurück in München, wird aus ihr eine „wahnsinnig schlecht bezahlte" Praktikantin in einem Grafikbüro. „Trotzdem habe ich mir den ersten Mac geleistet und mir die Grafikprogramme beigebracht." Dass sie diesen versierten Umgang mit der Technik heute prima zur Existenzsicherung nutzen kann, ist ihr damals noch nicht klar. Kurz arbeitet sie in Festanstellung bei einem Unternehmen, das Druckvorlagen für Etiketten herstellt. Dann wird sie schwanger und löst den Vertrag in beidseitigem Einvernehmen, „das war einfach ein Akt der Fairness". 1994 wird ihre Tochter Naima June geboren – „wenn man selbst exotische Namen hat, dann kann man sein Kind nicht Petra nennen", sagt Malaika Krüger. Eine glückliche Phase folgt. Sie ist mit Leib und Seele „voll Mutter, Ehefrau und Hausfrau" und kümmert sich mit großer Freude um das Heim in Unterföhring. „Ich war in einem Doris-Day-Ding drin, wollte immer alles perfekt machen und habe dafür meine eigene Karriere aufgegeben." Was ihr einen Glückschub verschafft: Vier Jahre später kommt Sohn Pablo auf die Welt.

Wann immer es ihre Zeit zulässt, macht sie nebenher Grafikjobs für Freunde und näht, um ihre ausgeprägte Leidenschaft für gestalterische Dinge auszuleben. Wenn Malaika Krüger eines ist, dann ist sie kreativ.

Vor vier Jahren geschieht dann das, was vielen widerfährt: Das Paar trennt sich. Heute haben sich beide einstigen Partner so gut arrangiert, dass die Kinder die halbe Woche beim Vater und den Rest der Zeit bei der Mutter verbringen. Ein Lösung, die Organisationstalent, Toleranz und den entschiedenen Willen dazu voraussetzt. „Natürlich war es alles schwierig, aber jetzt ist es okay. Ich bin halb allein erziehend", erklärt sie.

Nach der Trennung taucht Malaika Krüger „in die Realität ein", wie sie sich ausdrückt. Sie kellnert, versucht aber auch weiterhin, ihre Freude am Design umzusetzen. Unter dem Künstlernamen „Loocy Lane" entwirft sie Wendetaschen, deren Mustermix die Käuferinnen anzieht. Herstellung, Werbung und Vertrieb aber als Ein-Frau-Betrieb umzusetzen, das ist unrealistisch in der sich schnell drehenden Modewelt. „Da muss man von morgens bis abends rocken. Mit zwei kleinen Kindern ist das schwer. Aber einen Versuch war es wert." Geht nicht, gibt es bei ihr nicht. Diese Haltung, einfach etwas auszuprobieren, statt sich ständig mit tausend Bedenken selbst zu blockieren, wird belohnt. Denn schließlich wird ihr das Schwabinger Lokal zur Pacht angeboten. Gleich schräg gegenüber ist ein

Gymnasium, für Stammkundschaft ist also gesorgt. Längst kommen aber auch Gäste aus den umliegenden Büros.

„Genehmigungsfreie Kleingastronomie" heißt das Projekt im Behördendeutsch und bedeutet konkret, dass kein Alkohol und keine offene Milch serviert werden darf. Andererseits müssen auch keine getrennten Toiletten oder teure Stellplätze angeschafft werden, was wiederum die schmale Kasse entlastet. „Ursprünglich haben wir eine Vollexistenzgastronomie gesucht. Hier hängt viel am Glück des Raumes. Unser Patchwork-Geschäftsprinzip ist aus dem großen zweiten Raum geboren", erklärt Meinhard Griesser, und seine Kollegin nickt: „Wir sind Mixmenschen." Denn „Die Wolperdinger" haben nicht nur einen Gastraum und eine lauschige Außenterrasse – was im sonnigen Schwabing natürlich Gold wert ist – gemietet. Vom Caféraum geht wiederum ein großzügiger Nebenraum ab, den die beiden Geschäftsleute zu einem originellen Grafikatelier umgestaltet haben. Herzstück ist ein riesiger Tisch, an dem Kundengespräche geführt und entworfen werden.

Meinhard Griesser stammt aus Mühlheim an der Ruhr. Er hat sich vom Siebdruck bis zu den Finessen des Katalog-Layouts das Grafikerhandwerk selbst erarbeitet – „durch Learning by Doing und Praktika". Und der Mann kann etwas, obgleich er nie eine Hochschule besucht hat. Einen Sommer lang wollte er „aus Langeweile und aus jugendlichem Leichtsinn" nach München gehen, um hier zu jobben. Das tut er auch in einem Café an der berühmten Leopoldstraße – die wirklich so ausschaut, wie man sich den Flanierboulevard im Filmklischee vorstellt. Filmreif verläuft auch sein Einstieg in eine Festeinstellung. Dort im Café aktualisiert er unter anderem die Speisekarte auf einer großen Tafel und wird so prompt für die Verlagswelt entdeckt. Seine schöne, schwungvolle Handschrift fällt einem Art Director auf, der hier Stammgast ist und den damals 23 Jahre alten Aushilfskellner für den Gong-Verlag abwirbt. Bei dessen auflagenstarken Publikumszeitschriften arbeitet Meinhard Griesser acht Jahre lang als Layouter. Noch heute lobt er „die wunderbare Betriebsatmosphäre". Chefredakteur Helmut Markwort – der heute die Geschicke des Nachrichtenmagazins „Focus" leitet und Mediengeschichte geschrieben hat – habe nach kurzer Zeit jeden Mitarbeiter mit Namen gekannt und die Chefpolitik der offenen Türen gelebt. „Ich weiß nicht, wie das heute so alles ist, damals war das eine tolle Zeit", sagt Griesser.

Allerdings stagniert nach einigen Jahren sein Fortkommen. Als er nach Jahren keine Möglichkeit sieht, „sich karrieremäßig weiterzuentwickeln", zieht er 1992 nach Leipzig. Gemeinsam mit zwei Freunden gründet er dort die Werbeagentur „KGB", benannt nach den Initialen der drei Jungunternehmer. „Mut hatte ich, Geld nicht, die Gelegenheit war da, es war eben so das Übliche." Die Zeit ist schön, die Stadt im Aufbruch. Schließlich aber zieht es einen der drei Partner, einen gebürtigen Leipziger, nach München. Ausgerechnet. Dahin möchte Meinhard Griesser damals aber nicht folgen.

Und wieder begibt er sich in ein neues Berufsleben. „Jetzt wird es wirklich abenteuerlich. Ich habe den Quereinstieg in ein anderes Milieu vollzogen und bin ins mittlere Management einer Gießpulverfabrik gewechselt." Die Verbindung entsteht durch einen Verwandten, der für das Unternehmen in der Nähe von Bautzen einen Marketingfachmann sucht. Da kommt ihm ein Talent wie Griesser gerade recht. Der hat ja schon mehrfach bewiesen, dass er sich leicht in neuen Situationen zurechtfindet. Was andere als Bedrohung empfinden, weckt in ihm eher die Entdeckerfreude. Hauptsache, keine Stagnation. Das Leben ist zu kurz, um auf neue Wege zu verzichten. Meinhard Griesser bereist Stahlwerke in Osteuropa und China und hilft, Aufträge nach Sachsen zu holen. Er sieht viel von der Welt, wenn er sich auch vorrangig in Industriewerken tummeln muss. Dümmer werde man davon nicht. „Nach fünf Jahren fand ich das komplexe mineralogische Thema dann aber nicht mehr so interessant." Zumal der Halbösterreicher München und die Leichtigkeit barocker Lebensfreude allmählich vermisst. Dorthin kehrt er mit einer Abfindung zurück.

Nun wird es wieder abenteuerlich. Denn er wechselt keineswegs wieder in einen Verlag, sondern arbeitet zwei Jahre lang als Edelsteinhändler. Steine haben ihn immer schon fasziniert, schon als Junge hat er Fossilien und Kristalle gesammelt. Und er verfügt über Verkaufstalent. Warum also nicht. Also macht er in Edelsteinen, der Sprung gelingt durch einen befreundeten Edelsteinhändler. Was er nicht so recht bedacht hat, ist sein ständiges Unterwegssein. Er liebt das Reisen, ja, all die vielen neuen Eindrücke. Aber jetzt ist er zwei Drittel seiner Zeit auf Kundentour. Das ist zuviel. Meinhard Griesser möchte sesshafter werden und auch seine Beziehungen nicht mehr den Umzügen opfern, „das ist nämlich mehr als einmal geschehen".

Durch einen Zufall lernt er Malaika Krüger kennen. Ausgerechnet in einem Café. Die beiden sind sich sympathisch und haben, um den strapazierten Ausdruck zu benutzen, die gleiche Wellenlänge. Ein Paar sind die beiden aber nicht. Im Augenblick sind beide Singles.

Im November 2005 haben sie ihre Ersparnisse zusammengelegt und „Die Wolperdinger“ eröffnet. Bis zum Sommer haben sie den Umsatz verdreifacht, Tendenz steigend, Gäste und Kunden fühlen sich wohl. Die Preise sind fair. „Wir spekulieren darauf, dass die Leute dann zwei Kaffees nehmen“, sagt Malaika Krüger, die die Sache mit der Dienstleistung sehr ernst nimmt. „Der Kaffee muss in der gleichen Qualität geboten werden. Der Milchschaum muss die gleiche Konsistenz haben. Tag für Tag. Und die Leute merken, dass wir das gern machen.“ Der Weg zur Selbstausbeutung ist da kurz.

Er sagt: „Wenn mich ein Projekt anmacht, dann kann ich Berge versetzen. Hauptsache, ich darf mich nicht langweilen.“ Sie sagt: „Ich bin so ein Duracell-Männchen und weiß, dass ich für meine Kinder sorgen muss. Bei mir spielen Existenzängste eine Rolle. Das soll hier ein Erfolg werden.“ Beide sagen: „Wir verbringen hier jede freie Minute.“ Und das immer öfter im Grafikatelier, das sie stärker etablieren möchten. „Wir wollen uns da langsam reingrooven“, betonen beide. Das funktioniert. Denn obgleich sie mit der Gestaltung von Werbung unter anderem ihr Geld verdienen, haben sie selbst dafür im Augenblick keinen Etat. Zum Glück ziehen zufriedene Kunden andere nach und manche Cafébesucher registrieren staunend das Angebot im Nachbarraum. So gestalten „Die Wolperdinger“ Visitenkarten, Einladungen, Kataloge und entwickeln Logos. Auftraggeber sind Musikproduzenten, Modeunternehmen, Konzertkartenagenturen. Inzwischen beschäftigen sie einen freien Mitarbeiter, einen Computerfachmann, der für Kunden Websites im Internet einrichtet. Netzwerken gehört zum Konzept, bei der Plauderei mit den Gästen ergibt sich gleichsam en passant der eine oder andere Auftrag. Aber unangestrengt. „Wir Wolperdinger reden einfach gerne miteinander“, sagen sie wie aus einem Mund.

Jan Hildisch hat bewegte Zeiten hinter sich. Der Greifswalder hat die Flucht riskiert und in Lüneburg einen Neuanfang gewagt. Er hat den Fall der Mauer erlebt, die Zeit der Wende und einige berufliche Wechsel bestanden. Heute gehört ihm die größte private Musikschule in Berlin.

9 Der Unerschrockene

Vom Kfz-Mechaniker zum Musikschulbetreiber

„Neunzig Prozent des Erfolges
sind reines Durchhaltevermögen“
Woody Allen

Und es war Sommer. „Nämlich der spektakuläre Ungarn-Tschechien-Botschafts-Sommer ’89“, sagt Jan Hildisch aus Greifswald hoch oben in Vorpommern. Damals ist er 18 Jahre alt und steht mit einem kleinen Rucksack und Notgroschen an der deutschen Botschaft in Budapest. „Mir war völlig klar, die erste Chance, die sich mir realistisch bietet, in den Westen zu kommen, die nutze ich. Ich kam mir immer als Bürger zweiter Klasse vor. Wir haben Westverwandtschaft, und wenn die zu Besuch kam, wunderte man sich, warum einem das eigene Land und Leben so grau vorkam. Ich wollte mich freier entfalten“, das hat er als Jugendlicher beschlossen Die Familie sorgt sich. Besonders die Mutter, eine Lehrerin. Dennoch überwindet sie ihre Ängste und den Trennungsschmerz und ermutigt den Sohn. Sie sagt: Du wist drüben ein besseres Leben leben können. Irgendwie werden wir uns wieder sehen. Als der Sohn geflohen ist, kommen auf die charakterstarke Frau noch schlimme Zeiten zu: Die Kollegen dürfen nicht mehr mit ihr sprechen. Sie wird ausgegrenzt und gemobbt – bis zum Nervenzusammenbruch.

Als deutlich ist, dass auf Flüchtende nicht geschossen wird, da wächst der Mut, es wieder zu versuchen. Zweimal ist der Abiturient da schon nach Ungarn gereist, dann aber wieder zurück ins Penzliner Dorfleben gekehrt. „Wir hatten Angst vor dem Schießbefehl. Die Mauertoten waren uns ein warnendes Beispiel.“ Als Nachrichten durchsickern, dass die Flucht leichter wird, verlässt der Abiturient mit einem Freund endgültig seine Heimat Mecklenburg-Vorpommern. Die jungen Männer erreichen das Auffanglager der deutschen Botschaft in der ungarischen Hauptstadt. „Da war trotzige Entschlossenheit in uns, aber auch Angst.“ Beiden gelingt die Flucht. Am 2. September gehen sie über die Grenze. Über Deggendorf am Bayerischen Wald gelangt Jan Hildisch zu seinem Großvater in Lüneburg, einem pensionierten Stadtbildpfleger und Architekten. Und hier in der Salzstadt sortiert er sein Leben neu.

Geboren ist der Sohn eines Zahnarztes in Greifswald hoch oben am Bodden nahe der polnischen Grenze. Die Familie ist in Vorpommern, Mecklenburg und Brandenburg viel hin und her gezogen. Das hing unter anderem damit zusammen, dass die Mutter gerne ein eigenes Haus bauen wollte, was in der ehemaligen DDR alles andere als einfach war. Jan Hildisch ist ein guter Schüler. Seine Zensuren in Mathematik und Physik stechen besonders hervor. Solche Talente haben die Funktionäre im Blick und regieren in die Laufbahn der Schüler hinein. So schlägt ihm der Kreisschulrat vor, Maschinenbau mit Fachrichtung Lebensmitteltechnik zu studieren. Leidenschaftslos, aber nicht abgeneigt stimmt der Abiturient zu. „Da hat man sich so gefügt. Über die Berufswelt wusste ich damals wenig und habe mir ehrlich gesagt auch kaum Gedanken gemacht." Zugewiesen wird ihm dann ein Studienplatz an der Hochschule Köthen in Sachsen-Anhalt nahe Magdeburg. „Ins Kuhkaff Köthen, da wollte so richtig niemand hin, mir kam das auch trist und perspektivlos vor. Heute ist das eine Kleinstadt mit mehr Charme und hat sich wohl auch als Technologiezentrum gemausert."

Aber das Leben, so hofft er, hält mehr für ihn bereit als diese Kleinstadt in der DDR. Und als er die Gelegenheit zur Flucht erblickt, da ergreift er seine Chance und wagt den Ausbruch. In der Retrospektive hört sich das einfach an, damals war der Fall der Mauer für die meisten Menschen aber unvorstellbar.

Jedenfalls ist ihm die Flucht geglückt und er ist glücklich bei seinem Großvater in Lüneburg gestrandet. Am 20. September 1989 hält er seinen westdeutschen Pass in den Händen. Gemeinsam mit dem Großvater geht er dann zum Arbeitsamt. So rasch wie möglich soll eine Perspektive her und er hat ein klares Ziel vor Augen: „Ich wollte möglichst unkompliziert eine Berufsausbildung machen und auf eigenen Beinen stehen. Das war mir erstmal das Wichtigste. Dazu muss man wissen: In der DDR wurde immer die Angst aufgebaut, dass im Westen automatisch Arbeitslosigkeit droht. Und diese Angst steckte in mir."

So beruhigt es ihn, dass er schon in den ersten Tagen ein Angebot bekommt – ausgerechnet, der amerikanische Aufstiegstraum lässt grüssen, als Tellerwäscher in einem Hotel. Immerhin, besser als nichts. Großvater und Enkel tippen unabhängig davon Bewerbungen. Eine Woche später erhält Jan Hildisch einen Ausbildungsplatz bei Mercedes als Kfz-Mechaniker. Er ist glücklich und das gleich aus mehreren Gründen: Zunächst einmal kann er die kurz in Anspruch genommene Sozialhilfe gleich zurückzahlen. Das verschafft ihm das gute Gefühl, niemandem etwas schuldig zu sein. „Ich kam mir nicht als Bittsteller vor." Für den Autonarr erfüllt sich ein Kindheitstraum. Die Familie hat einen Wartburg besessen – immerhin –, aber der Sohn hat Westfernsehen geschaut und gesehen, was sonst noch an Fahrzeugen über die Straßen dieser Welt düst. „Ich habe den Wunsch ‚Automechaniker' zu Hause nie ausgesprochen, einfach, weil es in unserer Umgebung keine Ausbildungswerkstatt gibt. Aber Autos sind von je her meine große Leidenschaft. Nach der Zusage war ich der glücklichste Jugendliche auf Erden. Diese Glückmomente waren kindlich und unbelastet. Das war ein Moment der Bescherung, weil man das Land gar nicht kannte ..."

Sicher sei seine Freude auch naiv gewesen. Egal, diese Euphorie beflügelt. Mit großem Elan arbeitet er sich durch Theorie und Praxis, längst hat er erfahren, dass das „körperlich ein schwerer Job" ist. Die Anstrengung lohnt sich. Er schließt seine Prüfung mit dem besten Lehrzeugnis von ganz Niedersachsen ab.

Während der Lehre lernt er einen Freund kennen, dessen Familie eine Tankstelle hat. Da kommt der Gedanke auf, seinen Meister zu machen, aber diesen Plan verwirft er. Denn es gibt noch eine zweite Leidenschaft in seinem Leben. „Mein Interesse für gesellschaftliche Prozesse", nennt er das, einen Regimewechsel hat er ja als Zeitzeuge aus nächster Nähe miterlebt. Kurzum, er möchte Politik studieren. So schreibt er sich für das Studium der Politischen Wissenschaften an der Freien Universität Berlin ein. Hartes Arbeiten ist er gewohnt, er kennt das raue Arbeitsleben, nun kommen ihm die Semesterferien „so unendlich lang vor".

Was für ein glücklicher Zufall, dass der Lüneburger Kfz-Freund anreist und vorschlägt, gemeinsam Grundstücke zu kaufen und Häuser zu bauen. Eine abenteuerliche und ehrgeizige Idee für zwei junge Männer ohne nennenswertes Kapital. Jan Hildisch zögert nicht. Er ist ein optimistischer Typ und hat durch sein Leben in der DDR gelernt, dass es falsch ist, „seine Ängste zu unterdrücken und viel besser, Ideen umzusetzen". Außerdem ist er handwerklich begabt, hat einen klugen Kopf. Etwa 80.000 Mark verdienen sie an einem Haus, zwei, drei bauen sie im Jahr. Sie verhandeln mit den Banken, kaufen die Grundstücke. Als sie erkennen, dass es „ein sagenhaftes Geld kostet, einen Rohbau hochziehen zu lassen, bringen sie sich das selber bei. „Mein Freund ist ein Naturhandwerker. Jetzt kann ich das auch, kann Arbeiten von der Fußbodenverlegung bis hin zur Installation der Elektrik ausführen." Ein armer Student ist er da schon längst nicht mehr.

Er fährt ein großes Auto und wohnt komfortabel. „Im Studentenalltag waren wir bunte Vögel“, lacht er.

Und wieder nimmt sein Leben eine neue Richtung. Er lernt seine spätere Frau kennen, eine Magdeburgerin, die in Berlin Musik und Germanistik studiert. Die ständige Pendelei nach Niedersachsen erfreut das junge Glück nicht. Um öfter bei seiner Freundin in Berlin zu sein, schaut er sich dort nach einem lukrativen Job um und beschließt, Modenschauen zu organisieren. Da rutscht er zufällig hinein. Aushilfsweise sollte er eine Kleiderkollektion bewachen, die auf einer großen Schau präsentiert wurde. Den Veranstaltern fällt der engagierte Mitarbeiter auf, vor allem sein Organisationstalent überzeugt. Die neue Geschäftsidee ist geboren. Gemeinsam mit seinem Freund Arno Karge organisiert er fortan Modenschauen. „Auftraggeber sind Berliner Kreateure, wie man schon damals sagen musste“, berichtet er mit ironischem Unterton, für die gelegentliche Überspanntheit der Branche, die allzu gerne ihre Exzentrik auslebt, ist er nicht anfällig. Dazu ist er zu bodenständig und trifft gerade deshalb für alle seiner Kunden den richtigen Ton, das sind nämlich Schneider aus Hinterhofwerkstätten, die sich auf ihr gediegenes Handwerk verstehen, aber auch hippe Modekünstler, die sich einer Vivianne Westwood seelenverwandt fühlen. So ein buntes Völkchen inszeniert sich an spektakulären Orten. Die Schauen werden am Flughafen Tempelhof gezeigt, aber auch am ehemaligen Staatsratsgebäude der DDR, „und das zu einer Zeit, als der Prenzlauer Berg noch in Schutt und Trümmern lag“ und von schwäbischen Wohngemeinschaften noch keine Spur zu sehen war. „Wir haben auch Flops hingelegt, aber auch gelungene Veranstaltungen.“ Manchmal finden sich 2.000 Zuschauer ein, das logistisch in den Griff zu bekommen, lässt sich mit einem Nebenjob nicht mehr bewältigen. „Das war schon aufregend für einen jungen Menschen“, sagt Jan Hildisch. So aufregend, dass er das Studium nach dem Vordiplom sausen lässt. Er ist eben durch und durch „ein Freak“, wie seine Freunde anerkennend sagen. Zudem ein extrem fleißiger.

„Ich steckte schon tief im Berufsleben drin, zu tief“, hat er erkannt. Das Arbeitsleben sollte insgesamt ruhiger verlaufen, zugleich aber auch einträglich sein, beschließt das Paar und entschließt sich zu einer neuen Geschäftsidee. In Pankow übernehmen sie eine private Musikschule und schließen sich an das Franchise-System von Yamaha an. Ach, das sind doch die mit den Hammondorgeln? Das Naserümpfen konservativer Klassikfreunde erlebt Hildisch häufig, lässt sich davon aber nicht irritieren. Er ist von dem Konzept des Yamaha-Generalmanagers Asmus Hintz – „der ist für mich ein visionärer Kopf“ – rundum überzeugt, schwärmt von den

Weiterbildungen und individuellen Programmen des Unternehmens. „Für mich ist das zeitgemäße Dienstleistung", lobt er. Unterrichtet wird E-Gitarre, Schlagzeug, Saxophon, Keyboard, aber genau so Klavier, Geige, Querflöte oder Klarinette. Der Kundenstamm wird breit umworben. So gibt es ein Babyprojekt, das von Kinderpsychologen begleitet wird, aber auch Seniorengruppen für über Achtzigjährige, die sich endlich den lang gehegten Wunsch erfüllen möchten, ein Instrument zu lernen, sich aber nicht mit Vierzehnjährigen in einem Kurs messen möchten. Ein Nebeneffekt: Musizieren schult das Gedächtnis. „Eine gut geführte Musikschule sollte neben der Elitenausbildung auch auf Breitenwirksamkeit auf hohem Niveau achten, weiterhin Früherziehung anbieten und Ensemblemusizieren", davon ist er überzeugt. Was für alle Schüler gilt: Wer kommt, hält in der Regel durch. „Denn es geht bei uns nicht um endlose Fingerübungen. Die Schüler sind mit modernen Instrumenten konfrontiert, die ihren Hörgewohnheiten entsprechen, profitieren von tollen Playbacks, und es kommt ein Bandgefühl auf", sagt der 35 Jahre alte Inhaber. Er selbst hat als Kind Cello gelernt. Heute kümmert er sich aber vor allem um die Administration der Schule.

Vom Kfz-Lehrling zu Berlins größtem privaten Musikschulbetreiber, das liest sich gut, lässt aber in der Verkürzungen schwierige Kapitel in Jan Hildischs bewegtem Berufsleben aus. Und die gab es zuhauf, und manch einer hätte aufgegeben. Denn als die erste Musikschule solide aufgebaut war, zerbrach die Ehe. „Das ist der traurige Teil der Geschichte. Im Jahr 2002 gab es einen Rückschlag, das war privat für mich ein Desaster und auch finanziell. Vielleicht waren wir noch zu jung und haben zu viel gewollt. Nach außen war das die perfekte Partnerschaft, aber innerlich ist etwas völlig schief gegangen." Was die Trennung erschwerte: Seine Frau war Inhaberin der Schule, er besaß das Grundstück. Zweifel über die problematische Aufteilung hatten die Verliebten damals nicht, als die Liebe endete, sah das anders aus. „In Zeiten einer Trennung ist das die unglücklichste Konstellation, die man haben kann", sagt Jan Hildisch.

Für ihn begannen harte Jahre. Irgendwie musste er seine Miete zahlen. So betreute er wieder Bauprojekte und arbeitete, als es gar nicht mehr anders ging, sogar drei Monate unter würdelosen Umständen in einem Call-Center. Für sechs Euro brutto die Stunde. „Das war der Tiefpunkt, aber der hat mich auf eine gewisse Weise auch geerdet. Es musste weitergehen. Und irgendwie geht es dann ja auch weiter." Schließlich rafft er seinen Rest Mut zusammen und nahm bei seinem Vater einen kleinen Kredit auf. In Köpenick gründete er eine neue Musikschule. Soviel Überlebensmut wurde belohnt. Seit gut einem Jahr ist er auch wieder Inhaber der Schule von Pankow und hat sich mit seiner geschiedenen Frau über die Besitzverhältnisse verständigt. Leicht sei das nicht gewesen, aber zum Scheitern gehörten nun mal zwei, sagt er versöhnlich.

Inzwischen sind in Pankow 570 Schüler und in Köpenick 170 Schüler eingeschrieben. Viele Mitarbeiter haben ihm die Treue gehalten. Er gilt als guter Chef und hat sich und seine Launen gut im Griff. „Unter Druck arbeiten zu können, das gehört für einen Unternehmer dazu. Wenn ich in Stresszeiten cholerisch werde, dann geht gar nichts mehr.“ Eine angenehme Stresszeit hat er zurzeit, denn er steckt mitten in der Probenarbeit. Hundert Kinder proben das Musical „Drei Wünsche frei“, es geht um weniger Fernsehen und mehr Fantasie und um liebe Traumflieger, die durch böse Monitore gestört werden. „Sicher wird der eine oder andere seinen Einsatz verpennen, aber im Großen wird es toll werden. Wir haben das Schauspielhaus am Gendarmenmarkt gemietet, das spornt uns mächtig an!“ Er klingt voller Vorfreude, als er von dem neuen Projekt berichtet.

Und neu verliebt hat sich Jan Hildisch auch, er ist glücklich mit einer Medizinisch-technischen Radiologieassistentin und wird im Frühling Vater. „Denn was nützt mir das schönste Auto, die schönste Wohnung, wenn ich es mit niemandem teilen kann?“ Die Tiefschläge haben sein Wertesystem geändert. Langsam, aber sicher. Heute achtet er darauf, regelmäßig Feierabend zu machen. Klar gebe es als selbständiger Unternehmer immer extrem arbeitsreiche Phasen, in denen er bis zu 14 Stunden am Tag arbeitet. Aber die Betonung liegt auf Phasen. Zum Dauerzustand taugen die nichts.

Die Österreicherin ist eine realistische Optimistin und hat sich nach ihrem Jurastudium ihren Kindern gewidmet. Während eines Praktikums hat Flora Brune erkannt, dass es möglicherweise noch etwas gibt, was zu ihrem Leben besser passt, als die Juristerei. Nun führt sie eine Stil-, Einkaufs- und Einrichtungsberatung. Frau Dr. jur. ist ein Organisationstalent und eine Frau mit Geschmack. Das zahlt sich beruflich aus.

10 Die Organisierte

Von der Juristin zur Lifestylistin

„Wie der Stil, so der Mensch.“
George Louis Leclerc Graf de Buffon

„Zufriedenheit ist nicht schön genug, man muss glücklich sein“, sagt Flora Brune und handelt danach. Die promovierte Juristin war mit ihrer Studienentscheidung durchaus zufrieden. Aber erfüllend fand sie die Juristenwelt der Paragrafen und Verträge nicht wirklich. Mit ihren beiden lebenslustigen Kindern wäre eine Festanstellung auch schwer vereinbar gewesen. Ganz abgesehen davon, dass sie die ersten Jahre mit dem Nachwuchs „wirklich wunderbar“ gefunden hat. Allmählich aber vermisste sie die äußere Anerkennung und den Termindruck, den sie in den Studien- und Promotionsjahren „als sehr positiv“ erlebt hat.

Mit der Situation zu hadern, das aber ist kein Wesenszug der so freundlich, zugleich aber auch sehr diszipliniert erscheinenden Österreicherin. „Mitleid mit sich selbst bringt überhaupt nichts. Man muss sich Ziele setzen.“ Konsequent hat sie ihre persönlichen Vorlieben – manche nennen das Hobbys – zum Beruf gemacht. Sie offeriert ihren guten, ausgewählten Geschmack als Dienstleistung: Die 37 Jahre alte Frau bietet Stil-, Einkaufs- und Einrichtungsberatung an. Sie gibt Knigge- und Singlekurse und organisiert Feiern. Geschäftsgebiet ist im weitesten Sinne das Rhein-Main-Gebiet und der Neckar-Kreis. Unterstützt wird sie bei Bedarf von freien Mitarbeitern. Inzwischen hat sie eine verlässliche Schar um sich gesammelt, die sie zu Einsätzen begleiten.

Flora Brune hat ihre Geschäftsidee langsam und solide ausgebaut. Das beginnt mit ihrer Homepage, die aufwendig gestaltet ist und mit leichter Hand von Dienstleistung zu Dienstleistung führt. Im geschmackvoll eingerichteten Haus in Seeheim-Jugenheim nahe Darmstadt hat sie ihr Büro eingerichtet – es wirkt wie das Haus, elegant, aber dennoch mit hohem Wohlfühleffekt und ist gleichsam eine Visitenkarte für die Kunden. In den Wohnräumen gibt es weiße Sofas und rote Sessel, moderne, aber nicht spröde-unzugängliche Kunst an den Wänden, wie zufällig arrangierte Zweige in ausgewählten Vasen. Und das Beste:

Trotz der Sorgfalt der Einrichtungskomposition wirken die Räume gemütlich.

Die Kunden sind zufrieden. Und trotzdem wird sie eher selten weiterempfohlen. Das ist ungerecht, aber branchentypisch. Diese Dienstleistungsbranche lebt von der Diskretion. So manche Frau lässt sich gerne für das neue, so kleidsame Kostüm in der bestechenden Farbe loben, verschweigt aber lieber, dass die Kaufentscheidung durch die Begleitung Flora Brunes gefällt worden ist. Oder dass die gekonnte Umgestaltung des einst biederbürgerlichen Wohnzimmers und die neuen Grafiken an den Wänden auf den Brunschen Vorschlägen basieren. Ein klein wenig sei sie auch Psychologin. „Aber schreiben Sie das bitte dezent", sagt sie mit der ihr eigenen Höflichkeit, antrainiert wirkt das nicht. Diese Frau ist von Natur aus höflich, eine Tugend, die das Leben, gerade auch das Arbeitsleben, für alle soviel angenehmer macht. Kritik verpackt sie grundsätzlich positiv: Mit dieser Farbe könnte ihr Gesicht noch strahlender aussehen – und nicht: Andere Make-up-Farben lassen sie blass erscheinen. Dieser Schrank schafft Stauraum und gute Raumproportionen – und nicht: Bisher ist die Einrichtung ebenso unruhig wie unpraktisch.

Sich stilvoll und typgerecht zu kleiden und in einem schönen Umfeld einzurichten, das ist der sportlich-eleganten Frau von jeher leicht gefallen. Dass darauf ihr zweiter Beruf basieren wird, das hätte sie früher nie geahnt. Aufgewachsen ist sie dort, wo die Deutschen liebend gerne Urlaub machen: in Aussee in der Steiermark. Der Vater ist Gendarmeriebeamter, die Mutter Lehrerin und künstlerisch sehr interessiert – ihre farbgewaltigen, modernen Ölgemälde sind ein echter Hingucker über den weißen Sesseln. Bildung ist ein hohes Gut im Elternhaus. Alle vier Kinder sind heute Akademiker. Klassische Konzerte gehören damals zur Kinderfreizeit wie selbstverständlich dazu, was die Jüngste nicht immer als Vergnügen empfunden hat. „Ich bin da auch eingeschlafen, muss mich im Nachhinein aber bedanken, weil sie mich geprägt haben."

Vier Jahre lang besucht sie ein strenges, konservatives Internat in Gmunden am Traunsee – „auf diese Klosterschule ist übrigens auch Romy Schneider gegangen". Schließlich aber ist das Heimweh zu groß. Matura macht die Steirerin dann wieder in der Heimat. Ohne ein Wort Französisch zu sprechen, geht sie als Au-pair nach Paris und arbeitet sich zwangsläufig durch die Kochbücher. Anfangs hapert es mit der Sprache, „nur Menükarten konnte ich mühelos lesen". Nach einem Jahr spricht sie perfekt Französisch. Danach nimmt sie in Wien ihr Jurastudium auf. Dazu hatte der acht Jahre ältere Bruder Wolfgang geraten und prophezeit: Studier' das, das wird dir im Leben immer helfen. Und es sei solider als das von ihr angestrebte Sportstudium. Wien wird nicht ihre Heimat. Sie wechselt nach Salzburg, ihre erklärte Lieblingsstadt. Das Studium wird eine harte Sache, aber sie beherzigt einen „realistischen Optimismus", und das helfe in vielen Lebenslagen. „Ich fand es nicht so spannend, weil ich Jura schon ein bisschen trocken finde. Aber ich habe es durchgezogen. Was man anfängt, soll man auch zu Ende machen. Mit dieser Regel bin ich aufgewachsen, und das halte ich auch für gut."

Und Europarecht, das gefällt ihr. Über Lebensmittelrecht in der Europäischen Union macht sie ihren Magister, die zweite Staatsprüfung. „Ich interessiere mich für Ernährung, liebe es, zu kochen und Gäste zu bewirten. Da liegt so ein Thema einfach nah."

Dass sie danach ihre Promotion über „Menschenrechte in den Außenbeziehungen der Europäischen Union" beginnt, daran ist wissenschaftliches Interesse und auch die Liebe schuld. In Salzburg hat sie ihren Mann kennen gelernt, einen deutschen Betriebswirt. Eineinhalb Jahre pendelt das Paar zwischen Rüsselsheim und Salzburg. Ihr Partner, den sie inzwischen geheiratet hat, wird nach Breda versetzt. Sie zieht mit in die Niederlande und schreibt – unterstützt durch ein Erasmus-Stipendium – ihre Dissertation. Begleitende Seminare in Utrecht sind auf Englisch. Inzwischen spricht sie auch die Landessprache. Drei Monate, nachdem sie ihren Dr. jur in der Tasche hat, kommt Tochter Viola auf die Welt, später dann Sohn Laurent. Da wohnen die Brunes schon in Langen, einem kleinen Ort bei Frankfurt. Viereinhalb Jahre widmet sich die junge Frau dem Nachwuchs, unter anderem, weil sie auf keinen Fall möchte, dass die beiden Wunschkinder „nur irgendwie versorgt werden. Eine wunderbare Zeit. Ich bin eine stolze Mutter und glücklich, dass ich Familie habe."

Leider werde in Deutschland den Müttern eine Berufstätigkeit schwergemacht. „Das Land ist in der guten Kinderbetreuung noch sehr fortschrittsbedürftig", bedauert sie. Heute besuchen die Sechsjährige und der Fünfjährige eine englische Vorschule im Ort.

Einige Monate hat Flora Brune ein Praktikum bei der europäischen Raumfahrtbehörde in Darmstadt gemacht. Die Kollegen in der Rechtsabteilung waren „sehr nett". Sie sitzt am Schreibtisch und gestaltet Verträge. „Da habe ich aber gesehen, das Leben in der Juristerei wird nicht meines sein. Es gibt sicher spannende Gebiete, aber für mich gibt es noch etwas Interessanteres, etwas, was besser zu mir passt. Ich bin ein Mensch, der mit Menschen kreativ arbeiten möchte." Freude hat ihr das schon während ihrer Ferienjobs gemacht. So hat sie unter anderem ihr Studium finanziert, hat auf Messen gejobbt, als Verkäuferin oder als Kellnerin. „Ich habe Betten gemacht, zwei Monate in der Sommerhitze serviert. Es ist wichtig zu sehen: Geld muss verdient werden. Ich schätze jede Person, die hart arbeitet. In der Zeit habe ich fürs Leben profitiert."

Analytisch wie sie ist, überlegt sie sich genau, welche Berufswelt nun wirklich zu ihr passt und wo sie sich – um das Schlagwort einmal zu benutzen – wirklich selbst verwirklichen kann.

Langsam, aber stetig formieren sich ihre Geschäftsideen rund um das Thema „schöner leben". Dazu gehört auch das Kochen. Großmutter und Mutter hat sie oft assistiert, „und da ist viel hängen geblieben, ich habe mir vieles abgeschaut". So fällt es Flora Brune leicht, Geschäftsfreunde ihres Mannes zu bewirten. „Anfangs noch mit einem kleinen Budget, aber auch so kann Schönes kreativ zustande kommen. Heute kommt ihr das bei Aufträgen mit eher geringen Etats zugute." Ob Palatschinken oder Pasta, österreichische Speisen oder italienische Gerichte – Kochen mit Rezepten aus ganz Europa und quer über die Kontinente bereitet ihr spürbar Freude. Ihre blitzblanke Küche hat ein üppig und ungewöhnlich bestücktes Gewürzregal, das die Könnerin am Herd verrät. Was sie kocht, wird hübsch angerichtet. „Die Liebe zum Detail, ein schön gedeckter Tisch, das gehörte bei uns in der Steiermark dazu, und das habe ich mir in frühen Jahren abgeschaut." Private Feste gelingen so gut, dass Freunde vorschlagen: Mach' das doch als Service für andere. Zumal eines deutlich spürbar ist: Die Frau ist fast perfekt durchorganisiert, eine Eigenschaft, die fürs Eventmanagement prädestiniert. Inzwischen richtet sie Feste für andere aus – im kleinen Rahmen und im großen Stil, bis hin zur Firmenfeier und Hochzeit. Ihre Auftraggeber sind dankbar für Unterstützung.

Wie es sich gut lebt, das haben immer weniger Menschen von zu Hause aus mitbekommen. Davon zeugen die billig produzierten Reality-Formate im Fernsehen. Kinder erziehen, Suppe kochen, Kilos abspecken, Wände streichen, Möbel rücken, damit scheint die halbe Nation überfordert und braucht Nachhilfe. Die TV-Tipps sind für Profis alles andere als begeisternd. So en passant ein paar Möbel zusammendübeln, damit ist es nicht getan, gar nicht zu reden davon, dass man nicht den Eindruck hat, als ob die Bewohner zu den neuen Möbeln passen und umgekehrt. Vieles ist eine Frage der richtigen Proportionen und des Gespürs für Material, Stoffe und den Stilmix, der angenehm und nicht chaotisch wirkt. Geschmack lässt sich schulen, vorausgesetzt, man hat ein Problembewusstsein. Und vorausgesetzt, man hat Zeit, sich mit diesen Dingen auseinander zu setzen. Den Wunsch zur Veränderung hat die Kundschaft von Flora Brune schon, die dafür nötige Zeit aber nicht. Also wird der Service von „LIFE atmosphere", wie das Unternehmen von Flora Brune heißt, ins Haus geholt.

Vielleicht gibt ihr Beispiel, so sagt sie, anderen Frauen einen positiven Anstoß. „Manchen fehlt der Mut, aber ihnen fehlen manchmal auch die Möglichkeiten." Denn natürlich ist Flora Brunes Ausgangssituation komfortabel: Ihr Mann ist Manager, sie kann ihre Geschäftsidee in Ruhe und ohne finanziellen Druck entwickeln und sich etwa jemanden holen, der die Wäsche im Haushalt macht. „Sonst hätte ich keine Freizeit mehr mit meinem Mann. Darauf legen wir beide aber großen Wert."

Am liebsten würde sie sich noch stärker auf die Einrichtungsberatung konzentrieren, richtet jetzt schon Appartements und hin und wieder Villenräume ein. Auch hier geht es ihr um schöne und praktische Lösungen und um ihre Devise, „weniger ist mehr. Das gilt übrigens für Kleidung wie für die Wohnung."

Ihr Leben ist ständig im Fluss, und mit der Zahl der von ihr angebotenen Dienstleistungsangebote wächst der unternehmerische Mut. Ihr jüngstes Projekt ist ein anspruchsvoller Singlekurs ohne die peinlichen Spielchen á la Fisch sucht Fahrrad, wo sich Singles mehr oder weniger tapfer auf dem Partnerschaftsmarkt an den Mann oder die Frau zu bringen suchen. Stilvoll ist das nicht, menschlich erhebend schon mal gar nicht. Flora Brune kennt durch ihren großen Bekanntenkreis nicht wenige erfolgreiche, sowohl intelligente wie warmherzige Menschen um die vierzig, die vor lauter Arbeiten kaum Gelegenheiten finden, einen möglichen Partner kennen zu lernen. Für diese Klientel arrangiert sie nette Abende oder auch einen Ausflug auf den Golfplatz. Alles mit fast privatem Touch.

Zum Weiterlesen

„Lesen gefährdet die Dummheit."
Graffiti-Warnhinweis

Richard Nelson Bolles: Durchstarten zum Traumjob. Das Bewerbungshandbuch für Ein-, Um- und Aufsteiger. Campus Verlag.
Anregungen gibt es hierin zuhauf. Das Buch ist nicht umsonst ein Weltbestseller geworden und ermutigt, zum Job-Jäger zu werden. Madeleine Leitner, die im Kapitel I, 7 Tipps zur Stellensuche gibt, hat das Buch übersetzt und für deutsche Verhältnisse aufgearbeitet.

Carsten Borgmeier: Selbständig. Erfolgreich werden und bleiben. Borgmeier Publishing.
Praxisnahes Buch eines Selfmademanns, das sich auch gut querlesen lässt und pragmatische Tipps gibt. Die Karikaturen sind allerdings entbehrlich.

Ursula Kals: Zehn Fallstricke. Die fatalsten Fehler, die Sie aus dem Job katapultieren. Frankfurter Allgemeine Buch.
Fatale Fallstricke lauern auf allen Firmenfluren, wenngleich diskret verborgen. Gut positioniert ist, wer sich diese bewusst und einen weiten Bogen um sie macht. Zehn Themen illustrieren, wie das Arbeitsleben funktioniert. Warum gute Selbstvermarktung und dicht geknüpfte Netzwerke vor Arbeitslosigkeit schützen können und welche Strategien die Gefahr mindern, mit fortgespült zu werden, wenn eine Kündigungswelle anrollt. Die Kapitel umkreisen so genannte weiche Themen, die aber harte Konsequenzen haben können, wenn man sie permanent unterschätzt.

Jörg W. Knoblauch, Johannes Hüger, Marcus Mockler: Dem Leben Richtung geben. In drei Schritten zu einer selbst bestimmten Zukunft. Campus Verlag.
Lesenswerte Anregungen, um seinen Wünschen auf die Spur zu kommen.

Stefan Lamprecht: openBC – Das Buch. Netzwerken leicht gemacht. Heise Verlag.
Ein broschiertes Anleitungsbuch, das technikfremden Menschen beibringt, wie das Netzwerken im Internet am Beispiel der Online-Plattform Open-

BC (heute Xing) funktioniert. Für Leute, die unbefangen mit dem Internet umgehen, ist die Online-Hilfe zu ausführlich. Die kommen selbst klar.

Leo Montada, Elisabeth Kals: Mediation. Ein Lehrbuch auf psychologischer Grundlage. Beltz Verlag.
Die beiden Psychologieprofessoren stellen das Prinzip der Mediation vor, der friedlichen Konfliktlösung. Sich mit diesem Thema auseinanderzusetzen, kann möglicherweise Gedanken an einen Berufswechsel entkräften.

Claus Peter Müller-Thurau: Die 101 häufigsten Bewerbungsfehler. Mit CD-ROM, Haufe Verlag.
Der Autor ist Personalberater und Diplompsychologe und kennt sich gut mit der Bewerbungsthematik aus.

Jo B. Nolte: Test & Training. Existenzgründung. Verbessern Sie Ihre Gründungschancen! Auf CD-ROM: Alle Tests, Excel-Businessplan und Mustervorlagen. Haufe Verlag.
Guter Nutzwert, Themen wie Zielgruppenanalyse, Vertragsgestaltung und Verhandlungsgeschick werden angesprochen und schärfen so das Problembewusstsein.

Horst Petri: Geschwister – Liebe und Rivalität. Die längste Beziehung unseres Lebens.
Geschwisterkonstellationen beeinflussen die Karriere und auch die Berufswahl. Die Nachgeborenen richten sich in der Regel in Nischen ein, die von den Älteren noch nicht besetzt sind. Das Buch hilft, diese Muster zu erkennen.

Fritz Riemann: Grundformen der Angst. Eine tiefenpsychologische Studie. Verlag Reinhardt. Ein Klassiker der psychologischen, wissenschaftlichen Literatur.
Die Lektüre hilft, schwierige Chefs und Führungsstile besser einschätzen zu können und möglicherweise eigenen Ängsten, auch Existenzängsten, auf den Grund zu kommen.

Harriet Rubin: Soloing. Die Macht des Glaubens an sich selbst. Fischer Verlag.
Buch der Autorin des Bestsellers „Machiavelli für Frauen“ über die Kunst, sich aus einem Zustand der Abhängigkeit in ein selbst bestimmtes Leben zu begeben. Ziemlich amerikanisch in der euphorischen Unbekümmertheit der Ratschläge und auch nicht frei von Allgemeinplätzen, aber locker

zu lesen und gut für einige Anregungen. Und immerhin betont die Autorin, dass der Wandlungsprozess einige Jahre lang dauern kann.

Brigitte Scheidt: Neue Wege im Berufsleben. Ein Ratgeber-, Kurs- und Arbeitsbuch zur beruflichen Neuorientierung. W. Bertelsmann Verlag.
Ein klug geschriebener Ratgeber, der durch den Veränderungsprozess leitet und wissenschaftliche Erkenntnis mit lebenspraktischen Vorschlägen verknüpft. In das Buch sind Erfahrungen aus vielen Jahren Beratung mit eingeflossen. Einige Kernthesen stellt die Berliner Psychologen im Interview ab Seite 59 vor. Im Buch gibt es ausführliche Checklisten.

Edgar H. Schein: Karriereanker – Die verborgenen Muster Ihrer beruflichen Entwicklung. Verlag Lanzenberger, Dr. Looss und Stadelmann.
Ein Buch, das sich durch seinen Tiefgang von den üblichen „Man-muss-nur-richtig-Wollen-Blauäugigkeit" abhebt. Das liegt auf der Hand, der Autor ist Professor für Organisationspsychologie und Management am Massachusetts Institute of Technology (MIT) in Cambridge und bietet eine systematische Anleitung für eine Bilanz der eigenen beruflichen Laufbahn in der Vergangenheit und für die Erkundung der Karrieremöglichkeiten in der Zukunft.

Richard Sennett: Der flexible Mensch. Die Kultur des neuen Kapitalismus. Berlin Verlag.
Der Soziologieprofessor aus Chicago schildert in dem essayistisch geschriebenen Buch unter anderem, mit welcher Rasanz sich Arbeitswelten verändert haben und noch ändern werden. Durch die Flexibilisierung und Unsicherheit verlieren Wertvorstellungen, Verantwortungsbewusstsein und Arbeitsethos an Bedeutung. Hier wird anschaulich beschrieben, was längst Alltag geworden ist. Diese Einordnung bringt Klarheit und auch Trauer darüber, dass die Mittelschichten in dieser neuen Welt ausgedünnt werden.

Edith Stork. Eine Frau räumt auf. Ordnung ist mein Weg – eine Erfolgsgeschichte. Eichborn Verlag.
Ein munter geschriebenes Buch über viele Berufswechsel, das unterhaltsam vorführt, dass Scheitern keine Schande ist, vorausgesetzt man duckt sich nicht weg, sondern steht wieder auf. Die Autorin lernen Sie im Porträt auf Seite 145ff. kennen.

Ihr Ordnungssystem stellt sie vor in dem Buch *„Logistik im Büro. Unordnung kostet Geld"*, Beltz Verlag. Ebenfalls im Beltz Verlag ist der Band erschienen *„Tatort Büro. Die Zurichtung des Menschen im Büro"*.

Andrea Sixt: Noch einmal Leben. Mein Weg vom Brustkrebs zur Wiederentdeckung der Weiblichkeit. Goldmann Verlag.
Ein flüssig geschriebenes, sehr persönliches Buch, das vielen Mut machen kann – nicht nur mit Blick auf einen beruflichen Wechsel. Andrea Sixt wird auf Seite 167ff. porträtiert.

Susanne Gry Troll: Die Auslandsreise. Arbeiten, Studieren und Lernen im Ausland.
Alles über Arbeitsaufenthalt, Au-pair, Sprachreisen, Praktikum, Studienaufenthalt, Homestay, Erlebnisreisen im Ausland und vieles mehr. Ein hoch informatives, jedes Jahr aktualisiertes Buch, das viele unbekannte Tipps bietet und auch für Erwachsene spannend ist: Einige Programme und Stipendien richten sich an Menschen bis vierzig. Auslandspraktika bei Oneworldworking haben zum Beispiel eine Altersbegrenzung bis 78 Jahre. Der Freiwilligenaustausch weltweit, ICJA e.V., in Berlin hat eine Altersbegrenzung bis achtzig Jahre. Das tolle Nachschlagwerk ist im Eigenverlag erschienen (Kontakt unter info@dieauslandsreise.de, Telefon 033 708 – 900 38) und im Buchhandel erhältlich (ISBN: 3-937094-03-2)

Andreas Weber, Georg Hörmann (Hrsg.): Psychosoziale Gesundheit im Beruf. Mensch – Arbeitswelt – Gesellschaft. Alfons W. Gentner Verlag, Stuttgart.
Eine Aufsatzsammlung sehr unterschiedlicher Autoren, die ein spannendes Thema über viele Aspekte beleuchtet. Fundiertes Werk zum seelischen Wohlbefinden in der Arbeitswelt.

Zum Nachdenken, teils zum Entspannen und als Empfehlung, weil das Leben zu kurz ist, alle Leben selbst zu leben

Douglas Adams, Mark Carwardine: Die Letzten ihrer Art. Eine Reise zu den aussterbenden Tieren unserer Erde.
Die BBC hat den Kultautoren mit einem Zoologen rund um den Globus geschickt, herausgekommen ist ein unterhaltsamer, ziemlich schräger Expeditionsbericht. Der aber nebenbei klarmacht, dass die Zeit läuft und läuft und läuft.

Heinrich Böll: Werke, Band 4: Romane und Erzählungen, Band 4, 1961–1970. Kiepenheuer & Witsch Verlag, Köln.
In diesem Band findet sich die „Anekdote zur Senkung der Arbeitsmoral“, die in Kapitel drei zitiert wird.

Max Frisch: Die Tagebücher.
Die Bände lassen sich sehr gut quer lesen und erfreuen mit vielen klugen Lebensweisheiten.

Milan Kundera: Das Leben ist anderswo.
Roman über den Jungen Jaromil und darüber, was menschliche Existenz ausmacht und was geschieht, wenn man das Leben eines anderen lebt. Die Mutter regiert in die Pläne des Sohnes hinein, was das auslöst, schildert der tschechische Autor in packenden Kapiteln. Und nebenbei lernt man noch etwas über den Lauf der Geschichte.

Thomas Mann: Die Buddenbrooks. Verfall einer Familie.
Ein Roman, der hundert Jahre alt ist, den Literaturnobelpreis erhalten hat und nicht nur den Untergang einer Familie schildert, sondern auch erklärt, wie Wirtschaft funktioniert oder eben auch nicht. Und wir erfahren, wie tragisch Leben verlaufen, wenn Menschen gedrängt worden sind, den falschen Beruf zu ergreifen und aus empfindsamen Künstlerseelen nüchterne Kaufleute werden sollen. „Werde was Ordentliches!“, der Appell kann im Niedergang enden.

Arthur Miller: Tod eines Handlungsreisenden.
Deprimierendes Drama um einen Handelsvertreter, der sich für einen genialen Verkäufer hält, obwohl er schließlich kaum noch etwas absetzt. Nach der Kündigung bricht für ihn eine Welt zusammen. Die Schuld für sein Scheitern sucht er bei anderen. Er nimmt sich das Leben. Ziemlich

niederschmetterndes Theaterstück, das aber unbequeme Wahrheiten thematisiert.

Die Gedichte von *Joseph von Eichendorff, Theodor Storm, Rainer Maria Rilke, Joachim Ringelnatz* und von *Mascha Kaléko*. Laut lesen und sich an den schönen Bildern und dem mitreißenden Sprachrhythmus erfreuen. Das ist ein Fünf-Minuten-Kurzurlaub für die Sinne und ein guter Auftakt für einen Auszeit-Tag.

Folgende Adressen können nützlich sein

Kapitel 3: Zum Coaching

Um einen guten Coach zu finden, sollte man sich umhören und vorgehen wie die meisten Patienten bei der Suche nach einem guten, sprich für sie passenden Arzt. Diese Branche lebt von Empfehlungen und Mund-zu-Mund-Propaganda. Auch die Agentur für Arbeit hilft hier weiter.

Der Deutsche Verband für Coaching und Training (dvct) mit Sitz in Hamburg informiert unter www.dvct.de und stellt regionale Ansprechpartner vor. Außerdem werden die Aufnahmekriterien für Mitglieder transparent gemacht.

Um solides Coaching und Qualitätsstandards bemüht sich ebenso Christopher Rauen, der unter www.coaching-report.de zu finden ist.

Einen hohen Qualitätsstandard hat sich die Deutsche Gesellschaft für Karriereberatung zum Ziel gesetzt, erreichbar unter www.dgfk.org.

Empfehlenswert ist der zweite Band Karriere-Spot 2, Karriereberatung LIVE, hier berichten Berater aus der Praxis, von der Begegnung mit Klienten, von Methoden und dokumentieren die engagierte Auseinandersetzung mit der eigenen Motivation im Beruf. Unter k.aulmann@dgfk.org ist das Buch erhältlich.

Dr. Laurenz Andrzejewski ist im Vorstand der DGfK und Management- und Karriereberater mit Sitz im Frankfurter Raum und hat sich unter anderem auf das Thema Trennung und Outplacement spezialisiert. Er ist zu erreichen unter www.management1X1.de.

Claudia M. Christen ist Inhaberin von Inspire Coaching mit Sitz in Frankfurt am Main. Informationen gibt es unter www.inspire-coaching.com.

Madeleine Leitner hat eine Praxis zu Fragen rund um das Thema Karriere in München. Informationen gibt es unter www.Karriere-Management.de.

Personalvermittler haben sich zu einem Branchenverband zusammengeschlossen und präsentieren sich unter www.bpv-info.de. Hier steht unter anderem, was sie Stellensuchenden bieten, und man wird weitergeleitet zu einer bundesweiten Vermittlerdatenbank, die seriöse Headhunter in Ihrer Nähe nennen. Überdies gibt es hier die Adressen aller Mitgliedsunternehmen.

Eines der größten Business-Kontaktnetze ist www.openbc.de. Das Unternehmen nennt sich seit kurzem Xing.

Kapitel 5

Brigitte Scheidt arbeitet als Diplompsychologin, psychologische Psychotherapeutin und Coach in Berlin. Außerdem bietet sie Training bei beruflicher Neu- und Umorientierung an. Mehr Informationen, auch über ihr lesenswertes Buch zum Thema, gibt es unter www.BrigitteScheidt.de.

Kapitel 8:

Wer sich mit dem Gedanken an eine Selbständigkeit trägt, der hat hier Anlaufstellen, die wertvolle Tipps geben:
www.dfv-franchise.de
www.existenzgruender.de

Die KfW-Bankengruppe bietet eine umfassende Existenzgründerberatung und informiert unter www.kfw.de.

Unter www.gruendungskatalog.de bietet sie einen Linkkatalog ihrer Mittelstandsbank mit einer Übersicht der Adressen im Netz.

Eine große Informationsplattform mit Foren und einer Linksammlung für Existenzgründer findet sich unter www.gruenderstadt.de.

Der Bundesverband der freien Berufe informiert unter
www.freie-berufe.de.

Kapitel 9

Das Unternehmen Contipress sitzt im kleinen Ort Erde in der Schweiz und bietet eine Stellenbörse für interessante Tätigkeiten in der Entwicklungshilfe und ist zu erreichen über www.contipress.ch.

Auch für junge Bewerber gibt es ein Forum. Unter der Rubrik „International Interships" der Conti-Press-Seiten haben die Organisationen Aufenthalte und Ferienjobs für Studenten aufgelistet sowie Möglichkeiten für noch wenig qualifizierte junge Menschen, sich als Volontäre zu engagieren.

Über Weiterbildung und Umschulung informieren auch die Industrie- und Handelskammern unter www.ihk.de.

Der Bundesverband Zeitarbeit Personal-Dienstleistungen (BZA) ist erreichbar unter www.bza.de.

Eine Stellenbörse für Ältere und Artikel zum Thema finden sich unter www.arbeit50plus.de.

Spannend auch die Initiative www.althilftjung.de.

Kapitel 10

Komprimierte Informationen über Berufsprofile bietet die Bundesarbeitsagentur. Dort gibt es das BIZ, das Berufsinformationszentrum.

Außerdem gibt es in jeder größeren Stadt eine Berufsberatung für Akademiker. Hier können Interessierte anrufen und einen Termin vereinbaren.

Erste Informationen gibt es unter www.arbeitsagentur.de. Von dort aus wird man weitergeleitet.

Ratsam ist ein Besuch einer Ausbildungs- oder Abiturientenmesse. Es gibt mehrere Anbieter. Empfehlenswert sind unter anderem die Veranstaltungen der Einstieg GmbH mit Sitz in Köln. Aktuelle Termine erfährt man unter www.einstieg.com.

Inzwischen etablieren sich immer mehr private Berufsberater, die sich darauf spezialisieren, Schülern, Studenten und Jobeinsteigern bei der Wahl der richtigen Ausbildung zu unterstützen. Unter anderem hat sich das Spark Institute als ein Unternehmen der von Rundstedt Gruppe gegründet, die seit mehr als zwanzig Jahren Menschen in beruflichen Umbruchsituationen beraten. Sie sind erreichbar unter www.sparkinstitute.de und bieten einen kostenlosen Persönlichkeitstest unter www.sparkinstitute.de/test.

Adressen zum zweiten Teil, den Porträts

Zu Kapitel 1:
Hanspeter Lanz hat gemeinsam mit einem Partner ein Beraterbüro in Frankfurt am Main: Munde & Lanz, Berater und Trainer. Näheres unter www.team-ambulanz.de.

Zu Kapitel 2:
Edith Stork ist Beraterin für Büro-Organisation und weiß, wie ein sinnvolles Ablagesystem aussieht. Die Autorin ist zu erreichen über ihre Internetadresse unter www.a-p-dok.com.

Zu Kapitel 6:
Matthias Cropp ist Partner und Contract Manager der Ludwig Heuse GmbH, Informationen gibt es unter www.interim-management.de.

Zu Kapitel 7:
Thomas Schwarz ist Pressesprecher von CARE International Deutschland e.V., Informationen gibt es unter www.care.de.

Zu Kapitel 8:
Das Café „Wolperdinger“, Design und Café, in 80803 München-Schwabing, Siegfriedstraße 19. Telefon 089-38 88 9005. Die Öffnungszeiten: Montag bis Freitag von 9 bis 18 Uhr.

Zu Kapitel 9:
Die zwei Yamaha Musikschulen von Jan Hildisch in Berlin sind zu erreichen unter der Telefonnummer 030 / 4 74 14 23.

Zu Kapitel 10:
Dr. Flora Brune ist Inhaberin von LIFE-atmosphere. Ihr Unternehmen findet sich unter www.life-atmosphere.de.

Und zum Schluss

Die Frankfurter Allgemeine Zeitung hat ihr Karriereressort Beruf und Chance ausgeweitet auf sechs Seiten in der Samstagausgabe und berichtet und informiert über Themen der Berufswelt. Unter anderem gibt es auch eine Campus-Seite, auf der neue Studiengänge und Karrieretage gemeldet werden.

Außerdem gibt es eine Fülle von Artikeln, Hintergrundberichten und Interviews unter www.fazjob.net.

Die Autorin freut sich über Rückmeldungen, Anregungen und Ergänzungen und ist zu erreichen unter u.kals@faz.de.

Die Autorin

Ursula Kals, Dr., Wirtschaftsredakteurin bei der Frankfurter Allgemeinen Zeitung, arbeitet im Ressort „Beruf und Chance“, wo sie ihr Augenmerk vor allem auf Karriere- und Campusthemen hat. Außerdem ist die Rheinländerin verantwortlich für das Projekt „Jugend schreibt“.

Hat aus Freude an guten Büchern und schönen Bildern etwas angeblich so Brotloses wie Germanistik und Kunstgeschichte studiert und über Schreibkompetenzen promoviert. Nach einem Tageszeitungsvolontariat Wechsel in die Redaktion einer Wochenzeitung und später zu einer Nachrichtenagentur. Seit 1997 Redakteurin der Frankfurter Allgemeinen Zeitung.

Ausgezeichnet mit dem Herbert-Quandt-Medienpreis für Reportagen über Unternehmen, dem Katholischen Journalistenpreis und dem Expopharm-Medienpreis.

Hat ihren Traumberuf glücklicherweise sehr früh gefunden, freut sich aber übers Bücherschreiben. Vor allem, weil sie so für spannende Themen und interessante Gesprächspartner mehr Platz als im Tagesgeschäft hat.